Viktimologie des Stalking

Ergebnisse einer Befragung von Stalking-Opfern zum Einfluss situativer und persönlichkeitspsychologischer Faktoren auf das Anzeigeverhalten

Ergebnisse der Rechtspsychologie

Schriftenreihe des Instituts für Rechtspsychologie
der Universität Bremen

herausgegeben von
apl. Prof. Dr. Dietmar Heubrock, Prof. Dr. Frank Baumgärtel
und Prof. Dr. Michael A. Stadler

Band 1

Lena Stadler

Viktimologie des Stalking

Ergebnisse einer Befragung von Stalking-Opfern
zum Einfluss situativer und persönlichkeitspsychologischer Faktoren auf das Anzeigeverhalten

Shaker Verlag
Aachen 2006

Bibliografische Information der Deutschen Bibliothek
Die Deutsche Bibliothek verzeichnet diese Publikation in der Deutschen
Nationalbibliografie; detaillierte bibliografische Daten sind im Internet
über http://dnb.ddb.de abrufbar.

Copyright Shaker Verlag 2006
Alle Rechte, auch das des auszugsweisen Nachdruckes, der auszugsweisen
oder vollständigen Wiedergabe, der Speicherung in Datenverarbeitungs-
anlagen und der Übersetzung, vorbehalten.

Printed in Germany.

ISBN-10: 3-8322-4973-7
ISBN-13: 978-3-8322-4973-1
ISSN 1862-5592

Shaker Verlag GmbH • Postfach 101818 • 52018 Aachen
Telefon: 02407 / 95 96 - 0 • Telefax: 02407 / 95 96 - 9
Internet: www.shaker.de • eMail: info@shaker.de

Diese Untersuchung wurde im Rahmen einer Forschungskooperation der Polizei Bremen und des Instituts für Rechtspsychologie der Universität Bremen durchgeführt.

Die Bremer Initiative „Bürger und Polizei e.V." hat durch eine großzügige finanzielle Spende die Transkription der Tiefeninterviews mit Stalking-Opfern unterstützt.

Zusammenfassung

Da in der Literatur mehrfach gefunden wurde, dass viele Stalking-Opfer gar nicht oder erst spät anzeigen, befasst sich die vorliegende viktimologische Explorationsstudie mit der Frage nach persönlichkeitsspezifischen oder situationsabhängigen Faktoren beim Anzeigeverhalten von Stalking-Betroffenen. Ausgangsdatenbasis für die Untersuchung bilden alle im Zeitraum zwischen dem 1. Januar 2002 und dem 31. Dezember 2004 im Rahmen des Stalking-Projekts der Polizei Bremen registrierten Stalking-Betroffenen älter als 18 Jahre (N = 331). Diesen wurde postalisch ein Fragebogen zu demographischen Daten, Anzeigeerstattung sowie Kontext des Stalking-Falls zugesandt. Von den zurückgesandten 75 Fragebögen konnten 69 in der Untersuchung verwendet und statistisch auf Zusammenhänge zwischen einzelnen abgefragten Variablen und dem Anzeigezeitpunkt überprüft werden. Außerdem wurden mit 17 der 69 Stalking-Betroffenen Tiefeninterviews sowie das Freiburger Persönlichkeitsinventar (FPI-R) nach Fahrenberg, Hampel und Selg durchgeführt, um vertiefende Kenntnis über Persönlichkeitseigenschaften der Stalking-Betroffenen zu erlangen und diese mit dem Anzeigezeitpunkt statistisch in Beziehung setzen zu können. Es ergaben sich anhand der kleinen Stichprobe erste Anhaltspunkte dafür, dass personenbezogene Variablen wie bestimmte Persönlichkeitseigenschaften (wie *Emotionalität, Erregbarkeit, Offenheit*), Geschlecht, Alter oder vorherige Gewalterfahrungen sowie situationsabhängige Faktoren wie die Wahrnehmung des Stalking, die Reaktion des sozialen Umfelds oder Hilfeerwartungen gegenüber der Polizei eine Rolle beim Anzeigeverhalten von Stalking-Betroffenen spielen können. Abschließend werden Implikationen für die Praxis wie verstärkte Aufklärung und Vernetzung der mit Stalking-Opfern konfrontierten Professionen oder Opfer-spezifischer Handlungshinweise, auch im Hinblick auf das seit 2002 in Kraft getretene Gewaltschutzgesetz sowie die mögliche Einführung eines Stalking-Straftatbestandes in Deutschland, diskutiert.

Abstract

There is evidence in the literature, which repeatedly suggests that many stalking victims either report their stalking to the police quite late or even not at all. Thus, this victimological study will examine the effect of personality-specific or situation-dependent factors on when and how victims report stalking to the police. The baseline data for the investigation consists of all stalking victims, 18 years and older, registered during 1st January 2002 and 31st December 2004 (N = 331) at the police in Bremen. A postal questionnaire was sent to all 331 victims. It contained a number of items which addressed demographics of the victim, the length of time from when the stalking began to when it was reported as well as the situational context in which the stalking occurred. 69 of the 75 questionnaires which were returned could be used to statistically analyse the data using correlations on key variables with time of reporting to the police. Furthermore both in-depth interviews and the Freiburger Persönlichkeitsinventar (FPI-R; a multidimensional personality questionnaire) of Fahrenberg, Hampel and Selg were conducted with 17 of the 69 stalking victims. The aim was allowing for a better insight into the personality and characteristics of the victims and to correlate the results of the FPI-R with time of reporting to the police. First clues resulted from the study that both person related factors such as certain personality characteristics and demographics as well as experiences of domestic violence and the situational dependent factors such as the perception of the stalking and the perceived role of the police as well as the reaction of the victim's social environment may affect the timing of reporting stalking to the police. Several implications for practice such as intensified joint working of the professions who deal with stalking victims or victim-specific advices for actions are discussed, also with regard to the Gewaltschutzgesetz (violence protection law) enacted in 2002 as well as the possible implementation of an anti-stalking law in Germany.

Inhaltsverzeichnis

Zusammenfassung V

Abstract VI

1. Einleitung 1
2. Begriffsbestimmung und Wahrnehmung von Stalking 2
3. Bisherige Forschung im Bereich Stalking 5
   3.1 Bedeutende internationale Studien zur Prävalenz und zur Geschlechtskonstellation 5
       3.1.1 Repräsentative Bevölkerungsstichproben 5
       3.1.2 Kleinere internationale Studien zur Prävalenz 7
       3.1.3 Abhängigkeit der Prävalenzrate von Definition und Geschlecht ... 7
   3.2 Stalking-Forschung in Deutschland 9
       3.2.1 Zur Prävalenz in Deutschland: Die Mannheimer Studie 9
       3.2.2 Die Darmstädter Stalking-Studie 10
       3.2.3 Das Stalking-Projekt der Polizei Bremen 11
   3.3 Forschungsergebnisse zu Beteiligten, Kontext und Konsequenzen von Stalking 12
       3.3.1 Alter der Opfer 12
       3.3.2 Stalking-Dauer 13
       3.3.3 Art und Häufigkeit der Stalking-Handlungen 14
       3.3.4 Täter-Opfer Konstellationen 16
           3.3.4.1 Geschlecht 16
           3.3.4.2 Beziehung 17
           3.3.4.3 Anzahl der Stalker 18
       3.3.5 Stalking im Kontext häuslicher Gewalt 18
       3.3.6 Auftreten von physischer Gewalt bei Stalking 20
       3.3.7 Auswirkungen von Stalking auf die Betroffenen 22
       3.3.8 Umgang der Betroffenen mit dem Stalking 24
       3.3.9 Motivation und Ursachen für Stalking 27
4. Rechtlicher Rahmen 29
   4.1 Anti-Stalking-Gesetze in anderen Ländern 29

4.2 Die aktuelle rechtliche Lage in Deutschland	29
5. Anzeigeverhalten bei Gewaltdelikten	33
6. Resümee der bisherigen Literatur und Herleitung der Fragestellung	34
7. Methodisches Vorgehen	35
7.1 Fragestellung	35
7.2 Datenbasis	36
7.3 Untersuchungsdesign	37
7.3.1 Erhebungsinstrumente	37
7.3.1.1 Fragebogen	37
7.3.1.2 Tiefeninterview	37
7.3.1.3 Freiburger Persönlichkeitsinventar (FPI-R)	39
7.3.2 Ablauf der Stalking-Untersuchung	39
7.3.3 Stichprobe	42
7.3.3.1 Stichprobe der Fragebogenuntersuchung	42
7.3.3.2 Stichprobe der Interviewpartner	43
8. Ergebnisse	44
8.1 Demographische Daten der Untersuchungsteilnehmer: Ergebnisse des Fragebogens	44
8.2 Stalking-Kontext und vorherige Gewalt- und Stalking-Erfahrungen	46
8.3 Anzeigeerstattung und Inanspruchnahme weiterer Hilfe	51
8.4 Der Einfluss opferspezifischer Merkmale auf den Zeitpunkt der Anzeige	54
8.4.1 Geschlecht	55
8.4.2 Alter	56
8.4.3 Familienstand	58
8.4.4 Gewalterfahrungen	59
8.4.5 Gefühle von Scham, Minderwertigkeit und Mitschuld	61
8.4.6 Trauer, Mitleid und Rücksichtnahme gegenüber dem Stalker	63
8.4.7 Persönlichkeitsmerkmale	63
8.4.8 Problemlösestrategien und die Fähigkeit, Hilfe in Anspruch nehmen zu können	66
8.4.8.1 „Herunterschlucken" von Problemen	66
8.4.8.2 Wunsch, alles allein zu lösen	67

Inhaltsverzeichnis IX

        8.4.8.3   Sozialisation 68
   8.5 Situationsabhängige Variablen 69
       8.5.1 Verhältnis zum Stalker 69
       8.5.2 Wissen und Wahrnehmung von Stalking 71
            8.5.2.1   Vorstellung, es löse sich von allein 71
            8.5.2.2   Nicht ernst nehmen des Stalkers 71
            8.5.2.3   Unkenntnis des Phänomens Stalking 72
            8.4.2.4   Stalking-Verhalten als „normal" empfinden 72
       8.5.3 Beeinflussung durch das soziale Umfeld 73
       8.5.4 Art der Stalking-Handlungen 74
       8.5.5 Verlauf des Stalking 78
       8.5.6 Gefühle von Angst und Hilflosigkeit 79
       8.5.7 Faktoren im Zusammenhang mit der Polizei 80
            8.5.7.1   Unsicherheit und Angst vor sekundärer Viktimisierung 80
            8.5.7.2   Negativ erlebte Vorerfahrungen mit der Polizei 81
            8.5.7.3   Keine „Beweise" in der Hand haben 82
            8.5.7.4   Handlungsunfähigkeit der Polizei 82
       8.5.8 Zeitlicher Aufwand und psychische Belastung in Verbindung mit einer Anzeige 83
            8.5.8.1   Zeitaufwand und „Rennerei" 84
            8.5.8.4   Bedürfnis nach Ruhe 85

9. Diskussion und Implikationen für die Zukunft 86
   9.1 Aufklärung der Öffentlichkeit und zielgruppenspezifische Ansprache 86
   9.2 Weiterbildung der mit Stalking konfrontierten Berufsgruppen und bessere Vernetzung staatlicher Institutionen 87
   9.3 Zur Person des Stalking-Opfers „passende" Handlungsempfehlungen und Unterstützung 89
   9.4 Verhalten der Polizei 91
   9.5 Vereinfachungen im Procedere für Stalking-Opfer und eindeutigere Außendarstellung 94
   9.6 Verschärfung der gesetzlichen Lage 97
   9.7 Resümee 99

10. Ausblick 99

Literaturverzeichnis 101

Tabellenverzeichnis 107

Abbildungsverzeichnis 107

Anhangsverzeichnis 108

Anhang A: Fragebogen der Stalking-Untersuchung 109
Anhang B: Begleitanschreiben zur postalischen Versendung des Fragebogens 113
Anhang C: Leitfaden für die Tiefeninterviews 114
Anhang D: FPI-R-Fragebogen 120
Anhang E: Einverständniserklärung zur wissenschaftlichen Nutzung der Interviewdaten 124
Anhang F: Anschreiben an telefonisch nicht erreichbare Stalking-Betroffene 125

1. Einleitung

Das Phänomen „Stalking", das in den USA schon seit den 80er Jahren in den Fokus der Aufmerksamkeit geraten ist, hat in den letzten Jahren auch in Deutschland immer mehr Beachtung gefunden. Zunächst wurde der Begriff „Stalking", dessen deutsche Entsprechung am ehesten durch den Begriff „Nachstellung" getroffen wird, auf das Belästigen prominenter Persönlichkeiten durch aufdringliche Fans bezogen. Heute dagegen ist man sich einig, dass das Phänomen ein wesentlich breiteres Spektrum an Verhaltensweisen und Täter-Opfer-Konstellationen umfasst und auch Privatpersonen davon betroffen sind. So wird häufig in den Medien von Eskalationstaten berichtet, denen eine Reihe von Belästigungen, beispielsweise durch den Expartner, voraus gingen. Ein aktuelles Beispiel aus Bremen ist der „Maritim-Fall", bei dem am 7. März 2005 eine 39-jährige zweifache Mutter durch ihren Exmann niedergestochen wurde. Auch dieser Tat waren viele typische Stalking-Verhaltensweisen vorausgegangen, auf die sogar bereits mit einem gerichtlichen Kontaktverbot reagiert worden war.

In den USA wurden bereits Anfang der 90er Jahre erste Anti-Stalking-Gesetze erlassen. Auslöser dafür waren der Mord an der TV-Prominenten Rebecca Schaeffer durch den obsessiven Fan Roberto Bardo, der sein Opfer schon Monate lang vorher belagert hatte sowie die Morde dreier weiterer nicht-prominenter Frauen, die ebenso über einen längeren Zeitraum belästigt und verfolgt worden waren. Das Problem wurde in den USA mit höchster Dringlichkeit behandelt, nach und nach erließen alle Bundesstaaten Anti-Stalking-Gesetze und Los Angeles gründete als erstes „Threat Management Units" als Spezialeinheiten. Auch wurde Stalking unter wissenschaftlichen Gesichtspunkten entdeckt und zu erforschen begonnen. Das Phänomen wurde längst nicht mehr nur auf Prominenten-Stalking beschränkt betrachtet, sondern der Fokus verschob sich auf die Belästigung von Privatpersonen wie Expartner oder Arbeitskollegen, Bekannte oder Nachbarn (Hoffmann, 2004).

In der Zeit, als die US-Staaten ihre Anti-Stalking-Gesetze verabschiedeten, wurden zunächst psychiatrisch orientierte Studien durchgeführt, die Stalking eher als psychische Störung unter der Diagnose Erotomanie einordneten (Zona, Sharma & Lane, 1993; Harmon, Rosner & Owens, 1995; Mullen & Pathé, 1994). Von diesen Studien gibt es allerdings nur wenige, da sie auf nur kleinen nicht-repräsentativen Stichproben weniger bekannter Stalker basierten und nur auf schwere pathologische Fälle konzentriert waren.

In Deutschland rückt das Problem des Stalking nur langsam in das Bewusstsein der Bevölkerung. Erst seit der Jahrtausendwende mehren sich journalistische Artikel und Berichte in den Medien, ausgelöst durch das Buch „Liebenswahn" der Journalistin Susanne Schumacher (2000). Seitdem berichteten auch in Deutschland TV-Magazine und Zeitungen verstärkt über Stalking und dessen Erscheinungsformen und leisten damit Aufklärungsarbeit in der Allgemeinbevölkerung. Besonders innerhalb des letzten Jahres geriet Stalking aufgrund der aktuellen politischen Diskussion über die Einführung eines spezifischen Stalking-Straftatbestandes immer mehr in den Fokus von Berichterstattung und öffentlicher Auseinandersetzung.

In dieser Arbeit, in der eine viktimologische Fragestellung behandelt wird, soll im folgenden Kapitel zunächst auf das Problem einer konkreten Bestimmung des Begriffs eingegangen werden, bevor im daran anschließenden Kapitel die bisherige wissenschaftliche Behandlung des Themas vorgestellt wird, die in Deutschland noch in den Anfängen steckt. Nachdem ein Überblick über die rechtliche Lage bezüglich Stalking in den angelsächsischen Ländern, die diesbezüglich eine Vorreiterrolle einnehmen, gegeben wurde, wird der aktuelle rechtliche Rahmen in Deutschland sowie der heutige Stand der Einführung eines Strafrechtsparagraphen referiert. Daran anknüpfend soll im empirischen Teil der Arbeit anhand einer kleinen Explorationsstudie mit 69 Bremer Stalking-Betroffenen der Frage nachgegangen werden, ob es Faktoren gibt, die sich fördernd oder hemmend auf das Anzeigeverhalten von Stalking-Betroffenen auswirken, um Anhaltspunkte für eine verbesserte Prävention und Intervention bei Stalking-Fällen sammeln zu können und damit einen Beitrag zur effektiveren und gezielteren polizeilichen Arbeit leisten zu können.

2. Begriffsbestimmung und Wahrnehmung von Stalking

Der Begriff Stalking kommt in seiner Ursprungsbedeutung vom englischen Verb „to stalk", ein Begriff, der dort in der Jägersprache benutzt wird, und das Einkreisen, Anschleichen und sich anpirschen an die Beute bedeutet. Übertragen auf zwischenmenschliche Beziehungen wird der Begriff verwendet, um ein komplexes Täterverhalten zu beschreiben, das eine Vielzahl von Verhaltensweisen unterschiedlichster Form und Intensität beinhaltet, mit denen die Betroffenen belästigt werden. „Sie können einzeln aber auch kumulativ auftreten, werden von den Opfern nicht gewünscht und lösen häufig Angst aus" (Wondrak, 2004, S. 21). Beispiele für typische Stalking-Verhaltensweisen sind Verfolgen, Beobachten, Belästigen per Telefon oder Brief, Beschädigung von Eigentum des Opfers oder das Androhen von Schaden und Gewalt (Brewster, 2002; Tjaden und Thoennes, 1998).

In dieser sozialwissenschaftlichen Bedeutung obsessiven Verfolgens und Belästigens einer Person ist der Begriff Stalking noch relativ jung. Er tauchte erstmals Mitte der 80er Jahre auf und wurde zunächst für das aufdringliche Verfolgen von besessenen Fans prominenter Persönlichkeiten verwendet (Hoffmann, 2004).

Meloy (1998), einer der führenden amerikanischen Stalking-Wissenschaftler, definiert Stalking als das beabsichtigte, böswillige und wiederholte Verfolgen und Belästigen einer Person, das deren Sicherheit bedroht. Diese knappe Definition ist eng angelehnt an die gesetzlichen Stalking-Definitionen, die in den USA von Staat zu Staat variieren, beispielsweise bezüglich der Anforderungen an Angst und Bedrohung des Opfers (Tjaden & Thoennes, 1998). Sie fasst die Kriterien des „Model Antistalking Law", einer Orientierungshilfe für die Gesetze der einzelnen Bundesstaaten, zusammen. Dieser „Model Code" enthält folgende Schlüsselelemente zur Bestimmung des Tatbestandes:

- A course of conduct involving repeated physical proximity (following) or threatening behavior or both;
- The occurrence of incidents at least twice;
- Threatening behavior, including both explicit and implicit threats; and
- Conduct occurring against an individual or family members of the individual. (U.S Department of Justice, 1998, chapter 2)

2. Begriffsbestimmungen und Wahrnehmung von Stalking

Des weiteren wird beim „Model Code" untersucht, inwiefern kriminelle Intention, Stalking zu begehen, vorlag, indem geprüft wird, ob die vorher genannten Merkmale intendiert waren, ob sie beim Opfer oder dessen Familie Angst hervorgerufen haben und ob der Täter gewusst haben beziehungsweise erwarten konnte, dass durch seine Taten Angst bei den Betroffenen ausgelöst wird (U.S Department of Justice, 1998, chapter 2).

Es gibt keine einheitliche, umfassende Stalking-Definition. Eine solche zu finden gestaltet sich aus unterschiedlichen Gründen als schwierig, was mit dem Phänomen an sich zusammenhängt. Zuerst einmal stellt Stalking kein abgegrenztes, homogenes Phänomen dar, sondern es existiert eine große Variationsbreite bezüglich Form, Tätermotivation und Dauer sowie Auswirkungen auf das Opfer (Mullen & MacKenzie, 2004).

Die australischen Stalking-Forscher Pathé, Mullen und Purcell (2001) formulieren diesen Umstand wie folgt: „Stalking is not a single, circumscribed offence but a crime characerised by repetition, persistence and unpredictability. The behaviours evoke fear, hypervigilance and distrust … " (Pathé, Mullen & Purcell, 2001, p. 401).

Nach Voß und Hoffmann (2002) stellt Stalking im wissenschaftlichen Sinne ein „hypothetisches Konstruktum" (S. 11) dar, das von außen durch Beobachtungen erschließbar ist, dadurch aber niemals vollständig erfasst beziehungsweise eingegrenzt werden kann. Ein weiteres Problem bezüglich einer konkreten Stalking-Definition bildet die Festlegung einer Schwelle, ab der nicht mehr von sozial adäquatem (Werbungs-)verhalten, sondern von Stalking ausgegangen werden kann.

Diese Schwelle ist nach Voß und Hoffmann (2002) abhängig vom subjektiven Erleben und der Wahrnehmung des Opfers, was durch eine Studie von Tjaden, Thoennes und Allison (2002) gestützt wird, die herausfand, dass sich Männer als Betroffene von Nachstellungen im Vergleich zu Frauen seltener selbst als Opfer definieren.

> Unterhalb dieser Schwelle, die – wie wir meinen, am ehesten im subjektiven Erleben der Zielperson verankert ist – finden sich mannigfaltige Verhaltensweisen, die zwar Elemente des Stalking enthalten (z.B. das Beobachten einer anderen Person), die aber als *kulturell* und *gesellschaftlich sanktionierte* [Hervorhebung v. Verf.] Phänomene nicht die Qualität einer Bedrohung annehmen. … Wir sprechen erst dann von Stalking, wenn Intrusionen der genannten Art von der betroffenen Person nicht mehr toleriert werden. (Voß & Hoffmann, 2002, S. 11)

James und Farnham (2002) definieren den Übergang zum Stalking ähnlich: „What separates stalking behaviours from the spectrum of ‚normal' interaction is that they instill fear or apprehension in the victim. This fear or apprehension concerns the possibility of coming to physical harm at the hands of the stalker" (p. 26).

Auch Mullen und Pathé (2001) bezeichnen Stalking als ein opferdefiniertes Delikt, denn the „victim's fear changes the perception of the behaviours from inappropriate intrusive and inept, to damaging and criminal" (w. p.).

Sheridan, Davies und Boon (2001) ist es in diesem Zusammenhang wichtig auf Folgendes hinzuweisen:

> However, merely because an individual has experienced one or more behaviours that may be perceived as harassing, this does not automatically mean that she has been stalked. Stalking refers to persistent harassment over time and is rarely confined to one type of activity. (p.164)

Von einigen Autoren wurde ein Konzept vorgeschlagen, das Stalking als Kontinuum von normalem, aber andauerndem Werbungsverhalten über Formen der Belästigung bis zu gewalttätigem Stalking versteht (Davis, Ace & Andra, 2002; Langhinrichsen-Rohling, Palarea, Cohen & Rohling, 2002; Sinclair & Frieze, 2002).

Sinclair und Frieze (2002) untersuchten an einer Stichprobe von 241 freiwilligen Psychologiestudenten für eine Studie mit dem Titel „Loving when your partner does not love you back" den Übergang von „normalem" Werbungsverhalten um ein Liebesobjekt zu Stalking-Verhalten. Als Fazit resümieren sie:

> The large majority of our sample described engaging in behaviors that might be interpreted as stalking or prestalking when responding to a situation of loving someone who did not love them back ... To make a clear distinction for what behavior should properly be labeled as stalking is not possible. (Sinclair & Frieze, 2002, p. 203)

Frieze und Davis (2002) folgern zusammenfassend aus den verschiedenen Studien in dem von ihnen herausgegebenen Band „that the examples of stalking seen in the popular media are only some of the most extreme of a wide range of stalking-related phenomena that are quite common and part of everyday life experiences for many people" (p. 2).

Bezüglich der Wahrnehmung von Stalking durch die Opfer, fanden Tjaden, Thoennes und Allison (2002) heraus, dass die Opfer Stalking-Verhalten umso eher als solches labeln, je enger die Beziehung zum Stalker war. Im Gegensatz zur Vergewaltigung „they perceive stalking as a crime primarily perpertrated by intimates. This finding mirrors an important shift that has occurred in public perceptions of stalking in recent years" (p. 24).

Um diesem Fakt gerecht zu werden, dass die meisten Stalker ihr Opfer kennen und es mit dem Ziel verfolgen, eine Beziehung zurück zu gewinnen oder auf eine andere Ebene der Intimität mit der Person zu gelangen, sprechen Cupach und Spitzberg (2002) von „obsessive relational intrusion' to emphasize the relational aspect of the phenomenon" (p. 139). Stalking, wenn es im Rahmen eine Beziehung passiert, bezeichnen sie als eine schwere und bedrohende Art der „obsessive relational intrusion" (ORI).

Zusammenfassend kann festgehalten werden, dass es keine Universaldefinition von „Stalking" gibt, da hier so subjektive Faktoren wie die Betrachtungsperspektive oder die Beziehung zwischen Täter und Opfer eine Rolle spielen.

Abschließend sei noch auf eine interessante Studie von Sheridan, Davies und Boon (2001) hingewiesen, in der sie fanden, dass trotz des Fehlens einer konkreten Stalking-Definition im englischen Recht, die von ihnen befragten 348 Frauen sehr konsistente und klare Vorstellungen darüber hatten, was Stalking darstellt und was nicht. „So, although people may not be able to define stalking exhaustively, they do have a common understanding of what types of behaviours constitute a case of stalking" (Sheridan, Davies & Boon, 2001, p.165).

3. Bisherige Forschung im Bereich Stalking

3.1 Bedeutende internationale Studien zur Prävalenz und zur Geschlechtskonstellation

3.1.1 Repräsentative Bevölkerungsstichproben

Das Phänomen Stalking hat eine beachtliche Auftretensrate. In anderen Staaten, wie beispielsweise den USA oder Großbritannien, existieren im Gegensatz zu Deutschland bereits groß angelegte Repräsentativerhebungen und genaue Schätzungen der Prävalenz.

So wurde in den USA zwischen November 1995 und Mai 1996 vom amerikanischen Justizministerium eine breit angelegte Studie durchgeführt, bei der 8 000 Männer und 8 000 Frauen ab 18 Jahren telefonisch über Erfahrungen mit Stalking befragt wurden (Tjaden & Thoennes, 1998). Die zugrunde liegende Stalking-Definition basiert auf der, die im Model Antistalking Code der Staaten verwendet wird, das heißt es wird nicht verlangt, dass der Stalker eine deutliche Drohung ausgesprochen hat, aber dass das Opfer ein hohes Angstniveau aufgrund des Stalking aufweist (Tjaden & Thoennes, 1998). Die Ergebnisse zeigten, dass Stalking ein größeres Problem darstellt als vorher angenommen, nämlich dass 8% der Frauen und 2% der Männer schon mal Opfer von Stalking-Handlungen geworden sind und dass knapp 1.4 Millionen Opfer jährlich davon betroffen sind. Verglichen mit Daten zu Vergewaltigungsopfern in den USA ist die Wahrscheinlichkeit, Stalking zu erleben, um ein Dreifaches höher (Tjaden & Thoennes, 1998).

Auch in Australien existiert eine große nationale Erhebung, „The Australian Women's Safety Survey", die 1996 durch das Australian Bureau of Statistics mit einer Stichprobe von 6 333 Frauen durchgeführt wurde. Leider wurde hier nur die Prävalenz von Frauen, die durch männliche Stalker belästigt wurden, erhoben (und keine Frauen, denen durch eine weibliche Stalkerin oder Männer, denen nachgestellt wurde). Die Ergebnisse des Survey zeigten, dass 15.6% der interviewten Frauen (N = 6 333) in ihrem Leben bereits von einem Mann durch Stalking belästigt wurden, wobei die meisten Stalking-Handlungen sich auf „beobachtet werden", „aus kleiner Entfernung verfolgt werden", „angerufen werden" oder „elektronischer Kontaktsuche" beschränken (Australian Bureau of Statistics, 1996). Interessant an dieser Untersuchung ist, dass entgegen aller anderen Forschung (z.B. Tjaden & Thoennes, 1998) hier die meisten Frauen das Opfer von Nachstellungen durch Fremde wurden.

Eine weitere australische Studie zur Prävalenz von Stalking (Purcell, Pathé & Mullen, 2000; 2002) basiert auf einer Zufallsstichprobe von 3 700 Personen aus der Wählerkartei des australischen Staats Victoria, welche auf postalischem Wege einen 14-seitigen Fragebogen zugesandt bekamen. Die 1 844 Fragebögen, welche in die Auswertung mit hinein flossen, waren bis auf die Altersverteilung bezüglich der demographischen Daten repräsentativ für die Wahlberechtigten des Staates Victoria. Bezüglich des Alters beinhaltete die Stichprobe mehr ältere Leute (über 56 Jahre) im Vergleich zur Altersstruktur im Staat Victoria

(39% vs. 31%) und im Gegenzug weniger jüngere (18- bis 25-jährige) Menschen (10% vs. 18%).

Es ergab sich in dieser Stichprobe unter der Prämisse, dass in der Stalking-Definition nur minimale Erfordernisse an die Angst des Opfers gestellt wurden, eine Lebenszeitprävalenz von 23.4%, von denen 5.8% innerhalb des letzten Jahres vor der Umfrage Opfer von Stalking wurden. Während sich auch hier eine deutlich höhere Lebenszeitprävalenz für Frauen zeigte, gab es keine Geschlechtsunterschiede in den Viktimisierungsraten während der letzten 12 Monate vor der Umfrage. Auch in dieser Studie zeigte sich eine deutlich niedrigere Lebenszeitprävalenz von 12.3%, wenn ein moderates Angstniveau gefordert war und nur 4.7% erfüllten die Stalking-Kriterien noch, wenn ein signifikanter Grad an empfundener Angst erfordert wurde. Die insgesamt höhere Prävalenz im Vergleich zu Amerika (Tjaden und Thoennes, 1998) erklären die Autoren mit einem eventuell höheren öffentlichen Bewusstsein für Stalking, weil dort mittlerweile häufiger von Stalking-Fällen in den Medien berichtet worden war und auch damit, dass in der australischen Untersuchung auf postalischem Wege den Personen bessere Möglichkeiten zur Reflektion gegeben worden waren als in einem unvorbereiteten Telefoninterview wie in der amerikanischen Studie (Purcell, Pathé & Mullen, 2000).

In Großbritannien liegen ebenso Daten über die nationale Stalking-Prävalenz vor: im Oktober 2000 wurde vom Home Office eine Studie über das Ausmaß und die Arten von Stalking veröffentlicht, die sich auf Ergebnisse des British Crime Survey, einem regelmäßigem „face-to-face-survey" bei Erwachsenen, die in Privathaushalten in England und Wales leben, von 1998 bezogen. Nach Einführung des „Harassment Act" im Jahre 1997 wurde, um zum ersten Mal Daten über das Ausmaß von Stalking in England und Wales zu bekommen, ein computergestützter selbstausfüllbarer Fragebogen entworfen, der im Rahmen des Britisch Crime Survey 1998 von den Befragten mit ausgefüllt wurde (Budd & Mattinson, 2000a; 2000b). Befragt wurde eine national repräsentative Stichprobe von 9 988 16- bis 59-Jährigen. Die Ergebnisse zeigten, dass in England und Wales 11.8% der 16- bis 59-Jährigen während ihres Lebens Opfer ungewollter Belästigung werden, davon 16% Frauen und 7% Männer. Innerhalb der letzten 12 Monate vor dem Interview gaben 2.9% der 16- bis 59-Jährigen an, in irgendeiner Weise Opfer von Stalking-Handlungen gewesen zu sein, was darauf schließen lässt, dass 900 000 Engländer und Waliser in diesem Jahr mindestens eine Stalking-Episode erfahren hatten. Die Ergebnisse basieren auf dem Einsatz einer relativ breit gefassten Stalking-Definition, nämlich der einer „persistent and unwanted attention" (Budd & Mattinson, 2000, p. i), was ihre Höhe erklären könnte. In diesem Zusammenhang sei auch darauf hingewiesen, dass die unterschiedlichen Prävalenz-Daten für Stalking stark abhängig sind von der Art und Enge der zugrunde liegenden Definition. So fanden Tjaden und Thoennes (1998) in ihrer bereits erwähnten Studie höhere Prävalenz-Raten, als sie eine weniger strenge Definition benutzten, nämlich eine, die das Kriterium der empfundenen Angst beim Opfer abgemildert hat: Die Prävalenz stieg bei Frauen von 8 auf 12 Prozent, bei Männern von zwei auf vier Prozent an.

In Kanada ist die beste Schätzung über das Ausmaß von Stalking über den „Incident-based Uniform Crime Reporting Survey" (UCR2) zu erhalten, an dem 154 Polizeireviere teilnehmen, was im Jahr 2001 59% der berichteten Kriminalität ausgemacht hat. Diese Daten sind deshalb allerdings nicht national repräsentativ. Gemäß dem UCR2 aus dem Jahre 2001 gab es 7 610 berichtete Stalking-Fälle bei der Polizei in Kanada, bei denen 5 258 Beschuldigte und 8 023 Opfer involviert waren. Dies stellt eher eine Unterschätzung dar, da es sich

3.1 Bedeutende internationale Studien zur Prävalenz und zur Geschlechtskonstellation

nur um Fälle handelt, in denen Stalking das schwerste Delikt war, so dass keine Fälle enthalten sind, in denen neben Stalking schwerere Gewaltformen auftraten (Beattie, 2003). Auch in den kanadischen Daten bestätigt sich der Trend, dass die meisten Stalking-Opfer Frauen sind: Drei Viertel der Stalking-Opfer waren weiblich, nur etwa ein Viertel männlich (Beattie, 2003).

3.1.2 Kleinere internationale Studien zur Prävalenz

Neben den großen nationalen Erhebungen zum Stalking-Phänomen wurden auch andere Studien zur Abschätzung der Prävalenz durchgeführt, von denen exemplarisch zwei vorgestellt werden sollen. So führte Spitzberg (2002) eine Metaanalyse von insgesamt 108 Stichproben über 103 Studien mit zusammengefasst 70 000 Personen durch, welche ergab, dass 23.5% aller Frauen und 10.5% aller Männer mindestens einmal im Leben Viktimisierungserfahrungen Stalking-ähnlicher Verfolgung und Belästigung gemacht haben. Dies entspricht den Zahlen, die Tjaden und Thoennes (1998) mit der weiteren Stalking-Definition ebenfalls erfasst hatten.

Häufig wurde die Prävalenz auch an Stichproben von College-Studenten untersucht (z.B. Bjerregaard, 2002). So fand Bjerregaard (2002) unter den von ihr untersuchten zufällig von einer Liste ausgewählten 788 College-Studenten eine Prävalenz von 25% für weibliche Studenten und 11% für männliche Studenten und bestätigt damit die Ergebnisse anderer Studien, dass Frauen deutlich häufiger Opfer von Stalking werden als Männer (Tjaden & Thoennes, 1998; Budd & Mattinson, 2000; Spitzberg, 2002). Es ergaben sich keine signifikanten Unterschiede bezüglich der Variablen Rasse, Bildung, Ehestatus und Haushaltseinkommen zwischen den Studenten, die von Stalking betroffen und denen, die dies nicht waren. Dabei muss allerdings beachtet werden, dass es sich bei der Stichprobe um Studenten handelt, bei der – verglichen mit einer repräsentativen Bevölkerungsstichprobe – keine große Spannbreite in Bildung oder Einkommen erwartet werden kann. 5.7% der weiblichen und 10.3% der männlichen Opfer von Nachstellungen gaben an, zum Befragungszeitpunkt aktuell Stalking zu erfahren. Wie erwähnt, wurden diese Daten an einer sehr spezifischen Stichprobe erhoben, weshalb sie nicht ohne weiteres auf die Allgemeinbevölkerung übertragen werden können.

3.1.3 Abhängigkeit der Prävalenzrate von Definition und Geschlecht

Die Abhängigkeit der gefundenen Prävalenz von der zugrunde liegenden Stalking-Definition wurde bereits angesprochen und an Beispielen verdeutlicht.

In den großen Repräsentativerhebungen (z.B. Tjaden & Thoennes, 1998; Budd & Mattinson, 2000a; 2000b) wurden Screening-Fragen benutzt, um Stalking-Viktimisierung herauszufinden, das heißt, es wurde eine bestimmte Definition und bestimmte Kriterien als „Cut-Off", ab dem Stalking anzunehmen ist, zugrunde gelegt (beispielsweise Empfinden von Angst, eine bestimmte Auftretensrate oder ein bestimmtes Zeitintervall). Einige Autoren dagegen widmeten sich, von einem Kontinuum von Stalking-ähnlichen Verhaltensweisen ausgehend, der Untersuchung milderer Formen der Belästigung und Abstufungen von Stalking-Verhaltensweisen (Langhinrichsen-Rohling, Palarea, Cohen & Rohling, 2002; Sinclair & Frieze, 2002; Cupach & Spitzberg, 2002) und erfassten so auch „normales" Verhalten nach dem Abbruch einer Beziehung, welches vom „Opfer" durchaus auch als belästigend empfunden werden kann. Anhand von Checklisten einzelner unterschiedlich schwerer Stalking-Verhaltensweisen, wie einer Checkliste von 63 Obsessive Relational Intrusion (ORI) Items (Cupach & Spitzberg, 2002), der Courtship-Behavior Scale (Sinclair & Frieze, 2002) oder dem Pursuit Behavior Inventory (Langhinrichsen-Rohling, Palarea, Cohen, & Rohling, 2002) wurde die Auftretensrate einzelner Verhaltensweisen erfasst, die es erlauben „to detect differences in which behaviors are seen as normative versus those that cross the line to intrusion and harassment (Davis & Frieze, 2002, p. 358). Auf dieser Ebene fanden sowohl Spitzberg und Cupach (2002) als auch Langhinrichsen-Rohling, Palarea, Cohen und Rohling geringe bis keine Geschlechtsunterschiede in der Viktimisierung, allerdings stellte sich bei Langhinrichsen-Rohling et al. (2002) heraus, dass Frauen eher per Telefon belästigen, während Männer eher direkten Kontakt zum Opfer suchen. Dies könnte ein Grund dafür sein, dass in opferbezogenen Untersuchungen bei Fragen nach Viktimisierung Frauen meist höhere Prävalenzen zeigen, da sie sich eher durch das Verhalten bedroht fühlen als Männer. Belegt wird dies durch eine Untersuchung von Bjerregaard (2002), bei der bedrohte Frauen ein signifikant höheres Angstniveau aufweisen als gleichermaßen bedrohte Männer. Auch Cupach und Spitzberg (2002) fanden, dass Frauen alle ORI-Verhaltenskategorien wie Bedrohung, Verfolgung oder Verletzung bedrohlicher, einschränkender und die Privatsphäre verletzender empfanden als Männer. Insgesamt betrachtet fanden sich bei der Vorgehensweise, die nicht von einer konkreten, an die gesetzlichen Definitionen angelehnte Definition ausging, sondern mit den eben erwähnten Listen von Verhaltensweisen arbeitete, höhere Prävalenzen für Stalking als in den epidemiologischen Untersuchungen oder denen an College-Stichproben. Allerdings räumen auch Cupach und Spitzberg (2002) hier ein, dass dadurch, dass der Fokus auf der Einzelbetrachtung von Verhaltensweisen lag, Befragte möglicherweise dazu verleitet wurden, anzugeben, Opfer bestimmter Verhaltensweisen gewesen zu sein, wenn dies nur einmalig der Fall war und nicht im Kontext einer anhaltenden Belästigung. Davis, Ace und Andra (2002) resümieren dazu:

> In college samples the number of respondents who would qualify as stalking following a breakup in a legal sense is low – perhaps lower than 10%. Nonetheless, the level of harassing behaviors that can be rather distressful to victims is quite substantial by whichever estimate one uses. (p. 259)

Ein weiterer Unterschied, der bei der Betrachtung der gefundenen Prävalenz miteinbezogen werden muss, ist, aus welcher Perspektive die Daten erhoben wurden: Während viele Studien opferbezogen nach Stalking-Viktimisierung fragen, haben einige Autoren in anonymen Selbstberichten nach der Ausübung von Stalking-Verhaltensweisen nach Beendigung einer Liebesbeziehung gefragt (z.B. Sinclair & Frieze, 2002; Davis, Ace & Andra, 2002).

Tjaden, Thoennes und Allison (2002) untersuchten basierend auf den Daten des National Violence Against Women Survey (Tjaden & Thoennes, 1998) die Prävalenz abhängig von einer Definition basierend auf dem „Model Antistalking Code", der von der Bundesregierung der USA stammt, und einer opferabhängigen Definition und demonstrierten, dass Legaldefinitionen von Stalking nicht immer mit den Wahrnehmungen der Opfer einhergehen, denn viele der von ihnen Befragten empfanden sich als von Stalking betroffen, auch wenn sie dies nach der aktuellen gesetzlichen Definition nicht wären, das heißt die Prävalenz-Schätzungen stiegen an, wenn die Befragten selbst definierten, ob sie Stalking-Opfer sind oder nicht. Nach der Definition ähnlich dem Antistalking Code waren 8% der Frauen und 2% der Männer Stalking-Opfer, während bei Eigendefinition 6.2% der befragten Män-

3.1 Bedeutende internationale Studien zur Prävalenz und zur Geschlechtskonstellation

ner und 12.1% der Frauen die Frage bejahten, ob sie schon mal in ihrem Leben Stalking erlebt hatten. Diese Zahlen ähneln denen, die bei Tjaden und Thoennes (1998) mit der weiter gefassten Stalking-Definition (nur geringes Angstempfinden) gefunden wurde. Bei weiterer Analyse fanden auch Tjaden, Thoennes und Allison (2002), dass 60% der selbst-aber-nicht-gesetzlich-definierten Stalking-Opfer das Kriterium des Angst Empfindens des Anti-Stalking Codes nicht erfüllten.

Das genaue Verhältnis zwischen den Geschlechtern bleibt also zunächst unklar, was mit den folgenden Faktoren zusammenhängt:
- mit den verschiedenen Definitionen von Stalking-Viktimisierung,
- mit dem Umstand, dass sich viele Daten auf Selbstreporte stützen sowie
- mit dem Fakt, dass die gleiche Verhaltenweise, wenn sie von einem Mann ausgeführt wird, bedrohlicher erscheint als die von einer Frau.

Letzteres kann wiederum Einfluss auf die Wahrnehmung der Personen als selbstidentifiziertes Stalking-Opfer haben (Davis & Frieze, 2002).

Wie Meloy (1998) anmerkt, unterliegen den unterschiedlichen Definitionen verschiedene Ziele: gesetzliche Definitionen dienen der Definition und Verfolgung kriminellen Verhaltens, während verhaltensbezogene Definitionen dazu dienen sollen, die wissenschaftliche Untersuchung voranzutreiben und ein besseres klinisches Verständnis zu bekommen.

In den soeben referierten internationalen Studien fanden sich Lebenszeitprävalenzen für Stalking von bis zu 24%, was man bisher ohne diesbezügliche Studie nicht ohne weiteres auf Deutschland übertragen konnte, da hier andere kulturelle und gesetzliche Rahmenbedingungen gelten. Die Ergebnisse der ersten epidemiologischen Studie in Deutschland (Dreßing, Kühner & Gass, 2004), die im folgenden Kapitel vorgestellt wird, legen aber nahe, dass Stalking in Deutschland ein ähnliches Problem darstellt.

3.2 Stalking-Forschung in Deutschland

In Deutschland ist die wissenschaftliche Betrachtung des Themas Stalking noch relativ jung. Die erste deutsche wissenschaftliche Auseinandersetzung mit dem Phänomen erschien 1999 mit von Pechstaedts Rechtsvergleichender Dissertation. Seitdem gibt es zunehmend Forschung und Medienberichte im Bereich des Stalking. Vergleichbar groß angelegte Studien wie sie vorher für die USA, Großbritannien und Australien beschrieben wurden, gibt es in Deutschland bis heute noch nicht, jedoch beschäftigen sich verschiedene Forschungsgruppen städtebezogen mit dem Thema Stalking, worauf im Folgenden kurz eingegangen werden soll.

3.2.1 Zur Prävalenz in Deutschland: Die Mannheimer Studie

Die erste auf einer Bevölkerungsstichprobe basierende Studie zum Phänomen Stalking in Deutschland wurde im Juli 2004 vom Zentralinstitut für seelische Gesundheit in Mannheim durchgeführt. Die Ergebnisse der von Dreßing, Gass und Kühner geleiteten Studie, die die Verbreitung in Deutschland und die Auswirkungen auf die Opfer untersucht, zeigen, dass auch in Deutschland Stalking ein beachtenswertes Problem darstellt (Martini, 2004; Dreßing, Kühner & Gass, 2005).

Es wurde eine Zufallsstichprobe von 1 000 Männern und 1 000 Frauen im Alter zwischen 18 und 65 Jahren aus der Kartei des Einwohnermeldeamtes der Stadt Mannheim gezogen und diesen ein Fragebogen zum Thema Stalking sowie der WHO-5 Well Being Index zugesandt, um die Auswirkungen des Stalking auf die Gesundheit der Betroffenen untersuchen zu können. Die Rücklaufquote lag bei 34.2%, das heißt es antworteten 679 Personen, von denen 78 (11.6%) den Stalking-Kriterien der Studie entsprachen: Das bedeutet, „sie wurden mindestens einmal in Ihrem Leben über eine Zeitspanne von mindestens zwei Wochen mit mindestens zwei unterschiedlichen Methoden verfolgt, belästigt oder bedroht und dadurch in Angst versetzt" (Dreßing, Kühner, Gass, 2004, S. A 2864). Zum Untersuchungszeitpunkt waren 1.6% der Befragten von Stalking betroffen. Die Stalking-Opfer waren meistens Frauen (87.2% vs. 12.8%), während die Stalker nach Auskunft der Opfer überwiegend Männer (85.5%) waren. Obwohl die Stichprobe im Vergleich zu den Studien aus den USA und Großbritannien deutlich kleiner ist, so kann aufgrund einer weitestgehenden Übereinstimmung (Tjaden & Thoennes, 1998; Budd & Mattinson, 2000) mit den Studien der anderen Länder davon ausgegangen werden, dass Stalking auch hier ein großes soziales Problem darstellt.

3.2.2 Die Darmstädter Stalking-Studie

Die Stalking-Studie der Arbeitsstelle für forensische Psychologie der Technischen Universität Darmstadt, die im Zeitraum von 2002 bis 2005 durchgeführt wurde, stellt die erste empirische und bisher größte wissenschaftliche Studie zum Thema Stalking in Deutschland dar. Unterstützt wurde das von Voß und Hoffmann geleitete Projekt der „Arbeitsgruppe Stalking" von der Opferschutzorganisation „Weisser Ring e.V." (Wondrak, 2004). Um im Gegensatz zu vielen bisherigen Studien, in denen oft selektive Stichproben wie studentische oder klinische Populationen verwendet wurden, eine breit gefächerte Stichprobe zu gewinnen, wurde eine Projekthomepage unter *www.stalkingforschung.de* eingerichtet, auf der ein von der Arbeitsgruppe selbst entwickelter Fragebogen eingestellt war. Dies war, so Voß und Hoffmann (2002), besonders zur Erforschung der Gruppe der Stalker eine gute Ausgangsbedingung, da diese zuvor meist an forensischen Stichproben und somit besonders schweren Fällen untersucht worden waren (z.B. Mullen, Pathé, Purcell & Stuart, 1999), welche nicht als repräsentativ für den „Durchschnitts-Stalker" gesehen werden können, wenn man die Variationsbreite des Phänomens betrachtet. Der Fragebogen enthielt unter anderem Fragen zum Tatverlauf, zur Art des Stalking, der Beziehung zum Täter beziehungsweise Opfer sowie zum persönlichen Umgang mit dem Stalking und dessen Auswirkungen auf die Betroffenen. Er wurde zwischen Juli 2002 und Mai 2004 von 551 Opfern und 98 Stalkern anonym ausgefüllt, wobei Fragebögen von mangelhafter Authentizität nicht in die Auswertung miteinbezogen wurden (Wondrak, 2004; Weisser Ring, 2005). Außerdem wurden mit 50 Stalking-Opfern telefonische Interviews sowie Beratungsgespräche geführt.

Da es in Deutschland – im Gegensatz zu besonders den USA und Australien – nur wenig Forschung zum Thema Stalking gibt, sollen die Ergebnisse hier kurz exemplarisch dargestellt werden. Später werden zu den einzelnen Themenkomplexen die Ergebnisse verschiedener, meist ausländischer, Studien dargestellt.

Die Ergebnisse der Darmstädter Stalking-Studie bestätigen in vielen Punkten die Ergebnisse bedeutender Stalking-Studien anderer Länder (Tjaden & Thoennes, 1998; Budd &

Mattinson, 2000). So zeigten sich auch hier, dass die meisten Opfer angeben, von einem Mann belästigt worden zu sein (81%) sowie, dass der Stalker in den wenigsten Fällen ein Fremder war (9%). In 49% der Fälle dagegen handelte es sich beim Stalker um den Expartner, wobei es laut den Daten schon während der Beziehung Auffälligkeiten bezüglich seines Verhaltens gab: 85% der Stalker zeichnete in der Beziehung ein starkes Kontrollverhalten aus, drei Viertel der Expartner war extrem eifersüchtig und fast 70% hatten Angst vor dem Zerbrechen der Beziehung (FAZ, 7. Dezember 2004; Hoffmann & Wondrak, 2005). Auch zeigte sich eine beachtliche Rate an Gewalthandlungen im Zusammenhang mit Stalking: 39% der Opfer wurden körperlich angegriffen und jeder Fünfte gab an, sogar massivere Formen der Gewalt erfahren zu haben wie Schläge mit der Faust oder Angriffe durch Waffen (Weisser Ring, 2005).

Die Durchschnittsdauer der Belästigung der zum Zeitpunkt der Studie abgeschlossenen Stalking-Fälle betrug 28 Monate. Die andauernde Belästigung zeigte bei den Betroffenen deutliche Auswirkungen im körperlichen und psychischen Empfinden: Zwei Drittel litten unter Schlafstörungen und Albträumen, 92% lebten während der Verfolgung in dauernder Angst bis hin zu panikartigen Zuständen, welche in den meisten Fällen sogar über die Stalking-Dauer hinaus weiter anhielt, und 23% der Stalking-Opfer wurden wegen der Auswirkungen des Stalking krank geschrieben (Wondrak & Hoffmann, 2005).

Erwähnenswert ist hier, dass die Auswertung der Daten der Stalker ergab, dass sich auch bei diesen erhebliche Auswirkungen des Stalking zeigten: 62% der Stalker gaben an, unter seelischem Unwohlsein zu leiden und 61% hatten laut eigener Angabe Depressionen sowie 38% Gefühle von Angst bei sich festgestellt. Fast zwei Fünftel (38%) der Stalker hatten bereits ärztliche oder therapeutische Hilfe in Anspruch genommen, während ein Fünftel der untersuchten Stalker sogar aufgrund des durch sie selbst verübten Verfolgungs- und Belästigungsverhaltens mehrfach krank geschrieben worden war (Hoffmann, Voß & Wondrak, 2005).

Von den Stalking-Opfern wendete sich mehr als ein Drittel an die Polizei, um Anzeige zu erstatten, allerdings waren 80% der Opfer unzufrieden mit deren Reaktion und beurteilte deren Maßnahmen als inadäquat oder insuffizient und in 69% der Fälle beklagten die Opfer Schwierigkeiten, den Beamten den Ernst Ihrer Lage klar zu machen (Hoffmann, 2005).

3.2.3 Das Stalking-Projekt der Polizei Bremen

Als bislang einziges Bundesland hat die Polizei Bremen mit ihrem Stalking-Projekt eine Sonderzuständigkeit, so genannte Stalking-Beauftragte, eingerichtet. Auslöser waren zunehmende Berichte in der lokalen Presse, besonders über das versuchte Tötungsdelikt gegen eine Frau aus dem Bremer Stadtteil Neustadt, die sich wegen massiver Bedrohung zuvor mehrmals Hilfe suchend an die Polizei gewandt hatte, sowie die dabei entstehende Erkenntnis, dass sowohl Polizei als auch Justiz noch nicht ausreichend mit dem Phänomen vertraut sind. Ziel des Projekts war, eine Zusammenarbeit der verschiedenen Behörden zu erreichen, um ein vereinheitlichtes Vorgehen gewährleisten zu können und auf allen Ebenen konkrete Ansprechpartner für die Opfer bereitzustellen (Oehmke, 2004). So wurden von der Polizei Bremen fünf Beamte zu Stalking-Beauftragten ernannt und bei der Staatsanwaltschaft wurde im Sonderdezernat „Gewalt gegen Frauen" die Sonderzuständigkeit „Stalking" eingerichtet.

Das Projekt startete am 1. Januar 2001 und wurde nach 15 Monaten Laufzeit extern durch Bettermann (2002) evaluiert. Grundlage der Auswertung bildeten die computergestützten Daten der während der Laufzeit des Projekts bei der Polizei registrierten Stalking-Fälle. Des weiteren wurden Interviews mit den Stalking-Beauftragten sowie mit den Staatsanwältinnen des Dezernats „Gewalt gegen Frauen" geführt und Fragebögen, die an die Geschädigten gesandt wurden, ausgewertet. Während des Evaluationszeitraums von 15 Monaten wurden 73 Stalking-Vorkommnisse registriert, aus denen sich nach Abzug der mehrfach in Erscheinung tretenden Täter-Opfer-Konstellationen 48 Täter-Opfer-Konstellationen ergaben. Die Ergebnisse der Studie stützen die Ergebnisse anderer Studien (z.b. Tjaden & Thoennes, 1998), dass der Großteil der Opfer weiblich ist (79% zu 21%) und die meisten Täter männlich (83% zu 17%). Bei der Beziehung zwischen Täter und Opfer handelte es sich zu 38.6% um eine Bekanntschaft, bei 8.8% um einen Angehörigen und bei nur 1.8% um eine flüchtige Bekanntschaft. Gar keine Vorbeziehung bestand bei 7% der Fälle (Bettermann, 2002).

Bei 36.8% der Geschädigten handelt es sich der Stalking-Vorfall um die einzige bei der Polizei registrierte Viktimisierungserfahrung. 36.8% der Geschädigten waren bei der Polizei schon zwei bis drei Mal bei anderen Deliktarten als Geschädigte vermerkt. Bezüglich der Altersverteilung lässt sich sagen, dass sowohl bei den Tätern als auch den Opfern die Altersgruppe der 21- bis 40-Jährigen am stärksten betroffen ist. Abschließend soll noch auf das im Hinblick auf die Fragestellung dieser Arbeit interessante Ergebnis hingewiesen werden, dass sich mehr als drei Fünftel der Geschädigten erst nach mehr als drei Monaten Stalking-Dauer zum ersten Mal an die Polizei wandten (Bettermann, 2002).

3.3 Forschungsergebnisse zu Beteiligten, Kontext und Konsequenzen von Stalking

3.3.1 Alter der Opfer

Sowohl deutsche als auch internationale Studien legen nahe, dass hauptsächlich jüngere Frauen Zielobjekte für Stalking und die größte Betroffenengruppe darstellen (Bettermann, 2002; Tjaden & Thoennes, 1998; Budd & Mattinson, 2000a).

Im National Violence Against Women Survey, im Folgenden mit NVAWS abgekürzt, (Tjaden & Thoennes, 1998) waren 74% der Stalking-Opfer zwischen 18 und 39 Jahre alt, davon über die Hälfte zwischen 18 und 29 Jahren und 22% zwischen 30 und 39. Dies zeigt, dass junge erwachsene Frauen die Hauptzielobjekte von Stalkern darstellen. Dies lässt sich eventuell dadurch erklären, dass die meisten Stalking-Fälle im Zusammenhang mit dem Abbruch einer Beziehung auftreten und wahrscheinlich in diesen Altersgruppen die meisten Beziehungsabbrüche stattfinden.

Auch in kleineren Studien (z.B. Brewster, 2002; Bettermann, 2002) fand sich die Tendenz zu jungen Stalking-Opfern: Bei Brewster (2002) waren die meisten (72%) der selbst selektierten 187 Opfer von Stalking durch einen Expartner zwischen 20 und 30 Jahren alt. Bei Bettermann (2002) befanden sich 23.2% der Betroffenen in der Altersspanne zwischen 21 und 30 Jahren und 37.5% waren zwischen 31 und 40 Jahre alt, was zusammengenommen bedeutet, dass dort 60.7% der Befragten zwischen 21 und 40 Jahre alt sind.

3.3 Forschungsergebnisse zu Beteiligten, Kontext und Konsequenzen von Stalking

Budd und Mattinson (2000a, 2000b) identifizierten ein besonders hohes StalkingViktimisierungsrisiko für Frauen, die Studierende und Single sind, in einer privat gemieteten Wohnung leben und ein Jahreseinkommen von weniger als 15 000 Pfund haben. Viele dieser Risikofaktoren überlappen sich wahrscheinlich und lassen sich daraus erklären, dass eine bestimmte Altergruppe Frauen, zumeist junge Frauen, betroffen sind: 16.8% der 16- bis 19-Jährigen und 7.8% der 20- bis 24-Jährigen gab an, bereits Opfer von Nachstellungen gewesen zu sein (Budd & Mattinson, 2002a, 2002b). Dem gegenüber waren die Zahlen am niedrigsten für Verheiratete (1.6%) oder Verwitwete (1.2%). Insgesamt betrachtet zeigte sich bei Budd und Mattinson (2000a), dass die Betroffenen über beide Geschlechter fast zur Hälfte (46.7%) zwischen 16 und 29 Jahren als sind und ein weiteres knappes Viertel (23%) 30 bis 39 Jahre alt.

3.3.2 Stalking-Dauer

Viele Studien haben gezeigt, dass Stalking ein länger andauerndes Problem darstellt, welches teilweise über mehrere Jahre anhält. So fand Spitzberg (2002) in seiner Metaanalyse eine durchschnittliche Stalking-Dauer von fast zwei Jahren.

Ähnliches brachte der NVAWS (Tjaden & Thoennes, 1998) zu Tage, bei dem 92% der Stalking-Opfer zur Zeit des Interviews angaben, keinem Stalking mehr ausgesetzt zu sein: Hier betrug die durchschnittliche Dauer 1.8 Jahre. Zwei Drittel der Stalking-Fälle dauerte ein Jahr oder kürzer, ein Viertel dauerte zwei bis fünf Jahre an und bei etwa einem Zehntel der Fälle spielte sich das Stalking sogar länger als fünf Jahre ab. Interessanterweise hielten die Stalking-Handlungen von (ehemaligen) Intimpartnern im Durchschnitt länger an, was auch Budd und Mattinson fanden (2000a). Ansonsten zeigten sich im British Crime Survey (Budd & Mattinson, 2000a) durchschnittlich kürzere Stalking-Perioden, beispielsweise wurden 59% nur höchstens 3 Monate belästigt, während nur 11% 6 bis 11 Monate und 12% ein bis zwei Jahre Nachstellungen erfuhren, was sich eventuell durch die dort verwendete weitere Definition von Stalking erklären lassen könnte.

In einer holländischen Studie dagegen (Blaauw, Winkel, Arensman, Sheridan & Freeve, 2002) wurde eine deutliche höhere Durchschnittsdauer, nämlich 4.8 Jahre bei den 241 befragten Stalking-Opfern gefunden, von denen 66% eine Stalking-Periode von mehr als 2 Jahren angaben und immerhin 13% eine von mehr als 10 Jahren. Meistens lief das Stalking häufiger zu Beginn auf einer täglichen Basis ab (68%) als zu späteren Zeitpunkten der Stalking-Periode. In fast der Hälfte der Fälle wurde die Häufigkeit weniger mit der Zeit (Blaauw et al., 2002). In 48% der Fälle blieb das Stalking allerdings auch relativ konstant oder intensivierte sich sogar noch (4%). Bjerregaard (2002) fand an einem selektiven Sample von Studenten eine im Vergleich zu den meisten anderen zitierten Studien, besonders der zuvor genannten (Blaauw et al. 2002), relativ kurze Durchschnittsdauer der Stalking-Handlungen, nämlich bei Frauen durchschnittlich 83 Tage und bei Männern 182 Tage.

Die unterschiedliche Stalking-Dauer lässt sich wahrscheinlich durch die Art der Stichproben erklären, da man davon ausgehen kann, dass in einer Studentenstichprobe (Bjerregaard, 2002) minder schwere Fälle erfasst werden als in einer Stichprobe von Fällen, die bei einer Stalking-Institution registriert sind (Blaauw et al., 2002). Bei der Interpretation der Stalking-Dauer ist es ebenso wie bei der Prävalenz (vgl. Kap. 3.1.3) wichtig, die Art der Stichprobe und die zugrunde liegende Definition miteinzubeziehen. Vermutlich wird die durchschnittliche Dauer desto länger sein, je strenger die Stalking-Kriterien gefasst sind, da so schwere Fälle erfasst werden. Dies könnte auch den Unterschied zwischen der Stalking-Dauer bei Tjaden und Thoennes (1998; relativ strenge Definition) und Budd und Mattinson (2000; weitere Definition) erklären.

Insgesamt betrachtet könnte man die Ergebnisse – unabhängig von der Art der Stichprobe oder der zu Grunde liegenden Stalking-Definition – grob dahingehend zusammenfassen, dass eine Stalking-Dauer bis zu sechs Monaten als kurz, bis zu einem Jahr als von mittlerer Dauer und über ein Jahr hinaus als lang angesehen werden kann.

3.3.3 Art und Häufigkeit der Stalking-Handlungen

Sheridan, Davies und Boon (2001) befragten 384 Frauen nach deren Stalking-Erfahrungen und ließen die Probandinnen anhand einer Liste von 42 potentiell als Stalking bezeichneten Verhaltensweisen beurteilen, ob es sich bei jeder einzelnen um Stalking handelte oder nicht. Per Clusteranalyse ergaben sich zwei Cluster, von dem es sich bei einem um Stalking-Handlungen nach Meinung der Frauen handelte, bei dem anderen nicht. Als „klassische" Stalking-Verhaltensweisen wurden Herumlungern oder Anrufe am Arbeitsplatz des Opfers, Verfolgen, heimliches Fotografieren des Opfers, ständige Telefonanrufe, Senden von Briefen oder in der Nachbarschaft des Opfers aufhalten erlebt. Als bedrohliches Stalking wurden obszöne Telefonanrufe, das Senden unangemessener Briefe mit sexuellem Inhalt an die Zielperson, Todesdrohungen oder Beschädigung von Eigentum angesehen. Die meisten Frauen betrachteten das dritte Subcluster der Stalking-Verhaltensweisen als Stalking, welches Beziehungs-Stalking-Verhaltensweisen beinhaltete, wie seltsame Geschenke an den Arbeitsplatz oder das Haus des Opfers schicken, regelmäßig uneingeladen beim Opfer zu Hause erscheinen, sich regelmäßig „zufällig" an Orten aufhalten, wo das Opfer ist oder ignorieren, dass eine Beziehung beendet ist. Nicht als Stalking empfand der Großteil der Frauen Verhaltensweisen, die auf den ersten Stufen von „Werbungsverhalten" auftreten können, wie die Zielperson an einem öffentlichen Ort in ein Gespräch verwickeln, die Zielperson nach einem ersten Treffen anrufen, mit Freunden über die Zielperson reden, obwohl man sie erst einmal getroffen hat oder der Zielperson an einem öffentlichen Ort als Fremder einen Drink spendieren. Außerdem wurden einige „verbal-obszöne" Verhaltensweisen von den meisten befragten Frauen nicht als Stalking empfunden wie die Zielperson in unangemessenem Maße in intime Gespräche verwickeln oder obszöne Kommentare als Fremder machen. Des Weiteren wurde eine dritte Untergruppe mit aufdringlichem und stark dominierendem Verhalten wie Aktivitäten mit dem Opfer zu organisieren ohne es vorher zu fragen, mit den Freunden der Zielperson in Kontakt kommen oder immer um die gleiche Tageszeit vom Opfer gesehen werden ebenfalls nicht als Stalking bewertet.

Wie sich im weiteren Verlauf der Studie zeigte, spiegelte die Einstellung der Frauen darüber, was klassisches Stalking darstellt, die Erfahrungen der Stichprobe mit den Stalking-Handlungen des klassischen Typs wieder.

Die Stalking-Handlungen, die hier unter dem „klassischen Stalking-Cluster" subsumiert werden, spiegeln auch die wieder, die in anderen empirischen Studien (die unter anderem die Häufigkeit der verschiedenen Stalking-Handlungen untersuchen) am häufigsten gefunden wurden.

3.3 Forschungsergebnisse zu Beteiligten, Kontext und Konsequenzen von Stalking

Die häufigste Stalking-Aktivität stellen unerwünschte Telefonanrufe dar (Bjerregaard, 2002; Tjaden & Thoennes, 1998; Brewster, 2002; Dreßing, Kühner & Gass, 2005). Die Zahlen variieren hier zwischen 90.4% (Brewster, 2002) und 61% für weibliche sowie 42% für männliche Betroffene (Tjaden & Thoennes, 1998). Bjerregaard (2002) berichtet, dass laut den Angaben der Opfer der Stalker per Telefon meist seine Liebe ausdrücken wollte oder den Wunsch nach persönlichem Kontakt. Noch häufiger als Telefonanrufe traten bei Tjaden und Thoennes (1998) mit einer Rate von 82% bei den weiblichen und 72% bei den männlichen Opfern die Aktivitäten Verfolgen, Beobachten und außerhalb des Hauses Herumlungern auf. Während bei Brewster (2002) 78.6% der Opfer beobachtet und 68% verfolgt wurden, waren es in der Mannheimer Studie 38.5%, die über Verfolgung und 62.6% die über Herumtreiben in der Nähe berichteten (Dreßing, Kühner & Gass, 2005). Ein weiteres häufig eingesetztes Kontaktmedium stellen Briefe, E-Mails und SMS dar, welche bei Bjerregaard (2002) über ein Viertel der Belästigten erhielten, bei Tjaden und Thoennes (1998) etwa ein Drittel der Opfer und in der Mannheimer Studie waren es sogar die Hälfte der als Stalking-Opfer identifizierten Befragten (Dreßing, Kühner & Gass, 2005). Bei Brewster (2002) hatten 59% mindestens einen Brief vom Stalker erhalten, 16% sogar jede Woche. In Bjerregaards Studie (2002) zeigte sich, dass die häufigste Beilage der Briefe bei beiden Geschlechtern Fotos waren, während weibliche Opfer im Gegensatz zu männlichen auch zu knapp 9% Drohzeichnungen bekamen.

Des Weiteren berichtet ein Drittel (Tjaden & Thoennes, 1998) beziehungsweise 44% (Brewster, 2002) über die Beschädigung ihres Eigentums durch den Stalker. Weitere Stalking-Handlungen, die beispielsweise in der Mannheimer Studie häufig gefunden wurden, sind Kontaktaufnahme über Dritte (35.9%), vor der Haustür stehen (33.3%), Auflauern (24.4%) und Beschimpfungen oder Verleumdungen in fast der Hälfte der Fälle (Dreßing, Kühner & Gass, 2005). In selteneren Fällen erfolgte auch eine Androhung und teilweise Herbeiführung des Todes des Haustiers des Opfers (Tjaden & Thoennes, 1998).

In relativ vielen Fällen werden Drohungen vom Stalker ausgesprochen. Bei Tjaden und Thoennes (1998) war dies in etwa bei 45% der Opfer der Fall, bei Brewster (2002) berichten 52.9% der Opfer, dass verbal Gewalt angedroht wurde und 20% der Opfer erhielten versteckte Drohungen.

Bei Bjerregaard (2002) wurde 23.8% der Frauen und 13.8% der Männer, welche von ihrem Stalker angerufen wurden, mit physischer Gewalt gedroht und 11% der Frauen sowie 13% der Männer bekamen eine Todesdrohung per Telefon. Stalker, die ihre Zielperson mit physischer Gewalt bedrohten, unternahmen häufiger Versuche, sich dieser zu nähern und sie physisch anzugreifen. Bei 90% der Frauen, die bedroht worden waren, versuchte der Stalker, in Gesichtskontakt mit ihnen zu kommen, was wiederum in 90% der Fälle gelang. Fast 40% der weiblichen Opfer, denen vom Stalker physische Gewalt angedroht wurde, wurde physischer Schaden zugefügt (dagegen nur 2.8% der weiblichen Opfer ohne Drohung). Männer wurden im Vergleich dazu in nur 5% der Fälle physisch geschädigt.

In der Mannheimer Studie wurden die befragten 679 Stalking-Opfer durchschnittlich mit fünf verschiedenen Methoden belästigt. Es zeigte sich eine hohe Intensität der Handlungen: 35.1% berichten über mehrmalige wöchentliche Kontakte, 9.1% wurden täglich ungewollt kontaktiert und 15.6% mehrmals täglich (Dreßing, Kühner & Gass, 2005).

Dabei scheinen Frauen eine größere Bandbreite an Stalking-Verhaltensweisen zu erfahren als Männer: Im British Crime Survey gab ein Drittel der Frauen an, mehr als sechs verschiedenen Stalking-Verhaltensweisen ausgesetzt (gewesen) zu sein, während dies nur auf ein Viertel der Männer zutraf (Budd & Mattinson, 2002a; 2002b).

Obwohl die zitierten Studien auf sehr verschiedenen Stichproben basieren, einer großen (Tjaden & Thoennes, 1998) und einer kleineren (Dreßing, Kühner & Gass, 2005) nationalen Bevölkerungsstichprobe, einer College-Stichprobe von 788 Studenten bei Bjerregaard (2002) und 187 Opfern von Post-Beziehungs-Stalking bei Brewster (2002), zeigen sich doch deutliche Trends in den eingesetzten Stalking-Verhaltensweisen. Auf Unterschiede, besonders bei Stalking-Handlungen im Kontext von Beziehungsabbrüchen, wird später noch eingegangen.

3.3.4 Täter-Opfer Konstellationen

Es gibt verschiedenste Geschlechts- und Beziehungskonstellationen, die zwischen Täter und Opfer bestehen können. Pathé, Mullen und Purcell (2001) gliedern die Opfertypen, welche jeweils die Beziehung zwischen Täter und Opfer impliziert, in ehemalige Intimpartner, lockere Bekanntschaften und Freunde, berufsmäßige Ansprechpartner wie Mitglieder helfender Berufe, Lehrer oder Anwälte, Arbeitskontakte, Fremde, Prominente sowie falsche Stalking-Opfer.

3.3.4.1 Geschlecht

Wie bereits gezeigt wurde, handelt es sich bei den Opfern zum Großteil um Frauen (Tjaden & Thoennes, 1998; Beattie, 2003; Budd & Mattinson, 2000; Purcell, Pathé & Mullen, 2000; 2002; Spitzberg, 2002; Voß, 2004; Dreßing, Kühner & Gass, 2004). Bei den Stalkern zeigt sich ein umgekehrtes Verhältnis, der Anteil der männlichen Stalker liegt in den meisten Studien zwischen 80% und 90% (Voß, 2004; Tjaden & Thoennes, 1998; Budd & Mattinson, 2000a; 2000b; Purcell, Pathé & Mullen, 2000; 2002; Dreßing, Kühner & Gass, 2004).

Bjerregaard (2002) berichtet, dass Stalking meist von Angehörigen des Gegengeschlechts ausgeführt wird: Wie auch schon in der vorherigen Literatur gefunden (z.B. Tjaden & Thoennes, 1998; Budd & Mattinson, 2002a, 2002b), werden die meisten weiblichen Opfer ihrer Studie (96%) durch Männer belästigt. Männliche Betroffene dagegen werden zwar zum Großteil auch vom Gegengeschlecht, aber immerhin fast ein Drittel wird ebenso von Männern belästigt (Bjerregaard, 2002). Bei Budd und Mattinson (2002a, 2002b) erlebten sogar 57% der Männer Stalking vom gleichen Geschlecht und nur 43% vom Gegengeschlecht. Trotz unterschiedlicher Definition von Stalking fand auch der NVAWS (Tjaden & Thoennes, 1998) ähnliche Ergebnisse: Dort identifizierten 94% der weiblichen und 60% der männlichen Opfer einen männlichen Stalker. In der deutschen Studie aus Mannheim wurde ein etwas ausgewogeneres Verhältnis zwischen männlichen und weiblichen Stalkern bei den männlichen Opfern gefunden (Dreßing, Kühner & Gass, 2005). Die Ergebnisse der Studien lassen darauf schließen, dass – unabhängig von der zugrunde liegenden Stalking-Definition – Männer eher vom gleichen Geschlecht belästigt werden als Frauen.

Den umgekehrten Fall, nämlich, dass Frauen deutlich häufiger Stalking vom gleichen Geschlecht erfahren als Männer (47.5% vs. 8.7%), berichten Purcell, Pathé und Mullen (2001), was allerdings von der sehr speziellen Stichprobe an Stalkern beeinflusst sein kann, welche durch eine ärztliche Überweisung an eine auf die Behandlung von Stalkern und

Stalking-Opfern spezialisierte forensisch-psychologische Klinik überwiesen wurden, so dass bei den Stalkern dieser Stichprobe ein hohes Maß an Persönlichkeitsstörungen und wahnhaften Störungen vorlag. Nur in wenigen Ausnahmefällen des gleichgeschlechtlichen Stalking war dieses durch homosexuelle Neigungen motiviert (Purcell, Pathé & Mullen, 2001).

3.3.4.2 Beziehung

Die meisten Personen werden nicht von einem geheimnisvollen Unbekannten belästigt, sondern von einer Person, die sie kennen. Der NVAWS zeigte, dass nur 23% der weiblichen Betroffenen und 36% der männlichen Betroffenen Opfer fremder Stalker werden (Tjaden & Thoennes, 1998). Auch bei Budd und Mattinson (2002a, 2002b) wurde nur ein Drittel der Opfer von Fremden belästigt, allerdings waren es hier etwas mehr weibliche (35%) als männliche Opfer (28%). In allen anderen Fällen standen Stalker und dessen Zielperson schon vorher in irgendeiner Art von Kontakt zueinander.

Wie der Großteil der heutigen Forschung gezeigt hat, findet Stalking meistens nach dem Abbruch einer Liebesbeziehung, sowohl von Ehen als auch von kürzeren Intimbeziehungen, statt (Brewster, 2002; Langhinrichsen-Rohling, Palarea, Cohen & Rohling, 2002; Logan, Leukefeld & Walker, 2002; Mechanic, Weaver & Resick, 2002). Dies bestätigt auch der NVAWS, dessen Ergebnisse zeigen, dass Frauen Stalking besonders durch ehemalige Intimpartner erleben: In 38% der Fälle war der Stalker der weiblichen Stalking-Opfer der ehemalige oder aktuelle Ehepartner, bei 10% war es der ehemalige oder aktuelle in gemeinsamer Wohnung lebende Lebensgefährte und 14% wurde von ehemaligen oder aktuellen „Dates" oder Partnern belästigt. Insgesamt werden 59% der Frauen das Opfer von Nachstellungen durch irgendeine Art von Intimpartner, dagegen nur 30% der Männer (Tjaden & Thoennes, 1998). Im British Crime Survey (Budd & Mattinson, 2000a; 2000b) fanden sich keine so deutlichen Geschlechtsunterschiede und die Rate des Intimpartner-Stalking war niedriger, nämlich über beide Geschlechter 29% (30% bei den weiblichen Opfern, 27% bei den männlichen Opfern).

Von Bekannten wurden im NVAWS 19% der Frauen und 34% der Männer belästigt (Tjaden & Thoennes, 1998).

Etwas andere Ergebnisse berichtet die australische Studie von Purcell, Pathé und Mullen (2000; 2002), in der immerhin 42% der Belästigung durch einen fremden Stalker ausgesetzt waren. Von den 57%, die ihren Verfolger bereits kannten, waren im Gegensatz zu den soeben zitierten Ergebnissen nur 13% ehemalige Intimpartner, 15% gelegentliche Bekannte, 16% Bekannte aus dem Arbeitskontext, 5% Nachbarn, 4% Familienmitglieder, 3% entfremdete Freunde und 1% „Gelegenheitsdates".

Unterschiede in der Art der Vorbeziehung zur Zielperson von weiblichen im Vergleich zu männlichen Stalkern fanden Purcell, Pathé und Mullen (2001) in ihrer Studie an weiblichen Stalkern bezüglich eines weiteren Aspekts: Die Zielpersonen weiblicher Stalker im Vergleich zu männlichen waren signifikant häufiger berufsmäßige Ansprechpartner, meistens Leute, die auf dem Gebiet psychischer Krankheiten beruflich tätig waren, wie Psychiater oder Psychologen (40% vs. 16.7%) und signifikant seltener Fremde (5% zu 21.3%). Diese Zahlen müssen allerdings im Kontext der klinischen Stichprobe interpretiert werden und können nicht ohne weiteres auf Stalking-Fälle im Allgemeinen übertragen werden, da hier aufgrund der hohen Rate an psychischen Störungen eine Fixierung der Stalker auf ein

Mitglied eines helfenden Berufs wahrscheinlicher ist als in der Allgemeinbevölkerung. Stalking von Mitgliedern helfender Berufe als besonderer Risikogruppe stellt ein eigenes Forschungsgebiet dar (z.b. Lion & Herschler, 1998; Galeazzi, Elkins & Curci, 2005).

Eine weitere spezielle Betroffenengruppe, bei der meist keine persönliche Vorbeziehung zwischen Stalker und Opfer besteht, stellen Prominente dar. Das Phänomen des Prominenten-Stalking, auf das in dieser Arbeit nicht näher eingegangen werden kann, hat für Deutschland erstmals Hoffmann (2004) im Rahmen seiner Promotion untersucht. Auch wenn in absoluten Zahlen das Auftreten von Stalking in der Allgemeinbevölkerung wesentlich höher ist (Hoffmann, 2001) als bei Prominenten, so fand Hoffmann (2001; 2004) in einer Zwischenbilanz seiner Studie, dass 72% der bereits untersuchten Prominenten bereits Opfer obsessiver Verfolger waren. Hoffmann weist selbst darauf hin, dass diese Zahlen nicht ohne weiteres auf alle Prominenten generalisiert werden können, da es sich bei den von ihm untersuchten Personen zum Großteil um Fernsehstars handelte, welche eine besonders ausgeprägte mediale Präsenz aufweisen und dadurch eventuell eine besondere Prädisposition für Stalking aufweisen.

3.3.4.3 Anzahl der Stalker

Auch wenn es sich in den meisten Fällen um einen allein handelnden Stalker handelt, so gibt es auch Fälle, in denen mehrere Stalker eine Zielperson belästigen.

Der National Violence Against Women Survey (Tjaden & Thoennes, 1998) zeigte, dass 90% der als Stalking-Opfer identifizierten Personen Nachstellungen durch einen einzigen Stalker erfuhren, 9% der weiblichen Opfer und 8% der männlichen Opfer waren Opfer zweier verschiedener Stalker und 1% der weiblichen sowie 2% der männlichen Opfer waren sogar Opfer dreier verschiedener Stalker. Ähnliche Zahlen berichten auch Budd und Mattinson (2002a, 2002 b). Bei ihnen wurden 79% von einem, 9% von zweien, 4% von dreien und 8% sogar von vier oder mehr Stalkern belästigt. Sie fanden deutliche Geschlechtsunterschiede, Männer wurden nämlich wesentlich seltener Opfer nur eines Stalkers als Frauen (84% zu 66%), hingegen wurden aber 20% der männlichen Stalking-Betroffenen von drei oder mehr Stalkern belästigt, weshalb die Autoren die Verschiedenheit der Stalking zwischen den Geschlechtern betonen.

3.3.5 Stalking im Kontext häuslicher Gewalt

Einige Autoren regten bereits zu einem frühen Zeitpunkt der Stalking-Forschung an, Stalking als eine Form oder eine Ausweitung von Gewalt zwischen Intimpartnern zu betrachten (Coleman, 1997; Kurt, 1995).

Wie bereits gezeigt wurde, bestand in den meisten Stalking-Fällen schon vor der Belästigung eine Beziehung zwischen dem Stalker und seiner Zielperson. In den meisten Fällen wiederum handelt es sich um (ehemalige) Intimpartner, Lebenspartner oder Ehepartner (z.B. Tjaden & Thoennes, 1998), weshalb die Grenze zur häuslichen Gewalt nicht weit entfernt zu sein scheint. Oft findet Stalking im Rahmen einer Liebesbeziehung nach deren Abbruch durch einen der Partner statt (z.B. Tjaden & Thoennes, 2002). „Typically, the former intimate stalker is seeking revenge or reconciliation through stalking", vermutet Brewster (2002, p. 295).

3.3 Forschungsergebnisse zu Beteiligten, Kontext und Konsequenzen von Stalking

Der NVAWS (Tjaden & Thoennes, 1998) ergab aber auch, dass Stalking auch in noch bestehenden Beziehungen auftritt: Immerhin 21% gaben an, dass die Belästigung stattfand bevor die Beziehung beendet war, 36% berichteten, dass Stalking sowohl vor als auch nach Beendigung der Beziehung ausgeübt wurde und 43% der Fälle wurde erst nach Beendigung der Beziehung Opfer von Nachstellungen. Daten aus Kanada zeigen ein anderes Bild: Dort begann nur in 6% der weiblichen und 4% der männlichen Stalking-Fälle das Stalking bereits während der intakten Ehe (Beattie, 2003). Hierbei muss man allerdings die Möglichkeit in Betracht ziehen, dass Stalking in aktuellen Beziehungen weniger bei der Polizei oder anderen Einrichtungen gemeldet wird als wenn sich dieses nach der Trennung abspielt.

Auch wenn gerade Stalking im Rahmen von Beziehungen von der Polizei oft nicht ernst genommen wird (z.B. Bettermann, 2002), so darf das Problem des Partner-Stalking nicht unterschätzt werden, denn „at least in the context of intimate partner violence, stalking has been identified as a risk factor for severe, even lethal violence" (Mechanic, Uhlmansiek, Weaver & Resick, 2002, p. 89).

Belegt wird dies durch eine Studie von McFarlane et al. (1999), welche die Fälle von 141 Frauenmorden anhand von sachkundigen Vertretern und von 65 versuchten Frauenmorden auf Häufigkeit und Art von Intimpartner-Stalking, das innerhalb eines Jahres vor dem versuchten oder durchgeführten Frauenmord statt fand, untersuchte. Die Prävalenz von Stalking lag bei den ermordeten Frauen bei 76% und bei 85% bei den fast ermordeten Frauen, außerdem wurden etwa zwei Drittel beider Gruppen während der 12 Monate vor dem (versuchten) Mord vom Partner physisch misshandelt. McFarlane et al. (1999) folgern, dass Stalking einen Risikofaktor für versuchten und ausgeführten Frauenmord darstellt und weisen auf die Notwendigkeit hin, misshandelte Frauen darüber zu aufzuklären. Auch in Kanada wurde der Zusammenhang zwischen Stalking und Homizid untersucht: Laut dem Statistic Canada's Homicide Survey, gab es zwischen 1997 und 2001 109 Frauen und 12 Männer, die von entfremdeten Expartnern ermordet wurden. Fast ein Fünftel der Frauen war vorher Stalking durch den Expartner ausgesetzt gewesen (Beattie, 2003).

Es war zuerst Coleman (1997), der die Annahme Kurts (1995) untermauerte, dass Stalking durch Expartner eine Fortführung häuslicher Beziehungsgewalt darstelle, in dem er in einer empirischen Untersuchung an 141 weiblichen Studenten fand, dass Personen, die Stalking-Opfer früherer Intimpartner wurden, ein höheres Maß an verbaler und körperlicher Gewalt in der vorherigen Beziehung berichteten als nicht verfolgte Expartner. Dies fand sich später auch bei Brewster (2002). Am deutlichsten zeigt sich dieser Trend im NVAWS: 81% der Frauen, die Stalking durch einen ehemaligen oder aktuellen Partner erlebten, waren auch körperlich und 31% der Frauen sexuell vom Partner misshandelt worden (Tjaden & Thoennes, 1998).

Voß (2002), dessen Ergebnisse einer Stichprobe von 117 Studenten auch den Umstand replizieren, „dass mit zunehmender sozialer Nähe intensivere Formen des Stalking – insbesondere aus Sicht der Täter – auftreten" (Voß, 2002, S. 68), erklärt dies mit der Möglichkeit, dass vorherige Gewalt- und Bedrohungserfahrungen in der noch intakten Beziehung „den Schwellenwert für Gewalthandlungen der Täter in der Nachtrennungsphase herabsetzen" (Voß, 2002, S. 68). Eine weitere Erklärungsmöglichkeit ist, dass je enger die Beziehung zum Opfer war, desto mehr Gefühle wie Wut, Eifersucht, Rache oder Trauer über den Verlust der Beziehung in die Stalking-Handlungen mit hineinspielen.

Mechanic, Weaver und Resick (2002) untersuchten eine Stichprobe von 114 kürzlich geschlagenen Frauen hinsichtlich des Auftretens von Stalking-Verhalten und fanden, dass jede Frau durchschnittlich 11 der 25 abgefragten Stalking- und Belästigungsverhaltensweisen innerhalb der letzten sechs Monate ausgesetzt war. Diese Verhaltensweisen reichten von physischen Schäden, wie es bei geschlagenen Frauen zu erwarten war, bis hin zu Stalking-typischen Verhaltenweisen wie beobachtet werden (71%), ungewollten Anrufen zu hause (66%), verfolgt werden (63%) oder ungewollte Besuche zu hause (62%). „With the number and range of stalking behaviors reported by these women, it is not surprising that many battered women report feeling terrorized" (Mechanic, Weaver & Resick, 2002, p. 80-81). Die Autoren nehmen an, dass Stalking im Kontext von physisch gewalttätigen Beziehungen eine extreme Form von Dominanz und Kontrolle darstellt (Mechanic, Weaver & Resick, 2002). „Perhaps, once a woman has left the relationship, it is more difficult (due to proximity) to commit acts of violence against her, but acts of stalking, such as harassment via phone and e-mail are achieved rather easily" (Mechanic, Weaver & Resick, 2002, p. 84). Für die spezielle Stichprobe von geschlagenen Frauen stellten sie eine größere Verbindung zwischen Stalking und emotionaler Misshandlung als zwischen Stalking und physischer Misshandlung fest. Es ist allerdings die Frage, ob sich dies auf andere Stichprobenarten, wie beispielsweise Frauen, die emotionale ohne physische Misshandlung erlebten, übertragen lassen.

Logan, Leukefeld und Walker (2002) bestätigen diesen Zusammenhang für männliche Opfer: Während sich an der College-Stichprobe (n = 130) von 46 Männern und 84 Frauen ein signifikanter Zusammenhang von Stalking-Viktimisierung und vorheriger physischer und psychischer Misshandlung bei Frauen während der Beziehung ergab, fanden sie bei Männern den Zusammenhang nur für vorherige psychische Misshandlung. Abschließend stellen sie fest: „Thus, the data from this study contribute to the hypothesis that stalking is a variant or extension of intimate violence" (Logan, Leukefeld & Walker, 2002, p. 279). In ihren Augen stellt Stalking eine „continuation of intimate violence toward a partner after the relationship ends" (Logan, Leukefeld & Walker, 2002, p. 279) dar.

In einer Untersuchung von Tjaden und Thoennes (2002) erlebte jedes sechste Opfer der 1 785 Fälle häuslicher Gewalt basierend auf den „domestic violence crime reports", die zwischen April und November 1998 im Colorado Springs Police Department gemeldet wurden, Stalking durch den Verdächtigen, was laut den Autoren eher noch eine Unterschätzung ist, da es sich um Spontanäußerungen handelte und nicht um Äußerungen basierend auf einer systematischen Abfrage nach Stalking-Viktimisierung. Auch hier zeigen sich folglich deutliche Zusammenhänge zwischen häuslicher Gewalt und Stalking. Außerdem legten die Ergebnisse der Studie nahe, dass sowohl die Opfer häuslicher Gewalt, die von ihrem Expartner verfolgt und belästigt wurden, sich in der Anfangsphase der polizeilichen Untersuchung nicht selbst als Stalking-Opfer identifizieren als auch dass die Polizeibeamten Stalking-Fälle im Rahmen häuslicher Gewalt nicht als solche definieren. „Thus, stalking prevalence estimates that are based on formal charges made by police officers during the investigation of a domestic violence crime report substantially underestimate the role stalking plays in domestic violence cases that are reported to the police" (Tjaden & Thoennes, 2002, p. 345).

3.3.6 Auftreten von physischer Gewalt bei Stalking

Das Auftreten von leichteren Gewaltformen ist im Rahmen von Stalking relativ häufig festzustellen (z.B. Wondrak, 2004). Die Prävalenz von Gewalt im Stalking-Kontext ist sehr stark abhängig von der Definition, aber auch vom Beziehungskontext. So berichtet beispielsweise Meloy (2001), dass die Gewaltrate bei Stalkern, die vorher sexuelle Kontakte zu ihrem Opfer hatten, bei ca. 50% lag. Dies könnte eventuell an der höheren emotionalen Beteiligung liegen oder aber daran, dass die Personen leichter für den Stalker physisch erreichbar sind, da die Opfer eventuell Mitleid mit dem Expartner empfinden und ein Expartner vermutlich eher von der Zielperson zur Tür hineingelassen wird als ein Fremder, ein Arbeitskollege oder ein belästigender Nachbar.

Wie James und Farnham (2002) anmerken, kann die wahre Gewaltrate nur über groß angelegte, zufällig ausgewählte Stichproben der Gesellschaft abgeschätzt werden. In ebensolchen fanden sich tendenziell niedrigere Gewaltraten: Im 1998 British Crime Survey lag die Rate an „physical force" bei 20% (Budd & Mattinson, 2000a). In der darauf bezogenen Frage wurden als Beispiele für diese „pushing, hitting or kicking you or using a weapon against you" (Budd & Mattinson, 2000a, p. 119) genannt.

In einer australischen Studie an einer Zufallsstichprobe im Staat Victoria wurde eine Rate an physischen Übergriffen von 18% gefunden, durch die die Hälfte der Opfer eine Art von Verletzung erlitt (Purcell, Pathé, Mullen, 2000; 2002).

Meloy (1996) fand bei der Analyse von 10 Studien krimineller obsessiver Verfolger (als Untergruppe von Stalkern allgemein) abhängig von der Studie Gewaltraten irgendeiner Form persönlicher Gewalt zwischen 3% und 36%. Die von ihm gefundene Rate an Homiziden lag unter zwei Prozent.

Zwei verschiedene Metaanalysen zum Auftreten von Gewalt im Stalking-Kontext zeigten konsistente Ergebnisse: Spitzberg (2002) fand über 42 Studien eine durchschnittliche Rate an physischer Gewalt von 33%, während Rosenfeld (2004) in seiner Metaanalyse von 10 Studien über den Zusammenhang von Stalking und Gewalt eine Gesamtrate an Gewalt bei Stalking von 38.6% ermittelte. Es muss allerdings zwischen milderen und ernsten Gewaltformen unterschieden werden.

> Perhaps the most reassuring conclusion that can be drawn from this review is that although some form of violence appears to occur quite often in stalking cases (between 30 an 50% of cases), severe violence has been much less frequent." (Rosenfeld, 2004, p. 31)

Interessanterweise schien das Vorhandensein einer psychotischen Störung beim Stalker die Wahrscheinlichkeit der Gewaltanwendung herabzusenken (Rosenfeld, 2004). Substanzmissbrauch dagegen stellte in der Metaanalyse einen Risikofaktor für Gewaltanwendung im Zusammenhang mit Stalking dar. Bezüglich der Risikofaktoren für Gewalt bei Stalking-Fällen resümiert er aufgrund der Daten seiner Metaanalyse wie folgt: „Among the strongest and most consistent correlates of violence have been prior intimate relationship, threats, substance abuse, and the absence of psychosis" (Rosenfeld, 2004, p. 28). Auch Mullen und Pathé (2001) fassen zusammen, dass zwar nicht-psychotische und psychotische Stalker gleichermaßen Drohungen aussprechen, die nicht-psychotischen Stalker führten diese aber zweimal so häufig aus und griffen die Opfer an. Außerdem begehen weibliche Stalker seltener sexuelle Übergriffe und gehen seltener von expliziten Drohungen zur tatsächlichen Gewalt über als männliche Stalker (Purcell, Pathé & Mullen, 2001).

James und Farnham (2002) treffen bezüglich der Risikofaktoren für Stalking-bezogene Gewalt die Feststellung, dass diese ähnliche seyien wie für Gewalt in Nicht-Stalking-Fällen.

Bei der Interpretation dieser Zahlen muss im Auge behalten werden, dass es außerhalb von epidemiologischen Studien schwer ist, eine repräsentative Rate an Gewalt und Verletzungen, die aus Stalking-Handlungen resultieren, zu bekommen und diese immer abhängig von der zugrunde liegenden Stichprobe sind, da zum Beispiel Stichproben aus Hilfe suchenden Opfern die schwerwiegenden Gewaltfälle überrepräsentieren können.

Kamphuis und Emmelskamp (2002) weisen außerdem darauf hin, dass die Zahlen an Homiziden oder Gewaltangriffen mit einer Waffe nicht auf europäische Verhältnisse übertragen werden können, da es hier bezüglich Waffenbesitzes deutliche Unterschiede zur USA gibt.

3.3.7 Auswirkungen von Stalking auf die Betroffenen

Die Auswirkungen von Stalking auf die Psyche, die Lebensumstände und den Arbeitskontext der Opfer wurden vielfach in internationalen Studien erforscht (Mullen, Pathé & Purcell, 2000; Mullen & MacKenzie, 2004; Kamphuis & Emmelskamp 2001; 2002). Die Ergebnisse belegen einheitlich den negativen Effekt des Stalking auf die Gesundheit der Betroffenen. Auch in Deutschland hat sich sowohl die Forschungsgruppe der Darmstädter Stalking-Studie (z.B. Wondrak, 2004; Wondrak & Hoffmann, 2005) als auch die Mannheimer Studie (Dreßing, Kühner & Gass, 2004; 2005) mit den Auswirkungen auf die Betroffenen auseinandergesetzt und bestätigt, dass es sich bei Stalking um ein gravierendes Problem handelt, „da es schwerwiegende psychologische und physiologische Beeinträchtigungen bei den Betroffenen verursachen kann" (Wondrak, 2004, S. 21)

Das größere Risiko für Stalking-Opfer ist nicht primär das einer körperlichen Verletzung, sondern vielmehr die Beeinträchtigung der mentalen wie auch der sozialen Gesundheit infolge andauernder Belästigung (Mullen & MacKenzie, 2004).

Pathé und Mullen (1997) fanden in ihrer viel zitierten Studie über die Auswirkungen von Stalking an 100 Stalking-Opfern, dass alle bis auf sechs Opfer große Veränderungen in ihrem sozialen und Arbeitsleben berichteten. Während beispielsweise 39% umzogen, wechselte über die Hälfte ihren Arbeitsplatz oder hörte ganz zu arbeiten auf. Ähnliches brachte auch der NVAWS (Tjaden & Thoennes, 1998) zu Tage, dort berichten über ein Viertel der Stalking-Opfer, Arbeitszeit verloren zu haben (11 Tage im Durchschnitt) und 7% kehrten sogar gar nicht mehr zur Arbeit zurück. Bezüglich physischer und psychischer Auswirkungen berichten Pathé und Mullen (1997), dass (auf Basis von Selbstberichten) 83% ein erhöhtes Angstniveau aufwiesen, Rückblenden und aufdringliche Erinnerungen berichtete über die Hälfte der Opfer und ernste Suizidgedanken hegte sogar ein Viertel der Betroffenen. Mehr als ein Drittel erfüllte die Kriterien einer posttraumatischen Belastungsstörung. Ansonsten waren häufige Symptome Albträume, Appetitstörungen sowie depressive Verstimmungen.

Auch die deutschen Forschungsergebnisse belegen, dass die Opfer eine signifikant schlechtere psychische Befindlichkeit haben als Personen, denen nicht nachgestellt wurde (Dreßing, Kühner & Gass, 2004). So litten von den als Stalking-Opfer Identifizierten der Mannheimer Studie 56.6% unter verstärkter Unruhe, 41% unter Schlafstörungen, 34.6% unter Magenbeschwerden und 28.2% unter Depression. Ein Viertel der Opfer suchte Hilfe bei Ärzten und knapp ein Fünftel wurde sogar zeitweise wegen der Folgen des Stalking krankgeschrieben.

Die Autoren der Studie schließen aus den Forschungsergebnissen, dass das Thema Stalking in den nächsten Jahren auch für das Gesundheitssystem in Deutschland zunehmend bedeutend wird. Dies kann – wenn man bedenkt, dass es das Nachstellen und Belästigen anderer Menschen an sich immer schon gegeben hat – vermutlich mit der zunehmenden Sensibilität gegenüber Stalking sowie den sich ständig mehrenden Möglichkeiten der Kontaktaufnahme aufgrund von modernen Kommunikationsmedien zusammenhängen. In diesem Kontext machen die Autoren auf die Notwendigkeit aufmerksam, dass auch bei Ärzten und Therapeuten „profunde Kenntnisse über die Stalkingproblematik notwenig sind" (Dreßing, Kühner & Gass, 2004, S. A 2864), da diese häufige Ansprechpartner sind.

Kamphuis und Emmelskamp (2001) berichten unter Einsatz von standardisierten Skalen sehr hohe Maße an klinisch relevanten psychologischen und medizinischen Symptomen, wobei dabei berücksichtigt werden muss, dass es sich um selbst-selektierte, Hilfe suchende Frauen handelte, so dass die Stichprobe sehr kritische Fälle beinhalten kann und deshalb nicht repräsentativ für Stalking-Fälle allgemein ist. Sie fanden keine Unterschiede in der Schwere und Art an klinischen Symptomen zwischen Stalking-Opfern, bei denen sich die Nachstellungen aus einer ehemaligen Intimbeziehung entwickelt haben und anderen Stalking-Betroffenen.

Neben den psychischen und physischen Auswirkungen, litten viele Opfer auch unter Veränderungen im sozialen Leben. So berichten Purcell, Pathé und Mullen (2000), dass 14% der von ihnen als solche identifizierten Stalking-Betroffenen eine Verschlechterung ihrer aktuellen Partnerbeziehung berichteten aufgrund der Belästigung, bei 12% ging das Stalking zulasten von Familienbeziehungen. In der Darmstädter Stalking-Studie veränderten nach eigenen Angaben 90% der Opfer ihr Verhalten den Mitmenschen gegenüber, 70% berichten private Veränderungen, 56% einen Wandel im Freizeitverhalten und knapp ein Fünftel musste beruflich etwas verändern aufgrund des Stalking (Wondrak, 2004, S. 31).

Blaauw et al. (2002) berichten, dass 19% der von ihnen untersuchten Stalking-Opfer sogar angaben, ihren Verfolger angegriffen zu haben.

An einer Substichprobe einer ihrer vorheriger Studien (Kamphuis & Emmelskamp, 2001) untersuchten die Autoren an 134 Opfern von Post-Beziehungs-Stalking Unterschiede in den Symptomen einer posttraumatischen Belastungsstörung und konnten diese anhand der Ergebnisse am besten durch das Zusammenwirken von Stress- und Persönlichkeitsvariablen erklären (Kamphuis & Emmelskamp, 2002). Unter den Stress-bezogenen Faktoren war eine lange Stalking-Vorgeschichte mit einer Variationsbreite der Stalking-Verhaltensweisen und einer wiederholten Aussetzung von Gewalt deutlich mit einer nachfolgenden posttraumatischen Belastungsstörung verbunden, während auf personenbezogener Ebene ein passives Coping-Verhalten der Opfer einen Risikofaktor darstellte.

> The clinical implication of this finding may be that individuals whose coping is characterised by withdrawal, avoidance and/or rumination may be particulary at risk for PTS. A more active, problem-focused way of dealing with the situation by, for example getting actively involved with support organizations or police and justice agencies, may help victims in restoring a sense of control over their lives. (Kamphuis & Emmelskamp, 2002, p. 57-58)

Voß und Hoffmann (2002) betrachten das Ausmaß an Beeinträchtigung und körperlicher sowie physischer Verletzung des Stalking-Opfers formal als Ergebnis eines Zusammenwirkens von einer strukturellen Komponente (Dauer, Häufigkeit und zeitliche Verteilung der

Handlungen), einer funktionalen Komponente (Effekt und Richtung der Handlungen) und einer inhaltlichen Komponente (Art und Weise der Handlungen und ihrer Ausführung). Etwas beunruhigend sind die Forschungsergebnisse der Studie von Blaauw et al. (2002), welche aufzeigten, dass die psychiatrischen Symptome der Stalking-Opfer in keinem Zusammenhang zum Zeitpunkt der Beendigung des Stalking standen oder wie kürzlich dieses begonnen hatte, so dass davon ausgegangen werden kann, dass die Auswirkungen des Stalking längerfristig anhalten und dem Opfer auf längere Sicht schaden und es beeinträchtigen.

3.3.8 Umgang der Betroffenen mit dem Stalking

Wie gehen nun die Betroffenen mit der andauernden Belästigung um?

Häufig müssen die männlichen wie weiblichen Betroffenen als Ausweg aus dem Stalking Maßnahmen ergreifen, die ihr Leben stark verändern und einschränken, wie beispielsweise ihre Telefonnummer, Jobs oder Wohnort ändern (Bjerregaard, 2002), was teilweise ein Aufgeben des ganzen sozialen Umfelds bedeutet. Im British Crime Survey gaben 59% der Stalking-Opfer an, bestimmte Orte oder Leute zu meiden, 35% gingen weniger aus als vorher und 42% legten sich zusätzliche Sicherheitsmaßnahmen zu (Budd & Mattinson, 2000a; 2000b). Dabei wenden Frauen häufiger als Männer drastische Maßnahmen an wie die Installierung eines Sicherheitssystems oder das Zulegen einer Waffe, was sich damit erklären lässt, dass Frauen häufiger vom Stalker bedroht und körperlich angegriffen werden als männliche Opfer und sie ein höheres Angstniveau haben (Bjerregaard, 2002). Eine ähnliche Tendenz, dass weibliche Opfer eher dazu neigen, ihren Lebensstil zu verändern als männliche Opfer, zeigt sich auch bei Budd und Mattinson (2002a; 2002b): 76% der weiblichen Opfer berichteten, ihr Verhalten im Alltag auf mindestens eine Weise verändert zu haben, dagegen nur 59% der Männer. Über beide Geschlechter gaben 18% von den Opfern, die Eigenschutzmaßnahmen unternahmen, an, die Hilfe von Familie oder Freunden in Anspruch zu nehmen, 17% legten sich eine Waffe zu, 11% zogen weg und 11% änderten ihre Adresse (Tjaden & Thoennes, 1998). Nach eigener Auskunft hatten sich 30% der weiblichen und 20% der männlichen Opfer aufgrund der Stalking-Viktimisierung psychologische Hilfe gesucht (Tjaden & Thoennes, 1998).

Frauen sprachen häufiger als Männer ihren Stalker darauf an, dass er die Belästigung unterlassen solle und es gelang ihnen häufiger, dass der Stalker auf diese Bitte hin sein Verhalten stoppte. Nur ungefähr die Hälfte der Männer bat den Stalker, sein Verhalten einzustellen (Bjerregaard, 2002).

Auch zeigte sich anhand einer Stichprobe von College-Studenten bei Bjerregaard (2002), dass weibliche Stalking-Opfer eher die Polizei informieren als männliche Opfer (35% vs. 10%).

Insgesamt betrachtet meldeten aber gemessen an den Auswirkungen, welche Stalking auf die Betroffenen hat, erstaunlich wenige den Vorfall bei der Polizei: Im NVAWS beispielsweise erstattete nur etwas mehr als die Hälfte der Frauen und etwas weniger als die Hälfte der Männer den Vorfall bei der Polizei (Tjaden & Thoennes, 1998). In Deutschland waren es noch weniger: Hier erstatteten gemäß den Daten der Mannheimer Studie interessanterweise nur 20.5% eine Anzeige bei der Polizei, obwohl in mehr als 30% der Fälle von sexuellen und körperlichen Übergriffen berichtet wurde. Auch suchten nur 11.5% einen Rechtsanwalt auf, während aber ein Viertel der Opfer Hilfe bei Ärzten oder Therapeuten suchte (Dreßing, Kühner & Gass, 2004), was die Autoren dahingehend interpretieren, dass die Stalking-Opfer sich von den Behörden beziehungsweise der Justiz keine große Hilfe versprechen.

Blaauw et al. (2002) fanden deutlich höhere Raten der Inanspruchnahme von Hilfsangeboten und Einschalten der Polizei als in den epidemiologischen Studien (z.B. Tjaden & Thoennes, 1998): die von ihnen untersuchten Opfer nahmen zu 93% psychologische Hilfe in Anspruch, 89% schalteten die Polizei ein und 45% setzten ein Gerichtsverfahren in Gang, was eventuell an der von ihnen verwendeten Stichprobe von Stalking-Opfern liegt, die sich aus bei der holländischen Anti-Stalking Foundation registrierten Opfern rekrutierte, und dabei eventuell besonders schwere Stalking-Fälle repräsentiert.

Es zeigte sich nämlich in verschiedenen Studien der Trend, dass je stärker und intensiver die Opfer belästigt wurden, desto extensiver die sich Hilfe suchten (Bjerregaard, 2002; Cupach & Spitzberg, 2002; Mechanic, Uhlmansiek et al, 2002). Korrespondierend zu diesen Ergebnissen berichten Budd und Mattinson (2002a; 2002b), dass die Stalking-Opfer sowohl am meisten emotionale Betroffenheit als auch am meisten Verhaltensänderungen zeigten, wenn sie Opfer eines sexuellen Übergriffs, der Verübung oder Androhung von Gewalt oder obszöner Telefonanrufe wurden. Obwohl Nicastro, Cousins und Spitzberg (2000) in ihrer Studie an 55 Stalking-Fällen einer staatsanwaltlichen Domestic Violence Unit nur geringe Korrelationen zwischen den eingesetzten Stalking-Methoden und den vom Opfer eingesetzten Vermeidungs- und Bewältigungsstrategien fanden, weisen sie in diesem Zusammenhang auf die Wichtigkeit der Untersuchung von Kausalbeziehungen zwischen Opferverhalten und Stalking hin, um eine bessere Intervention, Anweisung und Beratung der Opfer über adäquates Verhalten leisten zu können:

> Do increases in stalking produce more victim coping responses, or are there ways in which victims coping responses actually stimulate more stalking? ... Future research needs to desentangle the time and causality effects of this complex process to determine which coping responses diminish stalking activities and which responses encourage them. (p. 77-78)

Interessantes zeigte sich auch bezüglich des Zeitpunkts des Einschaltens der Polizei bei der Evaluation des Bremer Stalking-Projekts (Bettermann, 2002): Fast zwei Drittel der untersuchten Stalking-Opfer (61.9%) wandte sich erst an die Polizei, nachdem sie schon über drei Monate verfolgt wurden, dagegen zum Vergleich nur ein Fünftel (19%) nach einer Stalking-Periode von einer bis vier Wochen. Hier ist es interessant, Eigenschaften der Personen, deren Beziehung zum Stalker und der Art des Stalking zu erforschen, welche beeinflussen, ob jemand früher oder erst später (oder überhaupt) wegen des Stalking zur Polizei geht.

Opfer häuslicher Gewalt, die zusätzlich Stalking durch den Partner ausgesetzt waren, waren eher bestrebt, dass dieser von der Polizei verfolgt wird als Opfer häuslicher Gewalt ohne Stalking-Erfahrung (Tjaden & Thoennes, 2002). Dieses Ergebnis wird durch den im Rahmen einer Evaluationsstudie des niedersächsischen Modellprojekts pro-aktiver Beratungs- und Interventionsstellen (BISS) angestellten Vergleich zwischen Opfern häuslicher Gewalt, die Stalking erleben, und anderen Opfern häuslicher Gewalt unterstützt (Löbmann, 2004; Löbmann & Herbers, 2005): Dort zeigte sich, dass Stalking-Opfer ein höheres Maß an Eigenständigkeit und Entschlossenheit im Stellen von Strafanträgen aufwiesen, von sich aus mehr Kontakt zu Beratungsstellen suchten und seltener bereits gestellte Anträge nach dem Gewaltschutzgesetz zurücknahmen als andere Opfer häuslicher Gewalt. Dies könnte damit zusammenhängen, dass es sich bei den Schädigern der Stalking-Opfer zu drei Vierteln um Expartner handelte, während die Gruppe der (körperlich) misshandelten Frauen, die kein Stalking erfuhren, überwiegend von ihrem gegenwärtigen Partner misshandelt wurde (Löbmann & Herbers, 2005), was darauf hindeuten könnte, dass diese noch nicht so emotional gelöst von ihrem Schädiger sind wie die verfolgten Opfer, die in den meisten Fällen bereits nicht mehr mit ihrem Partner zusammenlebten.

Im NVAWS wurde nach Gründen gefragt, warum Stalking-Opfer nicht zur Polizei gehen. Diese gaben an, es sei nicht deren Angelegenheit (20%), dass die Polizei nichts tun könne (17%) oder sie hatten Angst vor Vergeltungsmaßnahmen durch den Stalker (16%). 12% der Opfer nahmen die Sache selbst in die Hand, 7% war der Meinung, die Polizei würde ihnen sowieso nicht glauben und 6% betrachteten den Stalking-Fall als eine Privatsache (Tjaden & Thoennes, 1998). In Deutschland wurde diese Frage in der Darmstädter Studie behandelt und deren (Zwischen-)ergebnisse wie folgt zusammengefasst:

> In 13% der Fälle nahm die Polizei keine Anzeige auf oder riet davon ab. 28% empfanden Angst, Scham oder Hilflosigkeit bei der Vorstellung, Anzeige zu erstatten. Jeder zehnte Betroffene empfand Mitleid mit dem Stalker oder litt unter Schuldgefühlen. Jede Fünfte war der Auffassung, dass eine Anzeige sowieso nichts bringt. (Wondrak, 2004, S. 32)

Dass der Umgang mit den Opfern noch stark verbesserungswürdig ist und einige der Bedenken der Opfer, die keine Anzeige erstattet hatten, nicht völlig unberechtigt sind, zeigte auch die oft nur geringe Zufriedenheit der Opfer, die sich bei der Polizei gemeldet hatten: In der Darmstädter Studie wurde häufig berichtet, dass es schwierig sei, den Polizisten den Ernst der Lage zu vermitteln (69%), dass die Polizei geantwortet habe, dass sie nicht zuständig sei oder kein Straftatbestand vorliege und 35% wurden belächelt und nicht ernst genommen (Wondrak, 2004). Nur 16% der Opfer, welche Anzeige erstattet hatten, beurteilte das Verhalten der Polizei als angemessen.

Wesentlich zufriedener zeigten sich die Betroffenen in Bremen, wo sich die Polizei bereits verstärkt auf das Phänomen Stalking eingestellt hat als in anderen Städten: Hier war über die Hälfte der anhand der kleinen Stichprobe (n = 21) dazu befragten Opfer sehr zufrieden mit dem Kontakt zur Polizei und weitere 14.3% zufrieden. Außerdem fühlten sich fast zwei Drittel (61.9%) von der Polizei ernst genommen (Bettermann, 2002). Voß und Hoffmann (2004) folgern daraus, „dass die Installation spezieller polizeilicher Ansprechpartner zumindest auf subjektiver Ebene rasch zu einer Verbesserung führt, steigt doch dadurch das Wohlbefinden und das Sicherheitsgefühl der Opfer. Allein dies wiederum führt möglicherweise zu einer geringeren Belastung durch den Stalking-Vorfall" (S. 21).

Nicht nur im Einsatz von Schutzmaßnahmen auf Opferseite zeigen sich Geschlechtsunterschiede, sondern auch die Reaktion der Polizei und deren Ergreifen von Maßnahmen erscheint vom Geschlecht des Stalkers und des Opfers abhängig:

So betonen die australischen Forscher Purcell, Pathé und Mullen (2001), dass speziell die Opfer weiblicher Stalker die Gleichgültigkeit und Skepsis der Strafverfolgungsorgane und anderen Hilfseinrichtungen zu spüren bekommen: Bei männlichen Opfern wird ein weiblicher Stalker oft nicht ernst genommen und im Fall eines weiblichen Opfers wird häufig die sexuelle Gesinnung des Opfers und der Stalkerin in Frage gestellt.

Auch bezüglich des Geschlechts des *Opfers* unterschied sich die Reaktion der Polizei: Im NVAWS (Tjaden & Thoennes, 1998) zeigte sich, dass der Verdächtige signifikant häufiger arrestiert wurde, wenn es sich um ein weibliches Opfer handelte. Außerdem wurden weibliche Opfer öfter zu Opfereinrichtungen weitergeleitet und bekamen wesentlich häufiger eine Schutzanordnung oder einen Unterlassungsbefehl als Männer (28% vs. 10%).

3.3.9 Motivation und Ursachen für Stalking

Stalking kann aus einer Reihe von Motivationen heraus entstehen und nur ein geringer Teil an Stalkern leidet an der wahnhaften Störung Erotomanie (de Clérembault Syndrome), was zunächst als hauptsächliche Erklärung für Stalking angenommen wurde. Mit dieser Störung wurden ursprünglich Frauen bezeichnet, welche den wahnhaften Glauben hatten, dass ein bestimmter Mann, meist einer aus einer höheren Schicht, in sie unsterblich verliebt wäre oder eine Beziehung mit ihnen führte (Kamphuis & Emmelskamp, 2000). Obwohl normalerweise bei Delikten sowohl eine kriminelle Intention als auch eine Handlung erforderlich ist, liegt bei Stalking häufig keine offensichtliche kriminelle Intention vor (Mullen & Pathé, 2001).

Es wurde mehrfach versucht, aufgrund empirischer Daten Typologien von Stalkern zu entwerfen, deren verbreitetste von Mullen und seinen Kollegen (1999, 2000, 2001) stammt und auf der Motivation des Stalkers und der Täter-Opfer-Beziehung basiert.

Auch wurde versucht, die Gründe für Stalking mit unterschiedlichen theoretischen Ansätzen zu erklären, auf die hier nur kurz verwiesen werden kann. Stalking wird in diesem Zusammenhang aus einer pathologischen Entwicklung des Stalkers heraus zu ergründen versucht. „Stalkingverhalten erscheint demnach als das Ergebnis einer Fehlentwicklung der Persönlichkeitsstruktur des Stalkers, deren Wurzeln in der frühkindlichen sozial-emotionalen Entwicklung gesehen werden" (Voß & Hoffmann, 2002, S. 8). Voß und Hoffmann (2002) gehen davon aus, dass „die facettenreiche Struktur des Stalkingphänomens – sowohl im Hinblick auf das breite Spektrum an Verhaltensweisen als auch angesichts der Vielfalt an Persönlichkeitsunterschieden – nicht auf die Wirkung einiger weniger Faktoren reduziert werden kann" (S. 8). Die bisher fortgeschrittensten Erklärungsansätze für Stalking stammen aus dem Bereich der psychoanalytischen Persönlichkeitsentwicklungstheorien, nämlich der Bindungstheorie, der Objektbeziehungstheorie und der psychodynamischen Theorie (Voß, 2004). So wurde etwa eine Geschichte von frühen Bindungsbrüchen in der Kindheit und von der Person als solche erlebte Verluste oder Trennung im Laufe einer intimen Beziehung im Erwachsenenalter als Risikofaktoren für späteres Stalking-Verhalten identifiziert (Kienlen, 1998).

Mullen, Pathé, Purcell und Stuart (1999) berichten bestätigend, dass ein hoher Anteil der von ihnen untersuchten Stalker misslungene Beziehungen erfahren hatte.

Bei der Untersuchung des Zusammenhangs zwischen negativen Kindheitserfahrungen in der Ursprungsfamilie und der Ausübung von unerwünschtem Nachstellverhalten fanden Langhinrichsen-Rohling und Rohling (2002), dass Männer aus geschiedenen oder getrennten Elternhäusern schwerere Verfolgungshandlungen verübten als Männer aus intakten Elternhäusern oder Frauen beider Familientypen. Dies erklären sich die Autoren dadurch, dass Männer eventuell stärker von vielen der abgefragten Erfahrungen mit der Ursprungsfamilie betroffen sind, unter anderem wegen der gleichgeschlechtlichen Identifikation mit dem Vater. Meistens sind es die Väter, die nach Scheidung oder Trennung die Familie verlassen, während Mädchen eventuell in schwierigen Familiensituationen eher eine enge und schützende Beziehung zur Mutter nutzen. Bei den Frauen dagegen ergab sich eine starke Korrelation zwischen der Beobachtung elterlicher Konflikte, besonders der von Bedrohung und dem Ausüben von ungewolltem Nachstellverhalten. Als Erklärung dieser geschlechtsspezifischen Ausprägung, bieten die Autoren an, dass Frauen ihre Mutter eher als Gleichbeteiligten beim weiterführenden, bedrohenden Ehestreit der Eltern erleben als in Fällen von Scheidung oder Gewalt zwischen den Eltern. Außerdem biete sich bei anhaltenden Elternstreitigkeiten auch für Frauen die Gelegenheit, den gleichgeschlechtlichen Elternteil bei negativen Beziehungshandlungen zu beobachten. Die Autoren betonen, dass Geschlecht eine bedeutende Variable bei der Verbindung zwischen negativen Kindheitserfahrungen und der Ausübung negativen Beziehungsverhaltens darstellt (Langhinrichsen-Rohling & Rohling, 2002). Bei der Einordnung der Ergebnisse muss beachtet werden, dass die Daten an einer CollegeStichprobe und außerdem retrospektiv erhoben wurden, so dass sie emotional überlagert sein können.

Bereits 1997 identifizierten Burgess et al. (1997) anhand der Daten von 120 Schlägern männlichen und weiblichen Geschlechts eine Vergangenheit von erlebten Kindesmisshandlungen als Risikofaktor für Stalking im Rahmen häuslicher Gewalt. Des Weiteren zeigten die Ergebnisse, dass die Stalker tendenziell allein lebten, seltener verheiratet waren, ohne Kinder lebten und mehr Alkohol konsumieren als Nicht-Stalker.

Kamphuis und Emmelskamp (2000) fassen als Risikofaktoren für das Ausüben von Stalking eine Vorgeschichte häuslicher Gewalt, eine psychiatrische Vorgeschichte, das Vorliegen einer antisozialen Persönlichkeitsstörung und eine kriminelle Akte zusammen.

Befragt man die Opfer, so gibt ein Fünftel als vermuteten Grund für die Belästigung und Verfolgung an, dass der Stalker sie kontrollieren wolle, ein weiteres Fünftel nimmt an, dass der Stalker sie in der Beziehung zu halten versuche und 16% glauben, dass der Stalker ihnen Angst einflößen wolle. Der Mythos vom psychisch kranken Stalker wird hier relativiert, zumindest nehmen nur 7% der Opfer an, dass ihr Stalker psychisch krank sei oder Drogen beziehungsweise Alkohol missbrauche (Tjaden & Thoennes, 1998). Die dem Stalker zugeschriebenen Gründe, die am häufigsten von den Stalking-Opfern des British Crime Survey genannt wurden, waren, dass dieser eine Beziehung anzufangen (22%) oder aufrechtzuerhalten versuche (12%) oder aber das Opfer ärgern und nerven (16%) wolle. Dabei gaben Frauen öfter an, der Stalker wolle eine Beziehung initiieren oder weiterführen, während Männer eher glaubten, der Stalker wolle „nerven" oder ärgern (Budd & Mattinson, 2002a, 2002b). Ganz generell wird das Ausüben von Kontrolle von den Opfern als zentral für die Motivation des Stalkers empfunden (Tjaden & Thoennes, 1998; Langhinrichsen-Rohling, Palarea, Cohen & Rohling, 2002).

Auf Stalking im Zusammenhang mit häuslicher Gewalt beziehungsweise deren Weiterführung nach Beendigung der Beziehung in Form von Stalking wurde bereits im entsprechenden Kapitel eingegangen. Davis, Ace und Andra (2002) fanden Stalking besonders nach Beziehungsabbrüchen, denen bereits mehrere Beendigungen vorausgegangen waren und bei solchen, bei denen die Person eine Kombination aus Wut, Eifersucht und Zwanghaftigkeit fühlte. Das Ausmaß, zu dem die Person diese Gefühle zum Abbruchzeitpunkt der Beziehung empfand, war korreliert mit einer ängstlichen Bindung.

4. Rechtlicher Rahmen

4.1 Anti-Stalking-Gesetze in anderen Ländern

Die USA nehmen sowohl in der Erforschung als auch im Ergreifen von Maßnahmen gegen Stalking eine Vorreiterrolle ein. Ausgelöst wurde dies durch den Mord an der Jungschauspielerin Rebecca Schaeffer durch einen aufdringlichen Fan im Jahre 1989, woraufhin das Los Angeles Police Department als erste Polizeieinheit weltweit eine Spezialeinheit, die so genannte „Los Angeles Threat Management Unit", schuf, in der eine interdisziplinäre Arbeit von Sozialwissenschaftlern und Polizeibeamten stattfand. Während sich das Einsatzgebiet dieser Einheit zunächst auf den Schutz von Hollywood-Stars beschränke, so sind es heute zum Großteil Normalbürger, die sich an die auf Stalking spezialisierte Polizeieinheit wenden (Hoffmann, 2001). Innerhalb des darauf folgenden Jahres wurde in Kaliforniern das erste Anti-Stalking-Gesetz erlassen, die restlichen Vereinigten Staaten zogen bis 1995 nach (Tjaden, Thoennes & Allison, 2002). Die Regierung der USA erließ einen Model Code für die Stalking-Gesetze, um den Staaten Anhaltspunkte für die eigenen Gesetze zu geben, welcher aber nicht einheitlich übernommen werden musste (vgl. Kap. 2). So unterscheiden sich die Gesetze der einzelnen Bundesstaaten im Wortlaut und der angedrohten Strafe.

In Kanada wurde Stalking, beziehungsweise „Criminal Harassment", mit der Verabschiedung von Bill C-126 im Jahre 1993 unter Strafe gestellt. Paragraph 264 des Criminal Codes definiert „Criminal Harassment" als wiederholtes Verfolgen einer Person oder wiederholte Versuche gegen den Willen der Person, sie zu kontaktieren. Damit eine Person des „Criminal Harassment" beschuldigt wird, muss das Opfer nachvollziehbaren Grund haben, Angst um seine eigene Sicherheit oder die einer ihm nahe stehenden Person zu empfinden oder der Stalker muss wissen oder unbekümmert in Kauf nehmen, dass sein Opfer Angst empfindet (Beattie, 2003). Diese Anti-Stalking-Vorkehrung wurde getroffen, um Opfer vor Stalking zu schützen und auch nicht-gewalttätige Stalking-Verhaltensweisen kontrollieren zu können, besonders in Fällen, bei denen ehemalige Partner involviert sind, um darauf reagieren zu können, bevor sie zu Gewalt führen (Beattie, 2002; Jones, 1996). „Criminal Harassment" kann mit einer Höchstgefängnisstrafe von 10 Jahren bestraft werden (Beattie, 2003).

In England und Wales wurde 1997 das erste Anti-Stalking-Gesetz, der „Protection from Harassment Act", eingeführt (Sheridan, Davies & Boon, 2001) aufgrund öffentlicher Besorgnis über Stalking wegen medialer Berichte, Fällen von Prominenten-Stalking und dem Druck von Stalking-Opfergruppen. Eine konkrete gesetzliche Definition des Phänomens gibt es in England allerdings nicht, sondern es wird unter die allgemeine Kategorie des „Harassment" (Belästigung) gefasst.

4.2 Die aktuelle rechtliche Lage in Deutschland

Während in allen Common Law Ländern wie den USA, Kanada, Australien und Großbritannien und auch in einigen europäischen Staaten wie den Niederlanden bereits Anti-Stalking-Gesetze existieren, gibt es in Deutschland noch keinen expliziten Straftatbestand. Als Grund führt von Pechstaedt, der von Beruf Rechtsanwalt ist und sich als erster in Deutschland wissenschaftlich mit dem Thema Stalking beschäftigte (von Pechstaedt, 1999), an: „Stalking juristisch zu erfassen, ist äußerst schwierig; bei der Definition und der Einschätzung, ob ein Stalking-Fall vorliegt, fangen die Probleme an, und bei der Frage, wie man einem Stalker beikommen soll, der sich nicht einmal durch die Androhung und Verhängung von Ordnungsmitteln oder sogar durch Strafsanktionen abhalten lässt, hören sie nicht auf" (von Pechstaedt, 2002, S. 45). Dies haben auch die Erfahrungen in den Ländern, in denen bereits Anti-Stalking-Gesetze existieren gezeigt: Häufig wird Stalking von den Polizeibeamten nicht als solches erkannt (z.b. Tjaden & Thoennes, 2002), die verfügbaren strafrechtlichen Sanktionen werden selten in der Praxis eingesetzt (Tjaden & Thoennes, 1998) und die meisten Stalker verletzten (wiederholt) Schutzanordnungen und Unterlassungsbefehle (Tjaden & Thoennes, 1998; Nicastro, Cousins & Spitzberg, 2000; Mechanic, Weaver und Resick, 2002). Auf die Schwierigkeiten und Versuche einer konkreten Begriffsbestimmung wurde bereits in Kapitel 2 eingegangen.

Trotzdem besteht kein Zweifel daran, dass auch in Deutschland ein dringender Bedarf an Mitteln besteht, diesem sozialen Problem entgegenzutreten. Dies zeigen auf der einen Seite Fälle, die nach einer längeren Stalking-Periode zu schwerer Gewalt oder sogar Mord eskalieren, wie der bereits angesprochene, im Bremer „Maritim"-Hotel tödlich endende Stalking-Fall Anfang dieses Jahres. Auf der anderen Seite legen auch die Ergebnisse sowohl der Mannheimer (Dreßing, Kühner & Gass, 2004) als auch der Darmstädter Stalking-Studie (z.B. Wondrak, 2004) rigidere Maßnahmen nahe, die zeigten, dass die Opfer im Verhältnis zu den erlebten Stalking-Handlungen selten polizeiliche oder juristische Hilfe in Anspruch nahmen und viele der Opfer, die Anzeige erstattet hatten, unzufrieden mit den Möglichkeiten der Polizei und der Reaktion auf ihre Erlebnisse waren. Dass das Thema Stalking von großem öffentlichem Interesse ist, zeigt auch die rege Diskussion über eine Verbesserung des strafrechtlichen Schutzes in Deutschland sowie die vermehrte mediale Berichterstattung, die wichtige Aufklärungsarbeit leistet und verstärkt ein öffentliches Bewusstsein für Stalking schafft.

Momentan sind Stalking-Handlungen in Deutschland strafrechtlich nur in Kombination mit der Erfüllung von Tatbeständen, welche häufig im Zusammenhang mit Stalking auftreten, verfolgbar und sanktionierbar, wie beispielsweise Körperverletzung (§§ 223 ff. StGB), Bedrohung (§ 241 StGB), Hausfriedensbruch (§ 123 StGB), Sachbeschädigung (§ 303 StGB), Freiheitsberaubung (§ 239 StGB), Nötigung (§ 240 StGB) oder der Zuwiderhandlung gegen eine gerichtliche Anordnung (§ 4 GewSchG).

Einen erster Schritt in die Richtung einer Würdigung von Stalking im deutschen Recht wurde mit der Einführung des Gewaltschutzgesetzes (GewSchG), welches am 1. Januar 2002 in Kraft getreten ist, getan, welches den Opfern zivilrechtliche Einschreitungsmöglichkeiten bietet. Erst bei Verletzung der zivilrechtlich erwirkten vollstreckbaren Anordnungen, können nach § 4 GewSchG strafrechtliche Sanktionen wie eine Freiheitsstrafe bis zu einem Jahr oder Geldstrafe erfolgen. Das Gewaltschutzgesetz beinhaltet die gesetzlichen Grundlagen zur Überlassung der gemeinsam genutzten Wohnung in Fällen häuslicher Gewalt (§ 2 GewSchG) und zur Anordnung gerichtlicher Maßnahmen im Sinne von Schutzanordnungen bei Gewalt und Nachstellung, die Kontaktverbot mit Fernkommunikationsmitteln, Annäherungsverbot und Aufenthaltsverbot beinhalten (§ 1 GewSchG). „Gewalttat im Sinne des Gesetzes ist somit nicht nur die Verletzung des Körpers, der Gesundheit und der Freiheit,

4.2 Die aktuelle rechtliche Lage in Deutschland

sondern auch die Drohung mit derartigen Verletzungen und eben auch Stalking" (Gropp & Pechstaedt, 2004, S.170).

Die Autoren monieren jedoch, „dass Stalking sich in der Regel von häuslicher Gewalt unterscheidet, während das Gewaltschutzgesetz auf häusliche Gewalt zugeschnitten ist und Stalking unberechtigterweise mit ihr gleichsetzt" (Gropp & Pechstaedt, 2004, S.170). Sie begründen dies mit der Befristung der gerichtlichen Anordnungen (§ 1 Abs. 1 S. 2 GewSchG), welche in Fällen häuslicher Gewalt sinnvoll, aber bei Stalking „unsinnig und kontraproduktiv" (Gropp & Pechstaedt, 2004, S. 171) sei. Das Opfer muss, um eine Verlängerung zu beantragen, wieder selbst tätig werden. Dies ist ein großer Kritikpunkt am Gewaltschutzgesetz: Die Beweislast liegt beim Opfer. Das Opfer muss eine vollstreckbare Anordnung beim Amtsgericht erwirken. „Die damit verbundene Schwierigkeiten sind bekannt: Beweislast (bei Erhebung einer Unterlassungsklage) oder Bürde der Glaubhaftmachung (bei Beantragung einer einstweiligen Verfügung)" (Pechstaedt, 2004, S. 164). Außerdem muss das Opfer wie in anderen Zivilprozessen einen Gerichtskostenvorschuss leisten sowie Rechtsanwaltgebühren vorstrecken und es trägt das Kostenrisiko für den Fall des Unterliegens. Erst bei Verstoß gegen die gerichtliche Anordnung kann das Opfer Strafanzeige erstatten, es muss folglich erneut von sich aus aktiv werden. Bevor dem Stalker eine Strafe droht – Geldstrafe oder maximal ein Jahr Freiheitsstrafe – hat das Opfer „die Hürde des Umwegs über ein Zivilgericht" (von Pechstaedt, 2004, S. 164) zu gehen. Die Strafanzeige bezieht sich dann allerdings nicht auf die Stalking-Handlungen, welche dem Opfer zugefügt wurden, denn § 4 GewSchG ist kein Straftatbestand, der Stalking-Handlungen als solche unter Strafe stellt, sondern sie bezieht sich lediglich auf die Zuwiderhandlung des Stalkers gegenüber der gerichtlichen Auflage.

Ganz aktuell ist in Deutschland eine vom Bundesministerium der Justiz herausgegebene Untersuchung zur Umsetzung des Gewaltschutzgesetzes in der Praxis erschienen (Rupp, 2005), in der die Veränderungen im Bereich Stalking und häusliche Gewalt separat analysiert wurden. Hierzu fand eine Analyse von 2 216 Gerichtsakten, eine standardisierte Befragung von 800 sowie eine qualitative Befragung von 100 Experten statt und eine Befragung von Betroffenen, Antragsgegnern und Experten der Täterarbeit. Insgesamt zeigte sich, dass die Neuregelungen für Stalking-Fälle zwar als deutlicher Fortschritt im Opferschutz begrüßt werden, dass aber Kritik an deren praktischer Umsetzung sowie der Schwierigkeit, Nachstellungen zu beweisen, geübt wird. Nähere Ergebnisse, die für die Fragestellung dieser Arbeit von Relevanz sind, sollen zur Vermeidung von Redundanzen in der Diskussion (vgl. Kap. 9) der Ergebnisse der vorliegenden Arbeit und deren Implikationen für die Zukunft miteinbezogen werden.

Bezüglich der Einführung eines separaten Straftatbestandes in Deutschland, wie er in Australien, den USA, Kanada oder Belgien bereits üblich ist, hat sich in Deutschland seit 2004 einiges getan.

Aufgrund des Engagements des hessischen Justizministers Christean Wagner startete Hessen die Initiative für ein Stalking-Bekämpfungsgesetz in Deutschland. Am 5. Juli 2004 wurde der Gesetzantrag des Landes Hessen auf ein „Gesetz zur Bekämpfung unzumutbarer Belästigungen" (Drucksache 551/04) beim Bundesrat eingereicht mit der Bitte um Beschluss zur Einreichung beim Bundestag. Dieser Gesetzantrag sieht einen § 241a StGB („Unzumutbares Nachstellen oder Verfolgen") vor, was mit Geldstrafe oder einer Freiheitsstrafe bis zu einem Jahr bestraft werden kann, in besonders schweren Fällen, wenn eine zivilrechtliche Schutzanordnung verletzt wurde, auch bis zu zwei Jahren.

Vom Rechtsausschuss des Bundesrates wurde im Dezember 2004 eine Arbeitsgruppe (11 Bundesländer und Bundesministerium der Justiz) eingesetzt, die unter hessischer Federführung den Gesetzentwurf überarbeitete und den neuen Gesetzentwurf der „schweren Belästigung" (§ 238 StGB neu) entwickelte, so dass die gesetzgeberische Initiative auf breiterer Basis stattfand. Dieser umfassende Gesetzesvorschlag wurde von Christean Wagner (2005, Februar) bei einer Informationsveranstaltung zum Thema „Stalking – besserer Schutz vor unzumutbarer Belästigung" am 14. Februar 2005 in der Hessischen Landesvertretung in Berlin vorgestellt. In der Sitzung am 18. März 2005 stimmte der Bundesrat dem Gesetzentwurf zu (Drucksache 551/04 Beschluss) und brachte ihn am 2. Juni 2005 im Bundestag ein. Mit diesem Beschluss vom 18. März 2004 setzte der Bundesrat auch Bundesjustizministerin Brigitte Zypries (SPD) unter Druck, die den Tatbestand aus verfassungsrechtlichen Gründen als problematisch ansieht (FAZ.NET, 18. März 2005) und die Möglichkeiten des Gewaltschutzgesetzes bezüglich Stalking lange Zeit als ausreichend ansah.

Der Bundesratsentwurf (Drucksache 551/04 Beschluss) schlägt einen „spezifischen neuen Straftatbestand der schweren Belästigung (§238 StGB-E)" (S. 7) vor sowie eine Änderung des Rechts der Untersuchungshaft, nämlich in Form einer „Deeskalationshaft für gefährliche Täter des ‚Stalking' durch eine Ergänzung des Haftgrundes der Wiederholungsgefahr (§ 112a StPO)" (S. 7). Der vorgeschlagene § 238 StGB, Abs. 1 sieht für jemanden, der

unbefugt und in einer Weise, die geeignet ist einen Menschen in seiner Lebensgestaltung erheblich zu beeinträchtigen, diesen nachhaltig belästigt, indem er fortgesetzt

1. ihm körperlich nachstellt oder ihn unter Verwendung von Kommunikationsmitteln verfolgt,

2. ihn, einen seiner Angehörigen oder eine andere ihm nahe stehende Person mit einem empfindlichen Übel bedroht oder

3. andere ebenso schwerwiegende Handlungen vornimmt (Bundesrats-Drucksache 551/04 Beschluss, S. 3),

eine Geldstrafe oder Freiheitsstrafe bis zu drei Jahren vor. In Fällen schwerer lebensbedrohlicher Körperverletzung im Stalking-Kontext soll die Freiheitsstrafe auf bis zu 10 Jahre ausgeweitet werden können.

Am 15. April 2005 stellte Bundesjustizministerin Brigitte Zypries in einer Pressemitteilung in Berlin Eckpunkte eines eigenen Gesetzentwurfes vor, welcher bis zu drei Jahren Gefängnis oder eine Geldstrafe als Sanktionen vorsieht und der von Journalisten heftig kritisiert wurde, weil diese eine Einschränkung der Pressefreiheit befürchten (FAZ.NET, 15.April 2005).

Der Diskurs um die Einführung des Stalking-Bekämpfungsgesetzes spiegelt unter anderem auch die unter Kapitel 2 angesprochenen Schwierigkeiten einer eindeutigen Begriffsbestimmung wider. Während die Journalistenverbände fürchten, dass man ihr berufsmäßiges „Verfolgen" bestimmter Personen von öffentlichem Interesse verbieten beziehungsweise unter Strafe stellen könnte und fordern, dass klar geregelt werde, dass journalistische Tätigkeiten kein Stalking seien, hält Zypries den Bundesratsentwurf für verfassungswidrig, da er dem verfassungsrechtlichen Bestimmtheitsgebot nicht genüge (FAZ.NET, 15.April 2005) und wies auf die Schwierigkeiten einer strafrechtlichen Erfassung eines Stalking-Straftatbestandes hin. Christean Wagner dagegen kritisiert in seiner Rede bei der ersten Beratung des „Stalking-Bekämpfungsgesetzes" des Bundesrates im Bundestag am 2. Juni 2005, dass die

Bundesregierung „nur bestimmte Belästigungen wie beispielsweise das Aufsuchen der räumlichen Nähe unter Strafe stellen" (Wagner, 2005, Juni, S. 2) will, was es seiner Meinung nach dem Täter leicht mache, diese zu umgehen. Er fordert einen „Auffangtatbestand, der alle schwerwiegenden Belästigungen erfasst" denn „wer einen wirkungsvollen Schutz der Opfer vor Stalking will, muss eine offene Formulierung der Tathandlungen wählen, um auch der Vielschichtigkeit des Handelns der Täter zu begegnen" (Wager, 2005, Juni, S. 2).

Unabhängig davon, wie der neue Straftatbestand in Deutschland genau aussehen wird, ist es in jedem Falle von hoher Wichtigkeit, sowohl die Öffentlichkeit als auch besonders die betroffenen Behörden noch vertrauter mit der Stalking-Problematik zu machen, damit diese als solche erkannt und die vorhandenen Rechtsmittel ausgeschöpft werden können, um den Opfern einen maximalen Opferschutz zu gewährleisten. Erfahrungen aus Kanada zeigten beispielsweise in einer rückblickenden Analyse bezüglich der Umsetzung des Paragraphen 264 (Criminal Harassment) in der Praxis drei Jahre nach seiner Einführung, dass dieser zwar als deutliche Verbesserung in der Verfolgung von Stalkern angesehen und ihm das Potential einer effektiven Behandlung von Stalking-Fällen zugeschrieben wurde, aber dass das Justizsystem die intendierte Botschaft, dass Stalking eine kriminelle Handlung darstellt, die nicht toleriert wird, noch nicht mit aller Stärke durchsetzt (Gill & Brockmann, 1996). Als Hindernisse einer effektiven praktischen Durchsetzung des Paragraphen wurden beispielsweise insuffiziente Ressourcen der Polizei zur Behandlung von Stalking-Fällen und ungenügendes Training der Polizei über die Komplexität des Phänomens genannt, so dass Stalking-Fälle nicht so effektiv und sensibel behandelt wurden wie sie es hätten sein können (Gill & Brockmann, 1996).

5. Anzeigeverhalten bei Gewaltdelikten

In dieser Arbeit sollen sowohl opferbezogene als auch situationsspezifische Faktoren beim Anzeigeverhalten von Opfern in Stalking-Fällen untersucht werden. Da es bisher keine speziell auf das Phänomen Stalking bezogene Studien bezüglich Anzeige begünstigender oder verhindernder Faktoren gibt, sollen exemplarisch die Ergebnisse einer vergleichenden Schweizer Studie bezüglich der Anzeige der Gewaltdelikte Raub, sexuelle Gewalt und Belästigung sowie physische Gewalt oder Drohung vorgestellt werden, um einen ersten Überblick über Faktoren zu bekommen, die zur Anzeige führen.

In der Schweizer Studie, die auf der Schweizer Opferbefragung aus den Jahren 1998 und 2000 beruht, werden keine persönlichkeitsspezifischen Faktoren untersucht, wie dies in der vorliegenden Arbeit der Fall war, sondern es wurden allgemeinere täter- und opferspezifische Eigenschaften sowie äußere Tatumstände erfasst (Simonin & Killias, 2003). Die Untersuchung bezieht sich auf eine Substichprobe von 1 061 Personen, die mindestens Opfer einer der drei erwähnten Delikte gegen die Person geworden sind. Die Gesamtstichprobe der Opferbefragung umfasste N = 7 275 Personen. Die Gesamtanzeigerate lag bei 24.4% über alle drei Delikte. Am höchsten war die Anzeigerate bei Raub (42.8%), also beim Vorliegen eines materiellen Verlustes, am niedrigsten bei sexueller Gewalt oder Belästigung (9.5%). Die Anzeigerate für physische Gewalt und Drohung, die in der Studie bei 24.7% lag, ähnelt am ehesten der Anzeigerate für Stalking in Deutschland, die in der Mannheimer Studie mit 20.5% ermittelt wurde (Dreßing, Kühner & Gass, 2004).

Als Faktor, der keinen Einfluss auf die Anzeigenerstattung aller drei Deliktarten zu haben schien, kristallisierte sich die Herkunft des Täters heraus. Einfluss hatten aber, besonders beim Delikttyp physische Gewalt oder Drohung, die physischen oder psychischen Folgen der Tat. Des Weiteren spielte die Bekanntschaft mit dem Täter eine Rolle: Während beim Raub eher unbekannte Täter angezeigt werden, zeigt sich bei sexueller Gewalt eine gegenläufige Tendenz. Bei physischer Gewalt und Bedrohung zeigte besonders die Definition der Tat durch das Opfer einen deutlichen Einfluss auf das Anzeigeverhalten, „indem die als Delikte betrachteten Taten 2-6 mal mehr zur Anzeige gelangen als diejenigen, welche nicht als Delikt betrachtet werden" (Simonin & Killias, 2003, S. 4). Die Autoren erklären dies damit, dass diese Deliktart, im Gegensatz zum Raub, „eine breite Palette von Verhaltensweisen abdeckt, wodurch sich ein größerer Interpretationsspielraum eröffnet" (Simonin & Killias, 2003, S. 4) und so nicht alle Delikte als solche wahrgenommen werden. Ähnliches ist beim Stalking-Phänomen zu erwarten, bei dem ein deutlich größeres Spektrum an Verhaltensweisen vorliegt, welches nicht eng umgrenzt definiert ist und für das es zudem in Deutschland noch keinen strafrechtlichen Schutz gibt. Bei sexuellen Delikten spielt besonders die Wahrnehmung der Schwere des Delikts eine bedeutende Rolle, denn „als eher schwer eingestufte Taten werden 4-7 mal mehr vom Opfer angezeigt" (Simonin & Killias, 2003, S. 3).

Ein weiterer Anzeige fördernder Faktor stellt der Tatort dar: So werden im Haus des Opfers begangene Delikte öfter angezeigt, was laut den Autoren daran liegen wird, dass das Opfer sich dadurch bedrohter fühlt, da es sich dem Täter schlechter entziehen kann.

Als letzten und sehr deutlichen Faktor bei der Entscheidung zur Anzeige kristallisierte sich die Altersvariable heraus: So zeigen über 40-jährige Opfer die Delikte deutlich häufiger an als jüngere Opfer, was nach genauerer Analyse der Autoren daran liegt, dass die älteren Opfer die Taten als schwer wiegender empfinden als die Jüngeren (Simonin & Killias, 2003).

6. Resümee der bisherigen Literatur und Herleitung der Fragestellung

Schwerpunkte bisheriger Forschung liegen neben der Untersuchung von Prävalenz und Geschlechtsverhältnis vor allem auf der Untersuchung des Täters und des Opfers. Dabei wurde bei den Tätern besonders untersucht, welche Motivationen und Prädispositionen sie zu Stalkern werden lassen (z.B. Mullen, Pathé, Purcell & Stuart, 1999; Voß & Hoffmann, 2002) und welche Beziehungskonstellationen und Persönlichkeitseigenschaften besonderes Gefahrenpotential für das Ausarten in Gewalthandlungen nach Beendigung der Beziehung führen (z.B. Langhinrichsen-Rohling, Palarea, Cohen & Rohling, 2002; Rosenfeld, 2004). Auch wurde der Zusammenhang zwischen negativen Erfahrungen in der Ursprungsfamilie wie Scheidung oder Bezeugung elterlicher Gewalt auf das Risiko, Stalking-Handlungen auszuüben untersucht (Langhinrichsen-Rohling & Rohling, 2002). Auf Opferseite wurde besonders analysiert, welche psychischen und sozialen Auswirkungen das Stalking auf die Betroffenen hat und welche Arten professioneller Hilfe sie auswählen (z.B. Pathé & Mullen, 1997; Wondrak, 2004).

6. Resümee der bisherigen Literatur und Herleitung der Fragestellung

Noch sehr wenig erforscht ist hierbei, ob es eventuell auch Prädispositionen auf Opferseite gibt, die eine Person eher Stalking-Opfer werden lassen wie vorherige Gewalt- oder Stalking-Erfahrungen oder Persönlichkeitseigenschaften oder aber die Wahl des Partners, da ja gezeigt wurde, dass Post-Beziehungs-Stalking häufig bei stark kontrollierenden und eifersüchtigen Partnern besteht. Hoffmann (2002) weist diesbezüglich darauf hin, dass es Personen gibt, „denen es wiederholt nicht gelingt, den Kontaktabbruch gegenüber dem Expartner, von dem sie gestalkt werden, konsequent einzuhalten. Das hat natürlich zur Folge, dass das unerwünschte Verhaltensmuster deutlich schwieriger eingedämmt werden kann" (S. 39). Auch Voß (2002) betont den Zusammenhang zwischen Stalking und Persönlichkeitsdimensionen und fragt, ob beispielsweise „Personen, die zu einer inadäquaten Wahrnehmung und Verarbeitung der Realität neigen, eher der Gefahr, Opfer von Stalking zu werden" (S.69) unterliegen, was die Ergebnisse der Regressionsanalysen seiner Studie nahe legen. Hier liegt ein Anknüpfungspunkt für weitere Forschung.

Ein weiteres Feld, bei dem die Persönlichkeit des Stalking-Betroffenen eine Rolle spielen könnte, ist das Anzeigeverhalten. Es hat sich in verschiedenen Studien gezeigt, dass viele Stalking-Opfer erst nach einem relativ langen Zeitraum eine Anzeige bei der Polizei erstatten (Bettermann, 2002) und dass nur in einem Bruchteil der Fälle überhaupt angezeigt wird (Dreßing, Kühner & Gass, 2004). Bis her noch nicht untersucht wurde, welche Faktoren darauf Einfluss nehmen, ob und wann eine Person ihren Stalking-Fall anzeigt. Gibt es bestimmte Persönlichkeitsspezifika, die Einfluss auf das Anzeigeverhalten bei Stalking-Betroffenen haben? Welche Rolle spielen situationsabhängige Merkmale des einzelnen Stalking-Falls? Mit der vorliegenden Arbeit soll ein erster Eindruck über dieses bisher unbeleuchtete Feld gewonnen werden.

7. Methodisches Vorgehen

7.1 Fragestellung

„Einerseits kann ich es natürlich raten jeder Frau, wirklich Anzeige zu erstatten... Mein Leidensweg, äh, betrug wirklich drei Jahre...wenn ich gleich konsequent gewesen wäre, von Anfang an, und alles zur Anzeige gebracht hätte, wären es vielleicht nur zwei Jahre gewesen oder nur ein Jahr und ich hätte mein Leben schneller aufbauen können" (Interview 13, Z. 582-589).

Da sich herausgestellt hat, dass es große Unterschiede im Anzeigeverhalten von Stalking-Opfern gibt, viele gar nicht erst anzeigen (Dreßing, Kühner & Gass, 2004; Tjaden & Thoennes, 1998) und andere erst sehr spät (Bettermann, 2002), ist es von praktischem Interesse, die Gründe dafür genauer zu untersuchen.

Dies stellt auch einen praxisrelevanten Faktor für das polizeiliche Handeln dar, da es wichtig ist, Stalking-Opfer so früh wie möglich zu erreichen, um sowohl präventiv als auch interventiv wirksam zu werden, damit die Fälle gar nicht erst zu offener Gewalt führen und eskalieren.

7.2 Datenbasis

Die Datenbasis für die Untersuchung bilden alle zwischen dem 1. Januar 2002 und dem 31. Dezember 2004 im „Informationssystem Anzeige" (ISA) bei der Polizei Bremen registrierten Fälle mit der Sonderkennung „Stalking". Mit diesem Vermerk (beziehungsweise Aufkleber „G") werden seit Einführung des Stalking-Projekts bei der Polizei Bremen am 1. Januar 2001 alle angezeigten beziehungsweise bei der Polizei berichteten Fälle, die nach Auffassung der Polizeibeamten in den Rahmen von Stalking fallen, versehen, unabhängig davon, ob die Handlungen im Zusammenhang mit einem strafbaren Delikt auftraten oder nicht. Es handelt sich bei der für die Untersuchung zugrunde liegenden Datenbasis folglich um Daten aus dem Hellfeld. Der Erfassungszeitpunkt im „Informationssystem Anzeige" muss nicht zwangsläufig identisch sein mit dem Zeitpunkt der Anzeigeerstattung, möglich ist eine zeitliche Verzögerung, da es ein paar Wochen dauern kann, bis die Anzeigen im System erfasst werden.

Für den Untersuchungszeitraum liegen 477 unter dem Stalking-Vermerk registrierte Fälle vor. Diese Fälle beziehen alle gemeldeten und als solche registrierten Stalking-Vorkommnisse im angegebenen Zeitraum ein – unter Nichtbeachtung mehrfach in Erscheinung tretender Täter-Opferkonstellationen oder mehrerer Personen, die durch den gleichen Stalking-Fall vom gleichen Stalker mitbetroffen sind (beispielsweise Familienmitglieder, besonders Eltern oder Kinder der Zielperson). Von diesen 477 registrierten Fällen wurden 414 von weiblichen Betroffenen gemeldet, 57 von männlichen Betroffenen und 6 von juristischen Personen (Institutionen). In etwa einem Drittel der Fälle (32.9%) trat das Stalking ohne Erfüllung eines Straftatbestandes des StGB auf, in zwei Dritteln (67.1%) wurden im Zuge des Stalking Strafnormen des StGB verletzt.

Delikte, die mit Abstand am häufigsten in Kombination mit Stalking auftraten, waren
- Bedrohung in 107 Fällen (22.4% aller Stalking-Fälle) und
- Körperverletzung in 97 Fällen (20.3%).

Des Weiteren traten gemessen an der Gesamtzahl der registrierten Stalking-Fälle mehrfach auf
- Sachbeschädigung (7.5%),
- Beleidigung (4.4%),
- Nötigung (3.4%) und
- gefährliche Körperverletzung (2.9%).
- Seltener waren dagegen die Delikte
- Hausfriedensbruch (1.7%),
- Diebstahl (1%),
- Verleumdung (0.8%),
- Freiheitsberaubung (0.8%) und
- üble Nachrede (0.6%)

vermerkt. In jeweils nur einem Fall (entspricht 0.2%) wurden die Strafnormen
- Raub,
- Unterschlagung,
- Vergewaltigung und
- Verletzung des Briefgeheimnisses

verletzt. Vermutlich stellen diese Zahlen eher Unterschätzungen dar, weil eventuell nicht jedes Mal (erneut) Anzeige erstattet wurde.

Bezieht man jeden Geschädigten nur einmal mit ein, das heißt ungeachtet der Häufigkeit der Anzeigen beziehungsweise Berichterstattungen bei der Polizei, so ergeben sich 347 Geschädigte, von denen 298 weiblich, 43 männlich und 6 juristische Personen sind.

7.3 Untersuchungsdesign

7.3.1 Erhebungsinstrumente

7.3.1.1 Fragebogen

Zur Untersuchung der Fragestellung wurde zunächst ein Fragebogen zur postalischen Versendung an alle registrierten Stalking-Opfer konzipiert, um eine quantitativ auswertbare Datenbasis zu bekommen, auf deren Grundlage zur genaueren exemplarischen Untersuchung Fälle für ein qualitatives Tiefeninterview sowie anschließender Anwendung des Freiburger Persönlichkeitsinventars (FPI-R; Fahrenberg, Hampel & Selg, 2001) ausgewählt werden sollten.

Der vierseitige Fragebogen *(Anhang A)* besteht aus zwei Teilen: einem ersten Teil mit Angaben zu demographischen Daten wie Alter, Anzahl der Kinder, Familienstand, sowohl erlerntem Beruf als auch aktuell ausgeübter Tätigkeit sowie einem zweiten Teil, welcher sich auf die Stalking-Handlungen bezieht wie Art, Dauer und Intensität der Stalking-Handlungen, dem Verhältnis zum Stalker, der Dauer, bis eine Anzeige erstattet wurde sowie zu Erfahrungen mit Gewalt im sozialen Nahraum. Diese Frage war insofern interessant, da Vorerfahrungen mit Gewalt das Anzeigeverhalten beeinflussen könnten, beispielsweise aufgrund einer erhöhten Sensibilisierung oder aber Gewöhnung an Gewalt.

Dem Fragebogen wurde ein Anschreiben *(Anhang B)* beigelegt, in welchem ausdrücklich zur Teilnahme an der Untersuchung zur Verbesserung des Schutzes von Stalking-Opfern motiviert wurde, indem darauf hingewiesen wurde, dass die Polizei Bremen auf die Mithilfe und Erfahrungen von (ehemaligen) Stalking-Opfern angewiesen ist. Außerdem wurde darüber informiert, dass die Untersuchung in Zusammenarbeit mit dem Institut für Rechtspsychologie der Universität Bremen durchgeführt wird, das die wissenschaftliche Begleitung der Studie übernommen hat.

7.3.1.2 Tiefeninterview

Ziel des Interviews ist es, genauere Kenntnis über die situativen und persönlichkeitsspezifischen Variablen zu bekommen, die bei den Stalking-Betroffenen eine Rolle gespielt haben, überhaupt eine Anzeige zu erstatten und welche Bedeutung diese Faktoren für den Zeitpunkt der Anzeige haben. Angestrebt ist, im Interview vertiefend auf die Situation und begleitende Gefühle und Gedanken bei der Anzeigeerstattung einzugehen und deren Hintergründe ebenso wie Spezifika des Stalking-Falles und die Vorbeziehung zum Stalker zu beleuchten. Ziel dabei war außerdem, Persönlichkeitseigenschaften und Verhaltensweisen des Opfers, die mit der Anzeigenerstattung in Verbindung stehen könnten, erschließen zu können und systematisch zu erfragen sowie unterschiedliche Herangehensweisen auf Seiten des Opfers erklären zu können. Solche disponierenden Variablen könnten etwa Gefühle von Hilflosigkeit, individuelle Problemlösestrategien oder die Ausgeprägtheit des Selbstbewusstseins oder der Offenheit der Person darstellen. Basierend auf bisherigen Forschungsergebnissen im Bereich Stalking, einer vorläufigen Durchsicht und Vorauswertung des Fragebogens und der spezifischen Fragestellung wurde ein Interviewleitfaden *(Anhang C)* entwickelt, der in sieben (beziehungsweise für die mehrfachen Stalking-Opfer in acht) Abschnitte gegliedert ist:

- Im ersten Teil, der direkt an die Erläuterung der Ziele der Untersuchung im Anschreiben anknüpft und somit als Einstieg dient, wird auf die (subjektive) **Situation der Anzeigeerstattung** eingegangen. So werden etwa Fragen zur psychischen Verfassung und dem Auftreten von (psycho-)somatischen Symptomen zum Anzeigezeitpunkt, dem Vorhandensein eines konkreten Auslösers für die Anzeige und ob beziehungsweise warum erst ein gewisser Zeitraum verstrichen ist, bis das Stalking bei der Polizei gemeldet wurde, gestellt. Auch enthält dieser Teil Fragen dazu, ob andere Personen um Rat gefragt wurden, um zum einen zu ergründen, ob die Person offen mit dem Problem umgeht und generell dazu bereit ist, sich Hilfe suchend an andere Menschen zu wenden oder ob sie versucht, es nur mit sich allein zu lösen. Zum anderen sollte im Hinblick auf die polizeiliche Prävention in Erfahrung gebracht werden, ob und welche Personen im Vorfeld einer Anzeige bereits mit dem Stalking-Fall in Berührung kommen (wie Rechtsanwälte, Familie, Partner, Therapeuten), mit dem Ziel, Aufklärung auf breiterer Ebene stattfinden zu lassen und auch das soziale Umfeld von Stalking-Betroffenen gezielt mit Handlungshinweisen auszustatten.
- In einem zweiten Teil sollen die **Hintergründe des Stalking-Falles** untersucht werden: Die Fragen beziehen sich hier auf die Rahmenbedingungen des Stalking wie den Zeitpunkt, ob beziehungsweise wann die Zielperson bemerkt hat, dass sie belästigt wird oder ab wann sie das Verhalten des Stalkers als inadäquat empfunden hat, ob, wann und wodurch das Stalking beendet wurde, wie häufig Kontakt aufgenommen wurde und ob der Stalker Zugang zu Waffen hat oder illegale Drogen konsumiert. Der Zugang zu Waffen stellt auch für das Stalking-Opfer ein Risiko dar und wird deshalb zur Gefahrenabschätzung erhoben.
- Durch den anschließenden Fragenabschnitt soll die **Vorbeziehung zwischen der Zielperson und dem Stalker** näher beleuchtet werden. Hier wurden zwei alternative Fragenblöcke entwickelt, einer für die Personen, bei denen das Stalking vom Expartner ausging und einen weiteren für diejenigen, die in anderer Vorbeziehung zum Stalker standen: Die Fragen beim Expartner-Stalking beziehen sich auf die Art der geführten Beziehung, Rollen der Beziehungspartner, den Abbruch der Beziehung, Gewalt in der Beziehung und mögliche Anhaltspunkte wie stark eifersüchtiges oder kontrollierendes Verhalten bereits während der Beziehung. Gegenstand des Interesses bei den Fragen für die durch einen anderweitig bekannten Stalker Belästigten ist unter anderem deren Verhalten gegenüber dem Verfolger vor dem Stalking oder die ihm zugeschriebene Motivation.
- Darauf folgend wird im nächsten thematischen Fragenkomplex näher auf das **Verhalten der Betroffenen während des Stalking** eingegangen, etwa ob vom Stalker hinterlassene Gegenstände aufbewahrt wurden, ob sie sich einen Sicherheitsplan

gemacht haben, ob eine Bewaffnung statt gefunden hat, ob sie ihr Verhalten gegenüber dem Stalker als konsequent und eindeutig einschätzen und welche Vermeidungs- und Bewältigungsstrategien angewendet wurden.
- An dieser Stelle knüpfen für die **mehrfachen Stalking-Opfer** zusätzlich spezielle Fragen bezüglich der weiteren Stalking-Erfahrungen an, beispielsweise ob man sich in nachfolgenden Fällen anders verhalten habe, ob es Ähnlichkeiten zwischen den verschiedenen Stalking-Fällen gab oder ob der spätere Stalking-Fall anders wahrgenommen wurde als der frühere.
- Ein weiterer Fragekomplex bezieht sich auf die **körperlichen, emotionalen und sozialen Auswirkungen** für das Opfer bis hin zu Veränderungen der Persönlichkeit oder Einstellungsänderungen in Bezug auf das Leben überhaupt. An dieser Stelle findet im Interviewleitfaden der Übergang zu den letzten beiden, sehr persönlichen Teilen des Interviews statt:
- Im vorletzten Frageteil werden **persönlichkeitsdisponierende und -prägende Faktoren** erfragt: Dabei geht es um eine allgemeine Selbsteinschätzung einerseits, um die Frage des Umgangs mit Problemen und eine generelle Opferperspektive bezüglich der eigenen Person andererseits.
- Im letzten Teil wird abschließend versucht, über gezielte Fragen einen Eindruck über die **Kindheit des Befragten** zu gewinnen, um die Einflussfaktoren früh erlernter Verhaltensmuster abschätzen zu können und Aufschluss zu bekommen über das Verhältnis zu den Eltern, Gewalterfahrungen in der Kindheit und darüber, ob die Atmosphäre des Elternhauses ein offenes Sprechen über Gefühle und Probleme ermöglicht hat.

Zu jedem Interview wurde ein Tonbandgerät mit Kassetten mitgebracht, um das Gespräch aufzuzeichnen und hinterher zu transkribieren. Weitere benötigte Untersuchungsmaterialien waren der Interviewleitfaden, ein Exemplar des FPI-Fragebogens *(Anhang D)* und eine für die Untersuchung formulierte Einverständniserklärung *(Anhang E)*, in der die betroffene Person erklärt, dass die im Interview erhobenen Daten unter der Voraussetzung der Anonymisierung für Forschungszwecke im Rahmen der Stalking-Untersuchung verwendet, zitiert und veröffentlicht werden dürfen.

7.3.1.3 Freiburger Persönlichkeitsinventar (FPI-R)

Die Anwendung des Freiburger Persönlichkeitsinventars (FPI-R) im Anschluss an die Interviews wurde gewählt, um einen Überblick über die Persönlichkeitseigenschaften der Befragten zu gewinnen und die Eindrücke und Ergebnisse der Interviews durch quantifizierbare Daten unterstützen zu können. Ein weiteres Ziel lag darin, die FPI-R Ergebnisse in die statistische Auswertung des Fragebogens mit einzubeziehen und auf diesem Wege einen ersten Eindruck über mögliche Einflüsse bestimmter Persönlichkeitseigenschaften zu erhalten, die sich auf die Dauer bis zur Anzeigeerstattung auswirken können.

7.3.2 Ablauf der Stalking-Untersuchung

Den ersten Untersuchungsschritt bildete der Versand des für die Untersuchung entwickelten Fragebogens (vgl. Kap. 7.3.1.1), der an alle registrierten Stalking-Opfer geschickt wurde bis auf 16 Personen, die von vornherein aus der Untersuchung ausgeschlossen werden mussten: Zu diesen gehörten sieben Stalking-Opfer, die zu jung waren (das heißt im Jahre 2005 ihre Volljährigkeit noch nicht erreicht hatten oder erst erreichen werden), die sechs juristischen Personen (Institutionen) sowie drei Personen, für die keine Adresse ermittelt werden konnte. Der Fragebogen wurde folglich an 331 der 347 registrierten Stalking-Opfer versandt. Von diesen 331 Personen waren 290 (88%) weiblich und 41 (12%) männlich.

Die Fragebögen wurden Anfang Mai 2005 zusammen mit einem frankierten Rückumschlag und einem Anschreiben *(Anhang B)* verschickt, in dem als Rücklauftermin, bis zu dem der Fragebogen spätestens an die Polizei Bremen zurückgesandt worden sein soll, der 3. Juni genannt wurde.

Einen zweiten Schritt stellte die Auswahl der Interviewpartner dar. Nach Rücksendung der 75 Fragebögen (von denen 69 mit in die Studie einbezogen werden konnten), wurden bei einer ersten Analyse acht verschiedene Opfergruppen mit unterschiedlichen Stalking- sowie Gewaltviktimisierungserfahrungen identifiziert:
- Eine erste Gruppe stellen die mehrfachen Stalking-Opfer dar. Diese Gruppe ist erwartungsgemäß relativ klein (n = 4).
- Eine weitere Gruppe bilden Frauen, die Gewalt in der Familie, später Gewalt in der Beziehung und anschließendes Stalking durch den (Ex-)Partner erfahren haben. Auch diese Gruppe, die vermutlich eine Hochrisikogruppe für gewalttätiges Stalking darstellt, war sehr klein (n = 4).
- Die dritte Gruppe bilden Frauen, die Gewalt in der Beziehung erlebt und nach Abbruch der Beziehung Stalking durch den (Ex-)Partner erfahren haben (n = 12).
- Zur vierten Gruppe wurden Frauen gezählt, die Stalking durch den (Ex-)Partner ausgesetzt sind (oder waren), die aber weder Gewalterfahrungen durch die Eltern noch durch Partner gemacht haben (n = 18).
- Eine fünfte, sehr kleine Gruppe (n = 2), die dennoch separat betrachtet werden soll, stellen Frauen dar, die Opfer von Nachstellungen sind (sowohl durch Expartner als auch durch Stalker aus anderen Vorbeziehungen) und die Gewalt durch die Eltern, aber nicht durch Partner erfahren haben.
- Die sechste Gruppe (n = 17) setzt sich aus Frauen zusammen, die in anderer Vorbeziehung zum Stalker standen als in einer Partnerbeziehung (beispielsweise Nachbarn oder Arbeitskollegen).
- Aufgrund der in der Literatur bereits angesprochenen Unterschiede zwischen Stalking bei Männern und bei Frauen und aufgrund der sehr unterschiedlichen Häufigkeitsverteilung wurden als siebte Gruppe die Männer zusammengefasst (n = 6).
- Als achte Gruppe sollten die muslimischen Frauen (n = 5) separat betrachtet werden, da aufgrund anderer kultureller und religiöser Hintergründe Unterschiede bezüglich ihres Anzeigeverhaltens vorliegen können.

Es sei darauf hingewiesen, dass die Gruppen nicht trennscharf sind, sondern sich Überschneidungen ergeben können (wie eine muslimische Frau, die vom Nachbar belästigt wird oder ein mehrfaches Stalking-Opfer, das Gewalterfahrungen durch die Eltern gemacht hat). In diesen Fällen wurde die Person jeweils der spezifischeren Gruppe zugeordnet, in den eben genannten Fällen also der Gruppe der Muslime und der Gruppe der mehrfachen Stalking-Opfer. Aus jeder der acht Gruppen sollte ein bis drei Interviews geführt werden, um die Bandbreite der Stalking-Fälle abzudecken und exemplarisch Vergleiche bezüglich Persönlichkeitsvariablen, Anzeigeverhalten und Verhalten in der Stalking-Situation anstellen zu können.

Auf die Entwicklung des Interviewleitfadens wurde bereits in Kapitel 7.3.1.2 eingegangen. Zur Vorbereitung der Interviews wurde der Leitfaden zunächst an Testpersonen ausprobiert, um den Ablauf der Fragen und der Themenblöcke in der Gesprächssituation zu überprüfen. Es wurden schließlich die Reihenfolge der Fragenblöcke gemäß den Erfahrungen der Probeinterviews umgestellt und einige Fragen hinzugefügt.

In einem dritten Schritt wurden die ausgewählten potentiellen Interviewpartner, für die eine telefonische Erreichbarkeit ermittelt werden konnte, angerufen, über den aktuellen Stand der Studie informiert und gefragt, ob sie zu einem persönlichen Interview bereit wären. Die Ermittlung der Telefonnummern gestaltete sich ziemlich schwierig, und es stellte sich heraus, dass einige Personen gar nicht mehr telefonisch erreichbar waren. Diese wurden angeschrieben und im Anschreiben *(Anhang F)* darüber informiert, dass in einem weiteren Untersuchungsschritt Interviews geführt werden und sie wurden darum gebeten, sich unter der angegeben Polizei-Dienstnummer zu melden, um einen Interviewtermin zu vereinbaren. Über diesen Weg konnten einige Interviewpartner erreicht und gewonnen werden.

Die Interviews wurden innerhalb eines vierwöchigen Zeitraums im Juli und August 2005 durchgeführt und fanden stets im Wohnumfeld der Stalking-Betroffenen statt, um ihnen den Aufwand gering zu halten und eine vertraute Umgebung zu gewährleisten.

Die Interviews wurden eingeleitet mit einem aufrichtigen Dank für das Ausfüllen des Fragebogens und für die zusätzliche Bereitschaft zur Teilnahme am Interview. Des Weiteren wurde auf die Anonymität der Daten eingegangen und zugesichert, das alle Namen, Orte und Fakten, die einen Rückschluss auf die Person ermöglichen könnten, verfremdet werden und – das Einverständnis des Befragten voraussetzend – darauf hingewiesen, dass das Gespräch auf Tonband aufgezeichnet und hinterher verschriftet wird. Geschlossen wurden die Interviews mit der Frage, ob die oder der Befragte noch etwas hinzuzufügen habe, was sie oder er noch als wichtig empfinde oder ob etwas Wichtiges vergessen worden sei. Abschließend wurde den Befragten Zeit gegeben, ihrerseits Fragen zu stellen. Dies wurde häufig von Personen, deren Fall noch nicht abgeschlossen war, dazu genutzt, nach Handlungshinweisen zu fragen oder sich darüber aufklären zu lassen, was genau nach einer Anzeige passiert, etwa darüber, wie lange es dauere, bis man etwas über den Gang beziehungsweise Stand des Verfahrens höre (zum Beispiel ob die Ermittlungen eingestellt wurden). Hier zeigte sich ein deutliches Informationsbedürfnis der Interviewpartner. Andere betonten an dieser Stelle, dass sie diese Stalking-Untersuchung sehr begrüßen und für sinnvoll halten und deshalb (trotz teilweiser Unzufriedenheiten mit der Polizei) gern dazu beitragen wollten. Sie drückten ihre Zufriedenheit darüber aus, dass sich endlich etwas bewege und sich jemand für ihre Situation als Stalking-Betroffener interessiere. Außerdem wiesen viele darauf hin, dass die momentanen rechtlichen Möglichkeiten nicht ausreichen und drückten ihre Unzufriedenheit mit den in ihren Augen zu milden Konsequenzen für den Stalker aus.

Nachdem auf die Fragen, Belange und Anmerkungen der Interviewten eingegangen worden war, wurde gefragt, ob sie abschließend bereit wären, einen weiteren Fragebogen auszufüllen, der die persönlichen Einstellungen und Verhaltensweisen erfasse. Er werde in der Absicht erhoben, bestimmte Opfermerkmale zu ermitteln, die bei der Anzeigenerstattung eine Rolle spielen könnten, so dass daraufhin gezieltere und auf die unterschiedlichen Opfer abgestimmte präventive und interventive Maßnahmen und Verhaltensregeln entwickelt werden können. Der FPI-R-Fragebogen wurde vorgelegt und auf den zeitlichen Umfang von 10 bis 20 Minuten hingewiesen, so dass die Person abschätzen kann, worum es geht und eine Grundlage für ihre Entscheidung hat. Außerdem wurde das Procedere des FPI-R der standardisierten Instruktion entsprechend erläutert. Der Untersuchungsteilnehmer wurde aufgefordert, sich die Anleitung auf dem Fragebogen vor dem Ausfüllen in Ruhe durchzulesen. Während der Untersuchung war die Interviewerin anwesend.

7.3.3 Stichprobe

7.3.3.1 Stichprobe der Fragebogenuntersuchung

Die Grundgesamtheit der Untersuchung stellten die Daten der 347 registrierten Stalking-Geschädigten dar, von denen die 16 erwähnten nicht angeschrieben werden konnten. Die Untersuchungsstichprobe selektierte sich insofern selbst, indem nicht alle Fragebögen zurückgesandt wurden. Ein nicht unerheblicher Teil von 88 Fragebögen konnte nicht zugestellt werden, da der Empfänger unbekannt verzogen und nicht umgemeldet war, was bei Stalking-Opfern nicht weiter verwundert, gerade wenn man sich die in Kapitel 3.3.8 erwähnten Coping-Strategien vieler Opfer wie Wohnungswechsel, Arbeitsplatzwechsel und Abschalten des Telefons in Erinnerung ruft. Von den restlichen 243 Fragebögen, die ihren Empfänger erreicht hatten, wurden 75 zurückgesandt, was einer Rücklaufquote von 31% entspricht Diese Rücklaufquote entspricht der Mannheimer Studie, die einen Rücklauf von 34% verbuchte, bei der es sich allerdings um eine nach dem Zufallsprinzip ausgewählte Bevölkerungsstichprobe handelte. Von den 75 zurückgesandten Fragebögen wurden 7 durch männliche Betroffene beantwortet, 67 durch weibliche Betroffene und ein Fragebogen wurde durch eine dritte Person unausgefüllt mit dem Vermerk zurückgeschickt, dass die angeschriebene weibliche Betroffene kein Deutsch spreche und nicht verstehe, worum es gehe sowie mit dem Begriff „Stalking" nichts anzufangen wisse. Von den zurückgesendeten Fragebögen konnten sechs in der Untersuchung nicht berücksichtigt werden: Die Fragebögen eines männlichen und einer weiblichen Betroffenen wurden aussortiert, da diese „nur" als Vater oder Mutter jeweils eines weiblichen Stalking-Opfers, das durch ihren Expartner verfolgt wurde, mit belästigt wurden, aber nicht selbst Zielperson eines Stalkers waren. Ansonsten wurden die Fragebögen dreier weiblicher Betroffener nicht mit in die Untersuchung einbezogen, da es sich weniger um Stalking, sondern vielmehr um das Erfahren anderer Formen psychischer Gewalt handelte: Eine Betroffene erlitt psychische Gewalt und Schikanierung durch die neue Partnerin des Exmannes, eine weitere wurde von ihrem Sohn räuberisch erpresst und eine dritte Betroffene wurde vom Ehemann belästigt bis sie mit dem Sohn aus der gemeinsamen Wohnung auszog, in die bereits seine neue Partnerin eingezogen war. Ein sechster Fragebogen einer weiblichen Betroffenen konnte nicht mit in die Auswertung einfließen, da eine Seite des Fragebogens fehlte. Erwähnenswert ist abschließend noch, dass in einem Fall anstatt des angeschriebenen männlichen Betroffenen dessen Partnerin den Fragebogen beantwortete, da sie angab, die eigentliche Zielperson des Stalkers zu sein und ihr Partner nur in einer Situation, die zur Anzeige geführt hatte, von dem Stalking, durch ihren Expartner mit betroffen gewesen sei.

In die Untersuchung flossen endgültig 69 Fragebögen ein, davon von sechs männlichen und 63 weiblichen Opfern, so dass sich ein Geschlechtsverhältnis der Stichprobe von 9% Männern zu 91% Frauen ergab. Dies spiegelt näherungsweise das Geschlechtsverhältnis der

Ausgangsdatenbasis der 331 angeschriebenen Personen wieder (12% zu 88%), wobei die männlichen Opfer leicht unterrepräsentiert sind.

Es muss an dieser Stelle ausdrücklich darauf hingewiesen werden, dass diese sich selektive Stichprobe keinesfalls repräsentativ für die Gesamtheit aller Stalking-Opfer sein muss, nicht einmal für alle angezeigten Stalking-Fälle, da die Selektionskriterien für das Anzeigeverhalten noch nicht bekannt sind. Zum einen handelt es sich bei der Stichprobe um eine Datenbasis aus dem Hellfeld, die den bekannten Einschränkungen unterliegt, wie zum Beispiel, dass Hellfelddaten generell nur Fälle beinhalten, bei denen das Opfer irgendwann dazu bereit war, seine Erlebnisse öffentlich zu machen oder aber es handelte sich um Fälle, die sich (etwa aufgrund ihrer Schwere) nicht verheimlichen ließen. Auch sind Hellfelddaten von institutionellen Definitionen abhängig und in diesem Spezialfall des Stalking von der „Erkennung" und Wahrnehmung des aufnehmenden Polizeibeamten. Zum anderen ist es möglich, dass Faktoren wie Zeit, der Zeitraum, der seit dem Stalking vergangen ist, die Inanspruchnahme von professioneller Hilfe oder die Ausgeprägtheit der persönlichen vermeidenden Coping-Strategien einen Einfluss auf die Teilnahme oder Nicht-Teilnahme an der Untersuchung gehabt haben dürften.

7.3.3.2 Stichprobe der Interviewpartner

Die Stichprobe der zusätzlich durch das qualitative Tiefeninterview mit anschließender Durchführung des FPI-R untersuchten Stalking-Betroffenen wurde aus den 69 zurückgesandten Fragebögen ausgewählt, sie stellen also eine Substichprobe dar. Die Auswahlkriterien waren zunächst, dass die Person telefonisch erreichbar war beziehungsweise sich aus eigenem Antrieb auf die schriftliche Aufforderung per Anschreiben telefonisch gemeldet hat, um einen Interviewtermin zu vereinbaren sowie die Bereitschaft, an einem persönlichen Interview für die Stalking-Untersuchung teilzunehmen.

Es ergab sich eine Stichprobe von 17 Interviewpartnerinnen und -partnern, die sich bezüglich der Opfergruppen wie folgt zusammensetzt:
- Mehrfache Stalking-Opfer: $\underline{n} = 3$
- Gewalt durch die Eltern, Gewalt in der Beziehung und Expartner-Stalking: $\underline{n} = 1$
- Gewalt in der Beziehung und Stalking durch den Expartner nach Abbruch: $\underline{n} = 3$
- Stalking durch den Expartner ohne vorherige Gewalt in der Beziehung: $\underline{n} = 2$
- Stalking durch einen Stalker aus anderer Vorbeziehung (wie ein Nachbar): $\underline{n} = 3$
- Männer: $\underline{n} = 2$
- Muslimische Frauen: $\underline{n} = 3$

Aus der in der Gesamtstichprobe nur gering vertretenen Opfergruppe ($\underline{n} = 2$) derjenigen, die Opfer von Nachstellungen durch einen Expartner waren und die Gewalt durch die Eltern, aber keine Gewalt in der Beziehung erlebt hatten, konnte kein Partner für ein Interview gewonnen werden.

Das Geschlechtsverhältnis der Interviewstichprobe beträgt 2 Männer zu 15 Frauen. Die Altersspanne der Interviewpartner liegt zwischen 21 und 49 Jahren, wobei die weiblichen Interviewten zwischen 21 und 46 und die beiden männlichen Interviewten 43 und 49 Jahre alt sind. Bis auf eine weibliche Person waren alle Interviewpartner bereit, den FPI-R Fragebogen auszufüllen, so dass sich die FPI-R Ergebnisse auf 16 Fälle beziehen.

8. Ergebnisse

Den ersten Auswertungsschritt stellte die statistische Auswertung der Fragebögen dar, die mit der statistischen Analysesoftware SPSS (Version 12.0) durchgeführt wurde. Die FPI-R-Fragebögen wurden manuell ausgewertet und es wurde für jede der 12 Skalen eine eigene Variable in SPSS angelegt, damit die Ergebnisse in der weiteren statistischen Analyse berücksichtigt werden konnten. In einem weiteren Auswertungsschritt wurden die Interviews qualitativ ausgewertet und gemäß der Fragestellung hinsichtlich derjenigen Faktoren, die das Anzeigeverhalten beeinflussen, analysiert.

Im Folgenden sollen zunächst Ergebnisse bezüglich der demographischen Daten der Untersuchungsteilnehmer sowie deren Angaben zum Stalking-Kontext und zur Anzeigesituation vorgestellt werden. Diese werden im anschließenden Teil bezüglich möglicher Zusammenhänge mit der Stalking-Dauer, die bis zur Anzeigeerstattung abgewartet wurde, untersucht und neben den Ergebnissen aus den Interviews und dem FPI-R hinsichtlich opferspezifischer und situationsabhängiger Variablen zum Anzeigeverhalten von Stalking-Opfern dargestellt und diskutiert.

8.1 Demographische Daten der Untersuchungsteilnehmer: Ergebnisse des Fragebogens

Die Altersverteilung der Stichprobe in Tabelle 1 zeigt, dass der Peak mit einem Prozentsatz von 32% in der Altersgruppe der 40- bis 49-Jährigen zu finden ist, während ein Viertel der Befragten (25%) zwischen 18 und 29 Jahren und 28% zwischen 30 und 39 Jahren alt ist. In der Altersspanne von 50 bis 59 Jahren befinden sich nur noch 15% der Betroffenen. Der Altersdurchschnitt liegt bei 38.2 Jahren bei einer Standardabweichung von 10.74, wobei die männlichen Befragten mit einem Altersdurchschnitt von 42.5 Jahren ($SD = 5.206$) älter sind als die weiblichen, deren Durchschnittsalter bei 37.8 Jahren ($SD = 11.057$) liegt.

Tabelle 1: Altersstruktur der Untersuchungsstichprobe und Altersdurchschnitt nach Geschlecht

Altersgruppe	n	gültige %
18 - 24 Jahre	8	12
25 - 29 Jahre	9	13
30 - 39 Jahre	19	28
40 - 49 Jahre	22	32
50 - 59 Jahre	10	15
älter als 60 Jahre	1	1
Gesamt	69	100
	Altersdurchschnitt	**SD**
männlich	42,5	5,206
weiblich	37,8	11,057
Gesamt	38,2	10,74

8.1 Demographische Daten der Untersuchungsteilnehmer: Ergebnisse des Fragebogens

Wie Tabelle 2 veranschaulicht, setzt sich die Untersuchungsstichprobe mit einem Anteil von 84% (entspricht 58 der 69 Untersuchungsteilnehmer) aus Stalking-Betroffenen deutscher Staatsangehörigkeit zusammen, darüber hinaus waren vier Türkinnen, drei Polinnen und jeweils eine betroffene Österreicherin, Niederländerin, Amerikanerin und Chinesin in der Stichprobe enthalten. Bei den nicht-deutschen Untersuchungsteilnehmern handelt es sich ausschließlich um weibliche Stalking-Betroffene, das heißt alle sechs männlichen Betroffenen sind deutscher Staatsangehörigkeit.

Der Familienstand von 44% der befragten Stalking-Betroffenen ist ledig, 36% sind geschieden, weitere 12% getrennt lebend, 7% verheiratet und 1% (entspricht einer Person) verwitwet.

Tabelle 2: Staatsangehörigkeit, Familienstand und Anzahl der Kinder der Befragten

Staatsangehörigkeit			Familienstand			Anzahl Kinder		
	n	gültige %		n	gültige %		n	gültige %
deutsch	58	84	ledig	30	44	keine	29	43
türkisch	4	6	geschieden	25	36	1	16	24
polnisch	3	4	getrennt lebend	8	12	2	18	27
österreichisch	1	1	verheiratet	5	7	3	2	3
niederländisch	1	1	verwitwet	1	1	4	2	3
amerikanisch	1	1						
chinesisch	1	1						
Gesamt	69	98	Gesamt	69	100	Gesamt	67	100

Anmerkungen zu Tabelle 2: Bei den Prozentangaben handelt es sich um gerundete Zahlen, so dass sich bei Addition der gültigen Prozente Werte größer oder kleiner 100 ergeben können. Die Anzahl der Kinder bezieht sich auf nur 67 gültige Fälle, da bei 2 Fragebögen keine Angabe vorlag.

Während 43% der untersuchten Stichprobe keine Kinder haben, sind 24% Elternteil eines Kindes, 27% zweier Kinder und jeweils 3% dreier beziehungsweise vierer Kinder.

Als erlernten Beruf gibt ein Viertel der Befragten kaufmännische Berufe an, 13% Verwaltungsberufe, jeweils 12% sind Beamte, haben einen erlernten Beruf im Gesundheitswesen oder eine Ausbildung im Dienstleistungsbereich gemacht. Wiederum 12% geben an, keinen Beruf erlernt zu haben (davon geben bei der aktuellen Tätigkeit 3% an, Studierende zu sein). Während 7% einen im Gesundheitswesen einzuordnenden Beruf und 4% technische oder mechanische Berufe erlernt haben, geben 3% an, Studierende und 1% Schüler zu sein.

Bezüglich der gegenwärtig ausgeübten (beruflichen) Tätigkeit sind 39% im Angestelltenverhältnis beschäftigt, 10% sind als Beamte im öffentlichen Dienst tätig, 6% sind selbständig und 4% üben eine geringfügige Beschäftigung aus. In einer Ausbildung oder Umschulung befinden sich 3% der Befragten, 4% sind Studierende und 1% Schüler. Jeweils 12% der Befragten geben an, Hausfrau oder arbeitslos zu sein, während 3% in Rente sind. Jeweils eine Person ist bei einer Religionsgemeinschaft oder ehrenamtlich tätig.

Das monatliche Einkommen liegt bei 16% der Betroffenen unter 500 Euro, 29% haben bis zu 1 000 Euro, 40% bis zu 2 000 Euro und 7% bis zu 3 000 Euro monatlich zur Verfügung. Ein geringer Anteil der Befragten von 4% verdient mehr als 3 000 Euro monatlich. Über kein Einkommen verfügen 3% der Auskunftspersonen (eine Schülerin und eine in Umschulung befindliche Person) und 10% machten zu diesem Punkt keine Angabe.

Bezüglich des Wohnorts der antwortenden Stalking-Betroffenen in beziehungsweise im Umkreis von Bremen, zeigte sich, dass von den 65 dazu Auskunft gebenden Personen die meisten (n = 7) im Stadtteil Burglesum wohnen. Nächst häufig, nämlich von jeweils sechs Betroffenen, wurden die Stadtteile Walle und Hemelingen sowie von fünf Betroffenen Horn-Lehe angegeben, während jeweils vier Befragte in Oberneuland, der Neustadt, Gröpelingen, Vegesack sowie Blumenthal ihren Wohnsitz haben. Wiederum jeweils drei Befragte leben in den Stadtteilen Östliche Vorstadt und Schwachhausen sowie jeweils zwei Befragte in Findorff, der Vahr und Obervieland. Aus den Stadtteilen Bremen-Mitte und Osterholz ist nur jeweils eine Person in der Stichprobe enthalten. Außerhalb Bremens leben sieben der auf den Fragebogen antwortenden Stalking-Betroffenen. Es zeigt sich eine breite Streuung bezüglich der geographischen Verteilung des Stalking in beziehungsweise um Bremen. Es liegt allerdings aus 7 der 23 Bremer Stadtteile kein beantworteter Fragebogen vor, von denen 4 zu den 6 Stadtteilen auf der linken Weserseite gehören, so dass aus den Stadtteilen links der Weser nur insgesamt 6 Fragebögen vorliegen (4 aus der Neustadt und 2 aus Obervieland). Aufgrund der kleinen Stichprobe und in Unkenntnis der Selektionskriterien kann daraus allerdings kein Rückschluss auf das Auftreten von Stalking in Bremen oder die Anzeigebereitschaft der Bewohner der verschiedenen Stadtteile geschlossen werden.

8.2 Stalking-Kontext und vorherige Gewalt- und Stalking-Erfahrungen

Bezüglich des Verhältnisses, in dem der oder die Stalking-Betroffene zum Stalker steht, können die im 3. Kapitel referierten Ergebnisse der vorhandenen Literatur, nämlich dass der Großteil der Stalker aus Intimbeziehungen stammt und es sich nur in seltenen Fällen um Fremde handelt, bestätigt werden: Auch bei der hier untersuchten Stichprobe handelte es sich in über der Hälfte der Fälle (55%) beim Stalker um den Expartner, bei weiteren 12% um eine kurze Intimbeziehung, in nur einem Viertel der Fälle um eine dem Stalking-Betroffenen aus anderem Zusammenhang bekannte Person wie einen Arbeitskollegen, Nachbarn, Studierenden, Klienten oder Kunden, einen Bekannten oder den Expartner des oder der (neuen) Partnerin bzw. den neuen Partner. Nur in einem sehr geringen Teil von 6 der 69 Fälle (9%) war der Stalker dem Opfer vollkommen unbekannt (vgl. Abb. 1). Demnach zeigt sich, dass insgesamt zwei Drittel der untersuchten Stalking-Fälle aus ehemaligen Intimbeziehungen und Partnerschaften entstehen, womit die Notwendigkeit, dieses Problem im Kontext häuslicher Gewalt zu sehen und ernst zu nehmen und es nicht als „harmlose Beziehungsstreitigkeit" zu bagatellisieren, unterstrichen wird.

8.2 Stalking-Kontext und vorherige Gewalt- und Stalking-Erfahrungen

Abbildung 1: Prozentuale Verteilung der Beziehung zwischen Stalker und Stalking-Opfer in der Untersuchungsstichprobe

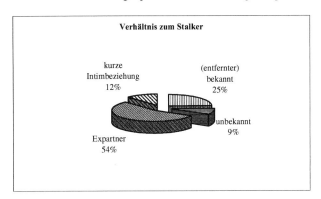

Auch hinsichtlich des Geschlechtsverhältnisses der Stalker spiegeln sich die in den bekannten und referierten Repräsentativerhebungen gefundenen Ergebnisse – in noch deutlicherer Tendenz – wieder (z.B. Tjaden & Thoennes, 1998): In nur 2 der untersuchten 69 Fälle (3%) handelte es sich um eine weibliche Stalkerin, in allen anderen 67 Fällen (97%) um einen männlichen Stalker, wobei es sich in einigen Fällen um den gleichen Stalker handelte, wenn beispielsweise der Partner eines weiblichen Stalking-Opfers ebenfalls durch deren Expartner belästigt wurde. Bei der Interpretation der Zahlen muss allerdings berücksichtigt werden, dass es sich nur um angezeigte Fälle handelt und zudem nur um Personen, die sich an der Untersuchung beteiligt haben, so dass es möglich ist, dass in Fällen, in denen das Stalking von einer Frau ausgeht, seltener angezeigt wird als wenn der Stalker männlich ist, da dies als bedrohlicher empfunden werden könnte.

Von den 69 untersuchten Personen handelte es sich bei 6% ($n = 4$) um mehrfache Stalking-Opfer, das heißt sie wurden in mindestens einem weiteren Zusammenhang durch einen anderen Stalker verfolgt (ebenfalls angezeigt oder nicht angezeigt). Beim Großteil der Befragten (94%) handelte es sich bei dem angezeigten Stalking-Fall allerdings laut deren eigener Auskunft um die einzige Stalking-Erfahrung.

Was Gewalt im sozialen Nahraum betrifft, gaben zwei Fünftel der Befragten an, einschlägige Erfahrungen gemacht zu haben, während drei Fünftel nach eigener Auskunft noch nie von Gewalt durch Eltern, Expartner, Partner, Ehepartner oder eigenen Kinder betroffen gewesen sind. Bei der Frage, durch wen die Gewalt ausgeübt wurde (Mehrfachnennungen möglich), zeigte sich, dass die häufigsten Gewalterfahrungen .auf den Expartner zurück gingen (77% derjenigen, die Gewalterfahrungen angaben). Mehr als ein Drittel der von Gewalt Betroffenen (35%) hatten (zusätzlich) bereits in der Kindheit Gewalt durch die Eltern erlebt. Gewalt durch den Partner kam in 15% und durch den Ehepartner in 12% der von Gewalt betroffenen Fälle vor (vgl. Tab. 3). Es muss an dieser Stelle darauf hingewiesen werden, dass die Grenzen zwischen Gewalterlebnissen durch den Partner, Ehepartner und Expartner fließende sein können, da einige eventuell die Kategorien „Ehepartner" oder „Partner" angekreuzt haben, obwohl diese zum gegenwärtigen Zeitpunkt bereits Expartner sein können.

Tabelle 3: Hintergrund von Gewalt im sozialen Nahraum der Untersuchungsstichprobe sowie Darstellung der Täter, von denen die Gewalt verübt wurde

	Gewalterfahrungen im sozialen Nahraum					
	ja		nein		Gesamt	
	n	gültige %	n	gültige %	n	gültige %
	28	41	41	59	69	100
verübt durch						
Partner	4	15				
Ehepartner	3	12				
Expartner	20	77				
Eltern	9	35				
Antworten gesamt	36	139				

Anmerkungen: Bei der Frage nach dem Täter der Gewalt waren Mehrfachnennungen möglich. Die Anzahl $\underline{n}$ bezieht sich auf die Antworten, so dass dieser Wert aufgrund der Mehrfachnennungen höher ist als die Anzahl Gewaltbetroffener Fälle ($\underline{n}$ = 28). Der dazugehörige Prozentsatz bezieht sich auf Anzahl der Fälle, weshalb er > 100 ist.

In den qualitativen Interviews wurden exemplarisch die hinter diesen Zahlen verborgenen Formen und Schweregrade an Gewalthandlungen deutlich, die hier von weiblichen Betroffenen geschildert wurden. So wurde im Bereich der ehelichen und durch den Partner ausgeübten Gewalt mehrfach von Bedrohung mit dem Messer, schwerem Verprügeln und Zusammenschlagen, bis hin zu Hämatomen am gesamten Körper oder Knochenbrüchen, berichtet. Tritte in Bauch und Rippen, Würgen, an den Haaren ziehen und mit Gegenständen werfen traten ebenfalls auf. In anderen Fällen gaben die betroffenen Frauen an, es sei in Einzelfällen vorgekommen, dass der Partner sie geschlagen habe, häufiger dagegen wiederum sei er „nur" stark aggressiv gewesen und habe teilweise ganze Teile der Wohnungseinrichtung zerstört. Auch wurden in mehreren Fällen Vorkommnisse sexueller Gewalt geschildert, die sich auf ungewünschten Geschlechtsverkehr bezogen, der teilweise durch den Partner ausgeübt wurde, als die Betroffene schlief. Keine der Betroffenen benutze dabei das Wort „Vergewaltigung", sondern es wurden Begrifflichkeiten wie „sexueller Missbrauch", „sexuelle Nötigung" oder aber „Rechte als Mann gefordert" genannt. Auch von der Ausübung psychischer Gewalt durch den Partner oder (Ex-)Ehemann wurde häufig gesprochen (sowohl zusätzlich zu körperlichen Gewalterfahrungen als auch von Stalking-Betroffenen, die keine körperliche Gewalt durch Partner erlebt und angegeben hatten). Psychische Gewalt zeigte sich meist in Demütigungen, Drohungen, starker Eifersucht und Kontrolle, Beschimpfungen oder Verboten sozialen Kontakts sowie stetigen Unterstellungen der „Rumhurerei".

Bezüglich der durch Eltern ausgeübten Gewalt berichteten einige von regelmäßigen Schlägen und Verprügeln durch den Vater. Andere zögerten zuerst bei der Beantwortung der Frage und verneinten zunächst, räumten dann aber ein, dass es doch zu Gewalthandlungen durch die Eltern wie Schlägen oder Ohrfeigen gekommen sei, die sie allerdings unter

8.2 Stalking-Kontext und vorherige Gewalt- und Stalking-Erfahrungen

Erziehungsmaßnahmen verstanden. Eine Stalking-Betroffene berichtete von jahrelangem sexuellem Missbrauch durch den Vater.

Bezüglich der Art und Weise des Stalking wurden die knapp einhundert verschiedenen genannten Stalking-Handlungen unter inhaltlichen Gesichtspunkten zu Kategorien zusammengefasst. Es ergaben sich insgesamt 18 Kategorien von Stalking-Handlungen, die unterschiedlich häufig auftraten (vgl. Abb. 2). Am häufigsten, nämlich in 78% der untersuchten Stalking-Fälle, erfolgte das Stalking unter anderem in Form von *„Kontaktaufnahme per Kommunikationsmedien"*, worunter das Senden von SMS, Briefen und Karten, E-Mails und Faxen sowie Anrufe, Telefonterror und von den Opfern so genannte „stille Anrufe" (Anrufe, bei denen sich keiner meldet) kategorisiert wurden. In fast der Hälfte der Fälle fand *„Auflauern und Kontrolle des Opfers"* statt. Hierunter wurden Stalking-Verhaltensweisen wie „ums Haus rumschleichen", „Freunde vorbeischicken", „Mülleimer kontrollieren", „abfangen", „verfolgen" oder „beobachten" erfasst. In knapp einem Drittel der Fälle erfolgten *„Bedrohung und Drohungen"* beispielsweise in Form von „aggressives Fahrverhalten", „Gesten wie ‚Kopf ab' oder erschießen", „Morddrohungen" oder „Drohbriefe". Fast ebenso häufig mussten die Stalking-Betroffenen *„persönliche Belästigung zu Hause"* ertragen, zum Beispiel durch „Klingeln an der Tür", „Wohnungstür besetzen", „ungewollte Besuche zu Hause" oder „Klopfen". In einem Fünftel der Stalking-Fälle wurde die Arbeit des Opfers beeinträchtigt, indem *am Arbeitsplatz belästigt* oder beleidigt, der Chef angerufen oder versucht wurde, dass das Opfer seinen Job verliert oder indem der Stalker seine Zielperson persönlich am Arbeitsplatz aufsuchte. Insgesamt wurden 16% der Stalking-Betroffenen von ihrem Stalker *beleidigt oder beschimpft*. In weiteren 16% fanden *„Angriffe auf das Haus oder Auto des Opfers"* statt, indem Steine oder Bierflaschen gegen das Haus oder Schlafzimmerfenster geworfen, die Wohnung verwüstet oder das Auto zerkratzt oder beschädigt sowie Reifen zerstochen wurden.

In 15% der untersuchten Fälle wurde nicht nur der Stalking-Betroffene selbst, sondern ebenfalls dessen *soziales Umfeld belästigt*. Genannt wurde in dieser Kategorie etwa, dass Freunde, Bekannte und Nachbarn angerufen oder belästigt, die Kinder auf dem Schulweg abgepasst, bedroht oder gar geschlagen wurden und dass der neue Partner oder die eigene Familie angerufen, aufgesucht oder bedroht wurde. Wiederum 15% der Stalking-Betroffenen waren *„Verleumdung und Rufmord"* ausgesetzt, indem „Flugblätter im Wohnort verteilt" oder „Plakate mit Rufmord" aufgehängt sowie „Gerüchte in der Nachbarschaft" verbreitet wurden und „üble Nachrede" stattfand. Besonders erwähnenswert ist innerhalb dieser Kategorie auch die häufiger anzutreffende Beobachtung, dass der Stalker selbst seine Zielperson bei der Polizei anzeigte, beispielsweise wegen angeblicher Ruhestörung oder Belästigung, das heißt es kann in Stalking-Fällen der Fall auftreten, dass die Polizei bereits mit dem Stalker beziehungsweise dem Stalking-Fall konfrontiert wurde, bevor das Stalking-Opfer selbst diesen angezeigt hat.

Bei 13% der Stalking-Betroffenen erfolgte im Rahmen des Stalking sogar *„Einsatz physischer Gewalt"* gegen die Person, sowohl in Form von leichteren Gewaltformen wie „handgreiflich werden" oder „schubsen", aber auch durch massivere Gewaltanwendung wie „bewusstlos geschlagen", „verprügeln", „Schläge" oder „Körperverletzung". Im Kontrast dazu drückt der Stalker bei 12% der Zielperson seine Verehrung aus, indem er *„Liebesbotschaften und Geschenke"* schickt oder Blumen vor die Haustür stellt. Weitere 12% der Fälle wurden durch Handlungen der Kategorie *„Einbruch ins Haus"* belästigt, worunter Angaben wie „Einbruch in die Wohnung", „Kellerraum verschmiert", „Heizungsanlage manipuliert", „Einbruch im Keller" oder „ins Haus kommen" subsumiert wurden. Seltener (unter 10%) traten die folgenden Kategorien auf: *„Diebstahl"* (wie Post entwenden, Unterhosendiebstahl oder Abbuchungen vom Konto), *„verbale oder Ekel erregende Spuren am Haus"* (zum Beispiel vergorenes Fleisch im Briefkasten, Zettel im Briefkasten oder Beschmutzungen, etwa durch Menschenkot auf der Fensterbank), *„Hausfriedensbruch"* (beispielsweise durch „Randale" mit Schreien oder laute Musik die ganze Nacht), *„Handlungen im Namen des Opfers ausführen"* (zum Beispiel Falschanmeldung bei der GEZ oder Ämtern, Adressänderung, Inserate in der Zeitung oder Taxen zur Adresse des Opfers bestellen) und *„Geldforderungen"*. Abschließend soll kurz auf die Kategorie *„psychische Gewalt"* (9%) hingewiesen werden, unter welcher in Einzelfällen sehr spezifische Formen psychischer Gewalt wie „Suiziddrohungen" des Stalkers, „nächtlicher Psychoterror", „einschließen" oder „Druck ausüben" gefasst wurden, obwohl die Kategorien *„Beleidigung und Beschimpfung"* und *„Bedrohung und Drohungen"* ebenfalls Formen psychischer Gewalt darstellen, die aber aufgrund des häufigen Auftretens als eigene Kategorien betrachtet werden sollten.

Auf die offene Frage nach der Art des Stalking wurden pro Person zwischen einer bis 13 verschiedene Stalking-Handlungen genannt. Es ist nicht möglich, eine genaue Anzahl an Stalking-Verhaltensweisen, denen jede Person ausgesetzt war, zu bestimmen, da nicht immer alle Vorkommnisse spontan im Fragebogen aufgeführt wurden. Dennoch wird deutlich, dass die meisten Stalking-Betroffenen einer Bandbreite von unterschiedlichen Stalking-Handlungen ausgesetzt waren. Aus diesem Grund kann sogar angenommen werden, dass es sich bei den Angaben im Fragebogen eher um eine Unterschätzung handelt. Auch bezüglich der Frage, wie oft bereits gestalkt wurde, bis der Betroffene sich zur Anzeige entschieden hat, war eine große Variabilität zu verzeichnen: Die Angaben reichten von „6 Mal pro Jahr" oder „jedes halbe Jahr" über „2-3 Mal pro Woche", „2 Mal pro Monat" oder „täglich mit langen Pausen" bis zu „täglich", „24 Stunden pro Tag" oder „50 Mal pro Tag", wobei der Großteil der Stalking-Betroffenen über eine sehr hohe Frequenz des Stalking-Verhaltens zwischen mehrmals am Tag und mehrmals pro Woche berichtete.

8.2 Stalking-Kontext und vorherige Gewalt- und Stalking-Erfahrungen

Abbildung 2: Häufigkeitsverteilungen der Stalking-Handlungen

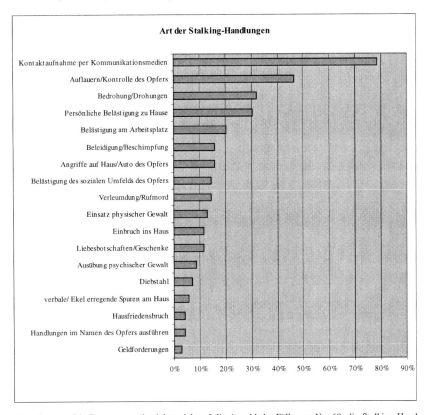

Anmerkungen: Die Prozentwerte beziehen sich auf die Anzahl der Fälle aus N = 69, die Stalking-Handlungen einer bestimmten Kategorie genannt haben. Aufgrund von Mehrfachnennungen sind die meisten Fälle in mehreren Balken enthalten, so dass bei Addition der Prozentzahlen 100 überschritten wird.

8.3 Anzeigeerstattung und Inanspruchnahme weiterer Hilfe

Die Zeiträume, die die Stalking-Opfer haben verstreichen lassen, bis es zu einer Anzeige kam, sind unterschiedlich lang. Tabelle 5 kann entnommen werden, dass nur fünf der Befragten (8%) angaben, sofort Anzeige erstattet zu haben. Während ein Viertel der Betroffenen innerhalb der ersten drei Monate der Nachstellungen („kurzfristig") Anzeige erstattete, wartete der Großteil der Befragten, nämlich 39%, einen mittelfristigen Zeitraum von 4 bis 12 Monaten mit dem Gang zur Polizei. Es sei an dieser Stelle darauf hingewiesen, dass das empirische Auftreten innerhalb dieser Kategorie sich nur zwischen 4 und 9 Monaten erstreckte (das heißt es wurden keine Zeiträume zwischen 10 und 12 Monaten genannt). Um die Kategorien aber zeitlich fließend zu benennen und in diesem Fall an die nachfolgende Kategorie von einem Jahr und länger anzuschließen, wurde sie namentlich auf 4 bis 12 Monate ausgedehnt. Ein Jahr und länger („langfristig") ertrugen immer noch über ein Viertel der Befragten (28%) das Stalking, bis sie es schließlich anzeigten.

Tabelle 4: Stalking-Dauer bis zum Anzeigezeitpunkt

Anzeigezeitpunkt	n	gültige %
sofort	5	8
kurzfristig (innerhalb der ersten 3 Monate)	16	25
mittelfristig (innerhalb von 4-12 Monaten)	25	39
langfristig (ein Jahr und länger)	18	28
Gesamt (gültige Fälle)	64	100
fehlend (System)	5	
Gesamt	69	

Als Grund beziehungsweise als Zeitpunkt der Beendigung des Stalking wurde am häufigsten „nach der Anzeigenerstattung" angegeben (39% der Befragten). Fast ebenso viele, nämlich 36% berichten, dass das Stalking noch nicht aufgehört habe. Wichtig zu erwähnen ist hier, dass bei dieser Frage Mehrfachnennungen möglich waren. 20% der Befragten nannten als Grund für das Stalking-Ende „Kontaktaufnahme des Stalkers durch die Polizei" während weitere 19% dieses auf die eigene Verhaltensänderung gegenüber dem Stalker zurückführten sowie 15% der Befragten auf ihre Veränderung der eigenen Lebensführung. 43% der Befragten nutzten die Kategorie „Sonstiges" zur Nennung weitere Gründe, von denen wiederum eine deutliche Mehrheit (40%) das Einschalten der Judikative, beispielsweise den Erhalt einer gerichtlichen Anordnung, angaben. Den nächst häufigen Grund für die Beendigung des Stalking stellten mit 13% defensive und vermeidende Coping-Strategien dar, wie beispielsweise Untertauchen, Umzug oder Abschalten des Telefons. Vermutlich ist diese Zahl tendenziell etwas höher, da diese Strategien von anderen Befragten unter der Antwortkategorie „Änderung der Lebensführung" eingeordnet wurde.

Wie in Tabelle 5 gezeigt, nahm über die Hälfte der befragten Stalking-Betroffenen (56%) neben der Erstattung der Anzeige bei der Polizei weitere professionelle Hilfe in Anspruch. Am häufigsten, nämlich in 71% der Fälle, wurde von den 56% der Betroffenen, die professionelle Hilfe aufsuchten, ein Arzt konsultiert, knapp zwei Drittel (63%) suchten, häufig zusätzlich, einen Psychotherapeuten auf (Mehrfachnennungen möglich). Zu einer Opferberatung gingen 45% der professionelle Hilfe suchenden Befragten, während zwei Betroffene (5%) sich wegen des Stalking an einen Geistlichen wandten.

8.3 Anzeigeerstattung und Inanspruchnahme weiterer Hilfe

Tabelle 5: Inanspruchnahme professioneller Hilfe der Stalking-Betroffenen

	Inanspruchnahme professioneller Hilfe					
	ja		nein		Gesamt	
	n	gültige %	n	gültige %	n	gültige %
	38	56	30	44	68	100
davon bei						
Arzt	27	71				
Psychotherapeut	24	63				
Opferberatung	17	45				
Pfarrer	2	5				
Antworten gesamt	70	184				

Anmerkungen: Bei der Frage, welche Art professioneller Hilfe in Anspruch genommen wurde, waren Mehrfachnennungen möglich. Die Anzahl n bezieht sich auf die Antworten, so dass dieser Wert aufgrund der Mehrfachnennungen höher ist als die Anzahl der Hilfe suchenden Fälle (n = 38). Der dazugehörige Prozentsatz bezieht sich auf Anzahl der Fälle, weshalb er > 100 ist.

Bezogen auf die Anzahl aller 69 in der Untersuchung befragten Stalking-Betroffenen sind es 39%, die Hilfe bei einem Arzt und 35%, die Hilfe bei einem Psychotherapeuten suchten. Verglichen mit den Daten der Mannheimer Studie, in der „nur" knapp ein Viertel der als Stalking-Opfer Identifizierten einen Arzt aufgrund des Stalking konsultierte, ist die Zahl in dieser Stichprobe deutlich höher, was an den Unterschieden der Stichprobe (repräsentative Bevölkerungsstichprobe, in der sowohl angezeigte als auch nicht angezeigte Stalking-Fälle vorlagen, und einer selektierten Stichprobe von Anzeigeerstattern) liegen kann. Hier kann ein Hinweis darauf vorliegen, dass anzeigende Stalking-Opfer grundsätzlich aktiver sind und eher zur Inanspruchnahme weiterer Hilfsangebote neigen, also generell eher Hilfe suchen. Es kann aber auch bedeuten, dass sich von den anzeigenden Stalking-Opfern speziell diejenigen, die Hilfe in Anspruch genommen haben, stärker an der Untersuchung beteiligt haben oder dass es sich bei angezeigten Stalking-Fällen generell um schwerwiegendere Stalking-Fälle handelt als bei solchen, bei denen es nicht zu einer Anzeige kommt.

Betrachtet man, wann die Betroffenen, die sich neben einer Anzeige bei der Polizei (zum ersten Mal) weitere Hilfe gesucht haben, so wird in Tabelle 6 deutlich, dass ein Viertel sich bereits ein bis drei Monate und weitere 11% ein bis vier Wochen, bevor die Polizei eingeschaltet und Anzeige erstattet wurde, an andere professionelle Ansprechpartner wandten. Zusätzlich gaben 5% an, schon vorher in Behandlung gewesen zu sein: Bevor die Polizei überhaupt Kenntnis über den Stalking-Fall erlangte, hatte sich über ein Drittel derjenigen, die sich im Laufe der Zeit aufgrund des Stalking neben einer Anzeige zusätzliche Hilfe sucht, diese zuerst an anderer Stelle gesucht. 31% der professionelle Hilfe Suchenden nahm diese zum Zeitpunkt der Anzeige in Anspruch, während 28% sich innerhalb von drei Monaten nach der Anzeige an professionelle Helfer wandten.

Tabelle 6: Zeitpunkt, zu dem Hilfesuchende sich an professionelle Helfer wandten, in Bezug zur Stalking-Anzeige

Zeitpunkt Hilfesuche	n	gültige %
1-3 Monate vor der Anzeige	9	25
1-4 Wochen vor der Anzeige	4	11
zum Zeitpunkt der Anzeige	11	31
1-4 Wochen nach der Anzeige	4	11
1-3 Monate nach der Anzeige	6	17
schon vorher in Behandlung	2	6
gesamt (gültige Fälle)	36	100
fehlend	2	
Hilfesuchende gesamt	38	

Bezieht man den Zeitpunkt der Inanspruchnahme von professioneller Hilfe auf alle 69 Untersuchungsteilnehmer, also auch diejenigen, die keine Hilfe in Anspruch nahmen, so ist es immer noch ein knappes Fünftel (19%) der Betroffenen, das vor der Erstattung einer Anzeige anderen Orts Hilfe sucht.

Auf Nachfrage wurde hierzu in einem Interview angegeben, dass es leichter sei, sich einem Therapeuten zu öffnen als einem Polizisten. Die Kraft habe in dem Moment nicht ausgereicht, die „Geschichte bei der Polizei nochmals aufzurollen" (vgl. Kap. 8.5.8.2). Daneben sollte die wenige Kraft nicht „verschwendet" werden, wenn man eventuell bei der Polizei gar nicht ernst genommen werde. Es scheint so, als wollten einige Stalking-Betroffene, wenn sie sich überhaupt mit dem Geschehen auseinandersetzen, dies in einem „geborgenen" Kontext tun, der ihnen hilft, mit dem Erlebten abzuschließen und es zu verarbeiten. Bezüglich der Ratschläge des Therapeuten ist anzumerken, dass dieser zwar dazu geraten zu haben schien, etwas zu unternehmen, andererseits allerdings auch kommunizierte, dass man hierzu „handfeste" Beweise brauche, da Stalking schwer zu belegen sei. Bei Anrufen beispielsweise könne der Stalker verleugnen, es gewesen zu sein. Bezüglich der Reaktion von Ärzten, die aufgrund der körperlichen Beschwerden konsultiert werden, berichtet eine Interviewpartnerin, dass ihr Arzt ihr nahe gelegt habe, einen Therapeuten aufzusuchen, als nichts Organisches gefunden wurde. Zur Anzeige aber wurde nicht geraten. Mehrfach wurde außerdem auf die entsprechende Frage geantwortet, dass der Begriff „Stalking" von Ärzten nicht verwendet wurde, als ihnen die Vorkommnisse geschildert wurden. Dies könnte darauf hindeuten, dass das Problem Stalking bei Ärzten und teilweise auch bei Psychotherapeuten noch nicht hinlänglich bekannt ist und dass nur eine unzureichende Kenntnis der rechtlich möglichen Vorgehensweise vorliegt.

8.4 Der Einfluss opferspezifischer Merkmale auf den Zeitpunkt der Anzeige

Die statistische Untersuchung von Zusammenhängen zwischen im Fragebogen erhobenen Variablen (unabhängige Variable) und dem angegebenen Anzeigezeitpunkt (abhängige Variable) bezieht sich auf 64 der für diesen Teil der Auswertung gültigen Fälle (von $\underline{N} = 69$), da insgesamt 5 (davon einer männlich und vier weiblich) mangels Angabe darüber, wie lange das Stalking bereits erfolgte, bis eine Anzeige erstattet wurde, für die folgenden Analysen nicht mit einbezogen werden konnten.

8.4.1 Geschlecht

Als erste potentielle opferspezifische Einflussvariable auf die Dauer, wie lange Stalking erlebt und nicht angezeigt wird, soll das Geschlecht untersucht werden. Hierbei ist natürlich zu berücksichtigen, dass Stalking wesentlich häufiger von Frauen erfahren beziehungsweise angezeigt wird, was sich auch im Geschlechtsverhältnis der Stichprobe widerspiegelt, die nur sechs Männer enthält, von denen einer mangels Zeitraumangabe von der Analyse ausgeschlossen wurde.

Beim Vergleich der Verteilungen der beiden Geschlechter über die Anzeigezeitpunkte in Tabelle 7 fällt auf, dass keiner der männlichen, wohl aber 9% der weiblichen Stalking-Betroffenen sofort anzeigen sowie dass von den Männern ein Fünftel und von den Frauen ein Viertel innerhalb der ersten drei Monate der Nachstellungen anzeigen. Korrespondierend dazu zeigt sich beim langfristigen Anzeigezeitraum, dass die Männer häufiger nach mehr als einem Jahr anzeigen (40%) als die weiblichen Stalking-Betroffenen (27%), während sich die prozentuale Verteilung im mittelfristigen Anzeigezeitraum fast nicht unterscheidet (40% zu 39%). Es zeichnet sich folglich die Tendenz ab, dass Männer im Falle des Erlebens von Stalking verzögert anzeigen. Bezüglich der Stärke dieses Zusammenhangs wurde für *Cramer's V* der Wert .108 ermittelt, was auf eine leichte Abhängigkeit hindeutet.

Tabelle 7: Kreuztabelle zwischen Anzeigezeitpunkt und Geschlecht

			Geschlecht		
			männlich	weiblich	Gesamt
Stalkingdauer bis zum Anzeigezeitpunkt	sofort	Anzahl	0	5	5
		% von Geschlecht	0%	9%	8%
	kurzfristig (innerhalb der ersten 3 Monate)	Anzahl	1	15	16
		% von Geschlecht	20%	25%	25%
	mittelfristig (innerhalb von 4-12 Monaten)	Anzahl	2	23	25
		% von Geschlecht	40%	39%	39%
	langfristig (ein Jahr und länger)	Anzahl	2	16	18
		% von Geschlecht	40%	27%	28%
Gesamt		Anzahl	5	59	64
		% von Geschlecht	100%	100%	100%

In Anlehnung an die vorliegende Literatur können diese Ergebnisse dahingehend interpretiert werden, dass sich Männer weniger durch die Stalking-Handlungen bedroht fühlen und diese als weniger belastend und störend empfinden als Frauen (zumal Männer häufiger als Frauen durch Frauen verfolgt werden, was ebenso als weniger gefährlich eingeschätzt werden könnte). Demnach fühlen sich Männer eher im Stande, sich selbst zu helfen, was erklären könnte, dass sie deshalb das Stalking länger tolerieren bis sie es schließlich der Polizei melden. Ein weiterer Unterschied könnte in der Wahrnehmung des Stalking liegen: Männer ordnen möglicherweise erst später Stalking als solches ein oder sie zeigen eine größere Scham oder empfinden es als Schwäche, zu zeigen, dass sie wegen des Stalking Hilfe benötigen. Interessant sind in diesem Kontext auch die Annahmen und Ergebnisse der ersten größeren deutschen Studie zur Rolle von Männern als „Opfer", nicht als „Täter", von Gewalt. Die im Auftrag des Bundesministeriums für Familie, Senioren, Frauen und Jugend durchgeführte Pilotstudie „Gewalt gegen Männer" (Forschungsverbund „Gewalt gegen Männer", 2004), untersuchte 266 Männer anhand quantitativer Interviews sowie 32 Männern mit Hilfe von qualitativen Leitfadeninterviews. Es wurden zwei Probleme der Wahrnehmung von Gewalt gegen Männer angesprochen: Zum einen das Problem der „Normalität", nämlich dass einige Gewaltformen von Männern als zu „normal" und „männlich" aufgefasst und somit nicht als Gewalt wahrgenommen werden. Zum anderen, und dies könnte im Besonderen beim Anzeigeverhalten von Männern im Stalking-Kontext eine Rolle spielen, der Mechanismus der Scham und Nichtmännlichkeit, welcher umso stärker ist „je mehr das Gewaltwiderfahrnis der ‚männlichen Rolle' widerspricht" (Forschungsverbund „Gewalt gegen Männer", 2004, S. 17), wofür die Autoren als Beispiele sexualisierte Gewalt und Partnerinnengewalt nennen. Weiterhin erwähnenswert ist, dass die Autoren aus diesen Gründen nicht nach Gewalterfahrungen gefragt haben, sondern nach „expliziten einzelnen Gewalthandlungen ohne den Begriff der Gewalt zu verwenden"(Forschungsverbund „Gewalt gegen Männer", 2004, S. 18).

Auch zeigte sich in der Studie, dass von Männern nach Gewalterfahrungen allgemein „potentiell vorhandene Hilfsressourcen nicht in Anspruch genommen werden, beispielsweise weil Männern widerfahrene Gewalt von ihnen und/oder ihrem Umfeld nicht als solche wahrgenommen wird" (Forschungsverbund „Gewalt gegen Männer", 2004, S. 401).

8.4.2 Alter

Wie bereits erwähnt, liegt der Altersdurchschnitt der Stichprobe insgesamt bei 38.2 Jahren. Betrachtet man die Altersverteilung der untersuchten Stalking-Betroffenen in Tabelle 8 bezüglich ihres Anzeigeverhaltens über die vier Anzeigezeitpunkte, so fällt auf, dass diejenigen, die sofort anzeigen, im Durchschnitt deutlich älter sind als die anzeigenden Stalking-Betroffenen zu den anderen Anzeigezeitpunkten. Am deutlichsten zeigt sich dies im Vergleich zu den kurzfristigen und mittelfristigen Anzeigern, die durchschnittlich zehn Jahre jünger sind während bei denjenigen, die über ein Jahr gewartet haben, bis sie angezeigt haben, sich dieser Unterschied auf drei Jahre reduziert.

Diese Tendenz bestätigt sich auch bei näherer Betrachtung des minimalen und maximalen Alters zu den einzelnen Zeitpunktkategorien: In der Gruppe der „Sofort-Anzeiger" befindet sich keine Personen unter 40 Jahren, zu den anderen drei Anzeigezeitpunkten beträgt das minimale Alter zwischen 18 und 27 Jahren. Dies spiegelt sich auch in der Standardabweichung wieder, welche bei den „Sofort-Anzeigern" bei knapp 6 liegt und in den anderen drei Anzeigegruppen zwischen 9.7 und 11.4, diese Gruppen sind also bezüglich der Altersverteilung wesentlich heterogener. Bei der Interpretation dieser Daten muss jedoch die

8.4 Der Einfluss opferspezifischer Merkmale auf den Zeitpunkt der Anzeige

Gruppengröße der jeweiligen Anzeigezeitpunkte mitberücksichtigt werden, da es deutlich weniger „Sofort-Anzeiger" gibt (n = 5) als „kurz-" „mittel-" und „langfristige Anzeiger" (n zwischen 16 und 25).

Tabelle 8: Altersverteilung zu den verschiedenen Anzeigezeitpunkten

Anzeigezeitpunkt	Alter				
	Gültige Fälle	Mittelwert	Minimum	Maximum	SD
sofort	5	45,20	40	55	5,975
kurzfristig (innerhalb der ersten 3 Monate)	16	34,44	18	52	11,413
mittelfristig (innerhalb von 4-12 Monaten)	25	35,68	21	56	9,651
langfristig (ein Jahr und länger)	18	41,00	27	67	11,205
Insgesamt	64	38	18	67	10,820

Zur Untersuchung des statistischen Zusammenhangs wurde die Altersvariable dichotomisiert und in die zwei Kategorien „unter 40 Jahre" und „über 40 Jahre" unterteilt, da aufgrund der nicht allzu großen Fallzahl von N = 69 (beziehungsweise der gültigen Fälle n = 64) eine möglichst kleine Zellenanzahl angestrebt wurde. Der gewählte Cut-off zwischen 39 und 40 Jahren erschien aus mehreren Gründen sinnvoll: Zum einen ist so die Anzahl in beiden Altersgruppen ungefähr gleich groß (30 zu 34), zum anderen beinhalten beide Altersgruppen, gemessen an der Gesamt-Altersspanne der Stichprobe von 18 bis 67 Jahren ähnlich große Altersspannen. Auch erscheint diese Einteilung unter inhaltlichen Gesichtspunkten sinnvoll, wenn man sich daran erinnert, dass in der bereits vorgestellten Schweizer Studie zum Anzeigeverhalten von Simonin und Killias (2003) von einem deutlichen Anstieg der Anzeigehäufigkeit bei über 40-Jährigen berichtet wird (vgl. Kap. 5).

Anhand der Kontingenztabelle (vgl. Tab. 9) kann der bereits dargestellte Zusammenhang zwischen der Länge der Stalking-Episode bis zur Anzeige und dem Alter tendenziell bestätigt werden: Während ein nicht unerheblicher Prozentsatz von 17% der über 40-Jährigen im Gegensatz zu keinem der unter 40-Jährigen sofort anzeigt, unterscheiden sich die beiden Altersgruppen nur wenig bezüglich einer kurzfristigen Anzeige innerhalb der ersten drei Monate. Bezüglich des mittleren bis langen Zeitraums bis zur Anzeige scheint sich die Tendenz dahin gehend umzukehren, dass die unter 40-Jährigen deutlich häufiger mittelfristig (50%) als langfristig (24%) zur Polizei gehen, während die über 40-Jährigen seltener mittelfristig (27%), aber häufiger erst langfristig (33%) eine Anzeige erstatten. Es ergibt sich folglich keine einheitliche Richtung, sondern ein leichter negativer statistischer Zusammenhang (*Gamma* = -.104). Dies bedeutet, dass tendenziell Stalking-Betroffene umso früher anzeigen, je älter sie sind.

Tabelle 9: Kreuztabelle zwischen Anzeigezeitpunkt und Alter dichotomisiert

			Altersverteilung dichotom		Gesamt
			< 40 Jahre	> 40 Jahre	
Stalkingdauer bis zum Anzeigezeitpunkt	sofort	Anzahl	0	5	5
		% von Altersverteilung dichotom	0%	17%	8%
	kurzfristig (innerhalb der ersten 3 Monate)	Anzahl	9	7	16
		% von Altersverteilung dichotom	27%	23%	25%
	mittelfristig (innerhalb von 4-12 Monaten)	Anzahl	17	8	25
		% von Altersverteilung dichotom	50%	27%	39%
	langfristig (ein Jahr und länger)	Anzahl	8	10	18
		% von Altersverteilung dichotom	24%	33%	28%
Gesamt		Anzahl	34	30	64
		% von Altersverteilung dichotom	100%	100%	100%

8.4.3 Familienstand

Bei der Untersuchung eines möglichen Zusammenhangs zwischen dem Familienstand der Stalking-Betroffenen und dem Zeitpunkt, zu dem sie Anzeige erstatten, muss erwähnt werden, dass genaue Analysen aufgrund der sehr unterschiedlichen und teilweise sehr niedrigen Fallzahlen in den einzelnen Familienstandskategorien nur in Ansätzen erfolgen können.

Die Kategorie „verwitwet" wird aus der Betrachtung ausgeschlossen, da hier nur ein Fall vorliegt. Die Analyse der Kontingenztabelle zwischen dem Anzeigezeitpunkt und dem Familienstand, die in Tabelle 10 dargestellt ist, lässt einen Zusammenhang zwischen den beiden Merkmalen vermuten: Während die geschiedenen Stalking-Betroffenen am schnellsten anzuzeigen scheinen, da 17% von ihnen dies sofort tun, dagegen nur 4% der Ledigen und keiner der Verheirateten und der getrennt Lebenden, warten die Verheirateten am längsten mit ihrem Gang zur Polizei: Von ihnen machen 60% erst langfristig eine Anzeige, also nachdem sie schon über einem Jahr Nachstellungen ausgesetzt gewesen waren, was bei den Ledigen und getrennt Lebenden (jeweils 29%) und besonders den Geschiedenen (22%) deutlich seltener vorkommt. Unterschiede zeigen sich auch zum mittelfristigen Anzeigezeitpunkt, zu dem jeweils 43% der Ledigen und getrennt Lebenden ihre Anzeige machen, nur 20% der Verheirateten sowie 35% der Geschiedenen. Insgesamt scheinen Ledige und getrennt Lebende bezüglich des Zeitpunkts ein sehr ähnliches Anzeigeverhalten aufzuweisen, dessen Peak im mittelfristigen Bereich liegt, während Verheiratete, bei denen sich der Zeitpunkt der Anzeige in den Bereich über ein Jahr verlagert, später anzeigen und Geschiedene

8.4 Der Einfluss opferspezifischer Merkmale auf den Zeitpunkt der Anzeige

früher. Zur Einschätzung der Stärke der statistischen Beziehung wurde für den Koeffizienten *Cramer's V* ein Wert von .214 ermittelt, das heißt es besteht eine (leichte) statistische Abhängigkeit zwischen dem Familienstand und dem Anzeigezeitpunkt. Bei der Interpretation und weiteren Implikationen sollte allerdings bedacht werden, dass speziell die Aussage über die Verheirateten sich auf nur fünf Fälle beziehen.

Tabelle 10: Kreuztabelle zwischen Anzeigezeitpunkt und Familienstand

			Familienstand					
			ledig	verheiratet	geschieden	getrennt lebend	verwitwet	Gesamt
Stalkingdauer bis Anzeigezeitpunkt	sofort	Anzahl	1	0	4	0	0	5
		% von Familienstand	4%	0%	17%	0%	0%	8%
	kurzfristig	Anzahl	7	1	6	2	0	16
		% von Familienstand	25%	20%	26%	29%	0%	25%
	mittelfristig	Anzahl	12	1	8	3	1	25
		% von Familienstand	43%	20%	35%	43%	100%	39%
	langfristig	Anzahl	8	3	5	2	0	18
		% von Familienstand	29%	60%	22%	29%	0%	28%
Gesamt		Anzahl	28	5	23	7	1	64
		% von Familienstand	100%	100%	100%	100%	100%	100%

Anmerkungen: kurzfristig = innerhalb der ersten 3 Monate, mittelfristig = innerhalb von 4-12 Monaten, langfristig = ein Jahr und länger

8.4.4 Gewalterfahrungen

Als lebensgeschichtliches Merkmal, das möglicherweise einen Einfluss auf die Bereitschaft, kurz- oder langfristiger mit der Erstattung einer Anzeige bei Stalking zu reagieren, soll bisher erlebte Gewalt im sozialen Nahraum, das heißt Gewalt, die durch die Eltern, den Partner oder Ehemann, Expartner oder die eigenen Kinder verübt wurde, untersucht werden. Es wird bei dieser Analyse eines Zusammenhangs mit dem Zeitpunkt der Anzeige aufgrund der relativ geringen Stichprobengröße nur unterschieden, ob derartige Gewalterfahrungen gemacht wurden und es wird nicht weiter differenziert, von wem diese gemacht wurden. Die Frage nach den Gewalterfahrungen war eine Mehrfachnennungsfrage und es wurde festgestellt, dass in vielen Fällen eine Viktimisierung in verschiedenen Kontexten stattgefunden hatte.

Vergleicht man die Verteilung der beiden Gruppen „erlebte Gewalt" und „keine erlebte Gewalt" über die Anzeigezeitpunkte in Tabelle 11, so lässt sich feststellen, dass diejenigen, die Gewalt erlebt hatten, häufiger sofort (12% zu 5%) und kurzfristig (32% zu 21%) angezeigt haben als diejenigen, die keine Gewalt erlebt hatten, während letztere deutlich häufiger erst mittelfristig Anzeige bei der Polizei erstatteten (46%) als diejenigen mit Gewalterlebnissen (28%). Bezüglich einer späten Anzeige unterscheiden sich die Gruppen nicht, jeweils ungefähr 28% beider Gruppen gehen erst nach über einem Jahr wegen des Stalking zur Polizei.

Tabelle 11: Kreuztabelle zwischen Anzeigezeitpunkt und Gewalterfahrungen im sozialen Nahraum

			Gewalterfahrung im sozialen Nahraum		
			ja	nein	Gesamt
Stalkingdauer bis Anzeigezeitpunkt	sofort	Anzahl	3	2	5
		% von Gewalterfahrung im sozialen Nahraum	12%	5%	8%
	kurzfristig	Anzahl	8	8	16
		% von Gewalterfahrung im sozialen Nahraum	32%	21%	25%
	mittelfristig	Anzahl	7	18	25
		% von Gewalterfahrung im sozialen Nahraum	28%	46%	39%
	langfristig	Anzahl	7	11	18
		% von Gewalterfahrung im sozialen Nahraum	28%	28%	28%
Gesamt		Anzahl	25	39	64
		% von Gewalterfahrung im sozialen Nahraum	100%	100%	100%

Anmerkungen: kurzfristig = innerhalb der ersten 3 Monate, mittelfristig = innerhalb von 4-12 Monaten, langfristig = ein Jahr und länger

Der statistische Zusammenhang zwischen erfahrener Gewalt und der Dauer bis zur Anzeige (*Cramer's V* = .217) bedeutet, dass bisher erlebte Gewalt dazu führt, dass bei Stalking tendenziell früher angezeigt wird.

Dieser Zusammenhang bestätigte sich in den Interviews nicht für alle Stalking-Betroffenen mit Gewalterfahrungen. Interessanterweise differierte der Einfluss, den Gewalterfahrungen auf den Zeitpunkt der Anzeige machten, zwischen deutschen und türkischen Frauen.

Deutschen Frauen, die Gewalt erlebt hatten, gaben häufig an, dass sie den vorher in anderen Beziehungen gemachten Fehler, Gewalt nicht anzuzeigen oder auf dem Weg zur Polizei kehrt zu machen, nicht wiederholen wollten. Sie zeigten den Stalking-Fall entschlossener und schneller an, da sie sich aufgrund der Vorerfahrungen nunmehr weniger gefallen ließen. Bezüglich des Einflusses von Gewalterfahrungen in der Kindheit gibt eine Betroffene an, diese hätten bei ihr bewirkt, sich nicht mehr schlagen zu lassen und so habe sie Beziehungen, in denen es zu Gewalt kam, sofort beendet.

8.4 Der Einfluss opferspezifischer Merkmale auf den Zeitpunkt der Anzeige

Bei den türkischen Stalking-Betroffenen sah dies anders aus: So wurde von zwei der drei interviewten Türkinnen (die Dritte kannte keinerlei Gewalt aus dem Elternhaus) angegeben, dass Schläge für sie normal seien dass und sie eventuell aufgrund der Gewalterfahrungen in der Kindheit und der Bezeugung von Gewalt zwischen den Eltern abgestumpft seien. Dies könne auch dazu beigetragen haben, dass sie den Stalker, der in beiden Fällen der Exmann war, nicht so schnell angezeigt hätten und sich Vieles hätten gefallen lassen.

8.4.5 Gefühle von Scham, Minderwertigkeit und Mitschuld

„Irgendwann mal landete ich einfach bei mir und sagte, fragte mich wieso ich, wieso nicht eine andere Frau. Wusste ja auch nicht, dass sehr viele davon betroffen sind. Sicherlich geht es vielen Frauen auch so, die da gar nicht drüber reden" (Interview 13, Z. 30-33).

In den Interviews zeigte sich, dass die Gefühle von Scham, Schuld und Minderwertigkeit aufgrund des Erlebten, die sich gegenseitig beeinflussen und miteinander vermischen, einen bedeutsamen hemmenden Faktor bezüglich der Erstattung einer Anzeige darstellen. Besonders die weiblichen Betroffenen, die vom vorher in der Beziehung gewalttätigen Partner verfolgt werden, berichten, dass sich bei ihnen durch die jahrelangen Demütigungen in der Ehe das Gefühl einschlich, es nicht besser verdient zu haben. Einige hatten bereits während der gewalttätigen Beziehung alles „in sich hineingefressen", weil es ihnen unangenehm war. Sie empfanden es beim Stalking nach der Beziehung als noch schwieriger, ihr Leid öffentlich zu machen. Hier kristallisierte sich für die Anzeigeerstattung als bedeutsam heraus, dass besonders jahrelang durch den nun nachstellenden Expartner misshandelte Frauen sich dahingehend verändert hatten, dass an die Stelle früheren Selbstbewusstseins und Stärke nach jahrelangen Misshandlungen Komplexe, Selbstunzufriedenheit und Schuldgefühle getreten waren. Diese wurden durch die große Einsamkeit und Isolation, die viele in der vorangegangenen Beziehung mit dem meist stark eifersüchtigen und kontrollierenden Partner empfunden haben, noch verschärft. Nach einer derartigen Vorgeschichte sah sich der Großteil der (ausschließlich) weiblichen Stalking-Opfer nicht mehr in der Lage anzuzeigen, als sie nach dem Abbruch der Beziehung (weiter) Stalking ausgesetzt waren. Sie hätten sich hilflos und minderwertig gefühlt und der Mut zur Anzeige habe sie verlassen. Zusätzlich lag teilweise auch kein unterstützendes Umfeld (mehr) vor. So antwortet eine Interviewpartnerin auf die Frage, was sich verändert habe, dass sie heute eher anzeigen würde als sie es damals getan habe:

„Ich. Ich, ich hab wieder einfach mehr Mut, zu mir mehr Vertrauen oder zu meinem Umfeld oder ich weiß nicht" (Interview 15, Z. 1295-1296).

Die empfundenen Schamgefühle haben mehrere Ursachen. Zum einen wird Scham für das Geschehene empfunden, da die Schuld hierfür von vielen Betroffenen lange bei sich selbst gesucht wird. In den Selbstberichten zermürbten sich viele Betroffene selbst mit Fragen danach, was sie falsch gemacht hätten, warum ausgerechnet ihnen das passiere und nicht einer anderen Frau. Da die Antworten darauf ausblieben, kamen sie schließlich zu dem Ergebnis, dass sie es nicht besser verdient hätten. Diese Schamgefühle wurden durch die Unkenntnis darüber verstärkt, dass es viele andere Betroffenen gibt, die sich in einer ähnlichen Lage befinden. Weiterhin spielten Gedanken wie „Was denken die Leute" oder „Was erzählen die Eltern ihren Kindern im Kindergarten" eine Rolle, was darauf hinweist, dass sich die Betroffenen oftmals nicht als „Opfer" wahrnehmen, sondern als mitschuldig an dem, was ihnen widerfährt. So haben einige der Betroffenen mit keinem oder nur sehr wenigen ausgewählten Personen über das Stalking gesprochen.

Weiterhin wird oft Scham für die eigene Inkonsequenz empfunden, also Scham darüber, so lange bei dem gewalttätigen Expartner geblieben zu sein und (gegebenenfalls) Anzeigen während der Ehe wieder zurückgezogen oder gar nicht erst angezeigt zu haben. Einige Opfer zweifelten deshalb an ihrer Glaubwürdigkeit und fühlten sich als „Feigling" oder „Versagerin". Dies führte mehrfach zu dem Schluss, die Polizei werde glauben, dass es so schlimm nicht sein könne, wenn sie dem Stalker immer wieder eine Chance gäben. In allen Ehen oder Beziehungen der interviewten Stalking-Betroffenen, die durch den Expartner belästigt werden, hatte es mehrfach Abbrüche der Beziehung und Auszüge eines Partners gegeben, weshalb im Nachhinein Scham für die eigene Schwäche empfunden wurde, ständig neue Chancen eingeräumt zu haben. Ein weiterer Grund für die empfundene Scham lag darin, bereits während der Ehe persönlich nicht in der Lage gewesen zu sein, sich zu wehren und sich nun erneut hilflos zeigen zu müssen.

Auch schämten sich einige der Befragten im Nachhinein für den Mann, mit dem sie nun so lange zusammen gewesen sind und der in manchen Fällen von vornherein vom sozialen Umfeld abgelehnt worden war oder gegen den sogar Warnungen ausgesprochen worden waren. Einzelne interviewte Stalking-Betroffene sprechen davon, „das Gesicht verloren" zu haben, da sie unbedingt diesen Mann wollten, gegen den die Eltern, Freunde oder Familie bereits im Vorfeld Vorbehalte gehabt hatten. Besonders wurde dies von weiblichen Stalking-Betroffenen berichtet, die eine Beziehung mit einem türkischen Mann geführt hatten. Sie seien im Vorfeld von mehreren Personen gewarnt worden und hätten daraufhin den Partner konsequent in Schutz genommen, so dass sie sich mitschuldig an den Vorfällen fühlten und sich dafür schämten, dass es doch so gekommen war, wie es von anderen vermutet worden sei. Es scheint in diesem Zusammenhang eine große Rolle für die Stalking-Betroffenen zu spielen, was von außen gedacht wird und wie sie nach einer solchen Beziehung dastehen, was sich durch geäußerte Gedanken wie „*na ja und dass er sie jetzt nicht in Ruhe lässt, das hat sie jetzt davon*" (Interview 15, Z. 1000-1001) oder „*arme dumme Deutsche mit dem Ausländer*" (Interview 11[1]) ausdrückt. Diese Ängste bezogen sich ebenfalls auf den Umgang mit der Polizei, bei der sich deutsche Frauen mit einem türkischen Freund teilweise nicht ernst genommen fühlen oder das Gefühl schilderten, dass Polizeibeamte vermittelten, man sei selbst Schuld, wenn man sich mit einem solchen Mann einlasse. Aufgrund der Schamgefühle wandten sich einige betroffene Frauen zunächst nur an enge Freunde.

Abschließend sei noch auf tiefe Schuldgefühle eingegangen, die oftmals ganz fest in der Beziehungsstruktur verankert waren: Die Stalking-Betroffenen berichteten mehrfach, dass sie sich lange vom Stalker hatten einreden lassen, Mitschuld zu tragen und dass ihnen dies peinlich war. Eventuell suchten sie den Grund für das Scheitern der Beziehung bei sich selbst. Außerdem lag in mehreren Fällen eine Beziehungsstruktur vor, die dadurch gekennzeichnet war, dass die (spätere) Stalking-Betroffene sich nach eigener Auskunft bei Streitereien stets ein schlechtes Gewissen machen ließ, immer wieder einlenkte und sich schuldig

---

[1] Zeilennummer fehlt, weil Interview 11 auf Grund schlechter Tonqualität nicht vollständig transkribiert werden konnte.

fühlte und schließlich „*irgendwann wieder zu Kreuze kroch*" (Interview 14, Z. 676-677). Die Stalking-Betroffenen berichteten, immer wieder vom Expartner das Gefühl vermittelt bekommen zu haben, ihn verletzt zu haben und sich dafür schuldig fühlen zu müssen. Auch von einem männlichen Stalking-Betroffenen wurde berichtet, dass es der Stalkerin immer wieder gelang, Schuld bei ihm zu erzeugen. Deshalb sei er wiederholt auf sie eingegangen und habe ihr anstelle einer Anzeige sogar noch nach der Trennung eine Paartherapie angeboten.

8.4.6 Trauer, Mitleid und Rücksichtnahme gegenüber dem Stalker

„*Da hab ich am Anfang, denk ich ʼn Fehler war, dass ich zu viel Rücksicht genommen habe*" (Interview 9, Z. 771-772).

Die Stalking-Betroffenen berichten von vielschichtigen Gefühlen, die sie während des Stalking erlebt hatten. In vielen Fällen wird von Unverständnis und Wut bis hin zu Gewaltphantasien gegenüber dem Stalker berichtet, die sich, meist in der Anfangsphase, teilweise auch mit „positiven" Gefühlen dem Stalker gegenüber wie Trauer, Mitleid und Rücksichtnahme abwechseln können.

In Einzelfällen zeigte sich, dass erst später angezeigt wurde, da auf den Stalker oder die Stalkerin zu lange Rücksicht genommen wurde, was im Nachhinein als eigener Fehler eingeräumt wird. Oder aber die Betroffenen hielten sich zu lange mit Nachdenken über den Stalker und die Gründe der Belästigung auf, um kein vorschnelles Urteil zu fällen und wirklich überzeugt von der Unrechtmäßigkeit seiner Handlungen sein zu können.

Auch wurde es als sehr unangenehm empfunden, überhaupt zur Polizei gehen zu müssen, um jemanden anzuzeigen. In einem Fall wurde von großer Traurigkeit darüber berichtet, in eine Situation gekommen zu sein, einen Partner, den man geliebt hat oder sogar noch liebt, anzeigen zu müssen.

Mehrfach kristallisierte sich in den Interviews heraus, dass Mitleid mit dem Stalker empfunden und teilweise sogar versucht wurde, sein Verhalten zu entschuldigen oder zu rechtfertigen. Als Gründe für das Mitleid wurde beispielsweise genannt, dass der Stalker es verstehe, Mitleidsgefühle auszulösen und es ihm immer wieder gelinge, Mitleid zu erwecken sowie dass der Stalker eigentlich ein „ganz Lieber" sei. Auch wurde als Erklärung für das Verhalten des Stalkers genannt, er wolle ja nur „lieb gehabt" werden, er habe immer alles für die Stalking-Betroffene getan und habe immer gedacht, er tue ihr etwas Gutes (dies bezieht eine Stalking-Betroffene sogar auf den durch sie so genannten „sexuellen Missbrauch" während der Beziehung durch den späteren Stalker).

8.4.7 Persönlichkeitsmerkmale

Die zwölf Persönlichkeitsskalen, die mit Hilfe des mehrdimensionalen Persönlichkeitsfragebogens FPI-R erhoben werden, wurden mit dem Zeitpunkt der Anzeige in Beziehung gesetzt. Daraus sollten Hinweise darüber abgeleitet werden, ob und gegebenenfalls welche Persönlichkeitseigenschaften einen Einfluss darauf haben, ob die verfolgte Person dazu neigt, früher oder aber später das Stalking bei der Polizei zu melden. Die nachfolgenden Ausführungen stützen sich auf die Analyse von 15 der 16 ausgefüllten FPI-R- Fragebögen (einer musste ausgeschlossen werden, da kein Anzeigezeitpunkt angegeben worden war).

Aufgrund der kleinen Anzahl an Untersuchungsteilnehmern lassen sich Interaktionseffekte verschiedener Persönlichkeitsvariablen kaum untersuchen, es lassen sich jedoch Anhaltspunkte darüber gewinnen, welche Eigenschaften überhaupt einen Einfluss haben könnten.

Bei der Analyse zeigte sich der deutlichste statistische Zusammenhang mit dem Anzeigezeitpunkt (*Gamma* = .483) für die FPI-R Skala **Emotionalität**. Diese mittelstarke positive statistische Abhängigkeit bedeutet, dass ein höherer Testkennwert ein späteres Anzeigeverhalten indiziert. Emotional labilere, ängstliche, mit inneren Problemen und Konflikten belastete Stalking-Betroffene neigen demnach eher dazu, später anzuzeigen als Betroffene, die emotional stabil, selbstvertrauend, lebenszufrieden und ausgeglichen sind.

Als weitere Einflussvariable kristallisierte sich das Merkmal **Aggressivität** heraus (*Gamma* = -.385). Diese negative statistische Beziehung mit dem Anzeigezeitpunkt bedeutet, dass tendenziell jene Stalking-Opfer länger mit der Anzeige warten, die weniger aggressiv, spontan und weniger durchsetzungsfähig sind. Damit korrespondierend zeigt sich für das Merkmal **Erregbarkeit** (*Gamma* von -.267), dass Stalking-Betroffene, die sich durch Gelassenheit und Selbstbeherrschung auszeichnen und nicht so leicht aus der Ruhe zu bringen, zu provozieren oder zu verärgern sind, einen späteren Anzeigezeitpunkt aufweisen. Umgekehrt zeigen Betroffene, die leicht erregbar und reizbar oder empfindlich sind, einen früheren Anzeigezeitpunkt. Dieser Befund wurde durch Äußerungen in den Interviews einiger Betroffener unterstützt, wonach wirklich etwas passieren müsse, bis sie „explodierten" oder dass ihre Reizschwelle sehr hoch sei, die erreicht sein müsse, bis man beschließe „so und nicht weiter".

Auch für das Merkmal **Offenheit** konnte ein negativer statistischer Zusammenhang (*Gamma* = -.354) mit dem Anzeigezeitpunkt ermittelt werden. Offene Menschen sind demnach eher geneigt, früher eine Anzeige zu erstatten, während Menschen, die eher an Umgangsnormen orientiert, auf einen guten Eindruck bedacht, verschlossen und wenig selbstkritisch sind, länger zögern. In den Interviews berichteten mehrere Stalking-Betroffene, dass ihr Lebensstil sich lange an Äußerlichkeiten orientiert habe und dass sie lange versucht hätten, soziale Erwartungen zu erfüllen und eigene Wünsche zurück zu stellen. Hier scheint ein Zusammenhang mit dem bereits dargestellten Befund zu bestehen, aufgrund von Schamgefühlen den eigenen Stalking-Fall erst sehr spät öffentlich zu machen. Auch charakterisierte sich ein größerer Teil der interviewten Stalking-Betroffenen selbst als eher verschlossen und vorsichtig, private Dinge nach außen zu tragen. Einige bekannten, nur ungern etwas über ihr Privatleben preis zu geben und beispielsweise über eine schwere Krankheit mit niemandem gesprochen oder die Trennung vom Ehemann geheim gehalten zu haben, so dass selbst die engsten Freunde „aus allen Wolken gefallen" seien.

Weiterhin Einfluss auf das Anzeigeverhalten in Stalking-Fällen scheint das körperliche Allgemeinbefinden und die Beanspruchung des Betroffenen zu haben: Es ergab sich jeweils ein positiver statistischer Zusammenhang zwischen dem Anzeigezeitpunkt und den FPI-R Skalen **Körperliche Beschwerden** (*Gamma* = .212) und **Beanspruchung** (*Gamma* = .250). Je mehr der Stalking-Betroffene unter körperlichen und psychosomatischen Beschwerden leidet und je mehr er sich angespannt, überfordert, matt und gestresst fühlt, desto später wird er seinen Fall bei der Polizei anzeigen. Diese Tendenz wurde auch in den Interviews bestätigt, in denen beispielsweise explizit geäußert wurde, dass man im Vorfeld der Anzeige aufgrund des derzeitigen extremen Stalking sehr gestresst gewesen sei und dass lange Zeit die Kraft gefehlt habe, zur Polizei zu gehen und sich dort intensiv mit dem Stalking auseinander zu setzen.

8.4 Der Einfluss opferspezifischer Merkmale auf den Zeitpunkt der Anzeige

Außer den bisher genannten Persönlichkeitsfaktoren scheint bezüglich des Zeitpunkts einer Anzeige auch eine Rolle zu spielen, wie extravertiert, impulsiv oder unternehmungslustig eine Person ist. Der hier gefundene Zusammenhang (FPI-R Skala *Extraversion*, Gamma = .246) deutet darauf hin, dass lebhafte, schlagfertige Menschen, die sich in Gesellschaft anderer unbeschwert wohlfühlen können, tendenziell zu einer früheren Anzeige bei Stalking neigen, während eher introvertierte, ernste, ruhig und überlegte und wenig unterhaltsame oder mitteilsame Menschen sich erst später an die Polizei wenden. Dazu passend wurde auch für die Skala *Gehemmtheit* ein – wenn auch nur leichter – Einfluss auf den Anzeigezeitpunkt gefunden (*Gamma* = .108). Dieses Ergebnis korrespondiert mit den Resultaten zum Faktor „Extraversion", da Stalking-Betroffene, die im sozialen Umgang eher gehemmt, unsicher und kontaktscheu sind und ungern vor einer Gruppe oder fremden Personen in Erscheinung treten, erst später anzeigen als dies eher ungezwungene, selbstsichere und kontaktbereite Stalking-Betroffene tun. Hierzu ist anzumerken, dass die meisten Stalking-Betroffenen, die durch den während der Beziehung gewalttätigen Expartner belästigt werden, sich selbst aufgrund der Vorgeschichte als sehr gehemmt, unsicher und gedemütigt beschreiben, was sie zunächst von der Erstattung einer Anzeige abgehalten habe. Früher seien sie dagegen selbstsicher gewesen. Das bedeutet – unabhängig davon, ob eine Person schon immer eher gehemmt gewesen ist –, dass auch eine demütigende Beziehung im Vorfeld zu Hemmungen, Unsicherheit und Isolation geführt haben oder aber diese Tendenz verstärkt haben kann, was sich ebenfalls negativ auf das Anzeigeverhalten auswirken wird.

In einem (jeweils leichten) Zusammenhang mit dem Anzeigezeitpunkt stehen außerdem die FPI-R Skalen *Lebenszufriedenheit* (*Gamma* = -.188) sowie *Soziale Orientierung* (*Gamma* = -.119). Eine hohe allgemeine Lebenszufriedenheit und Zuversichtlichkeit bezüglich der Zukunft scheint also bei Stalking-Betroffenen tendenziell zu einer schnelleren Anzeige zu führen als dies bei bedrückten, unzufriedenen Personen mit negativer, eher depressiver Lebenseinstellung der Fall ist. Auch hierfür fanden sich Belege in den durchgeführten Interviews. Während einige Opfer explizit angaben, eine sehr pessimistische Lebenseinstellung zu haben, deutete sich dies bei anderen beispielsweise dadurch an, dass sie aussagten, man habe ihnen sowieso nicht helfen können oder dass sie nie wieder eine Beziehungen eingehen wollten. Auch berichteten einzelne Befragte von Suizidversuchen, der in einem Fall sogar der Anzeigeauslöser war, da die Betroffene dadurch realisiert hatte, wie hilflos sie war und wie sehr sie Hilfe benötigt hatte. Generell ist allerdings schwer zu unterscheiden, inwieweit die Befragten generell eine pessimistische, depressive Einstellung zum Leben haben und inwieweit diese mit dem Stalking oder der gewalttätigen Beziehung zusammenhängt.

Bezüglich der sozialen Orientierung des Stalking-Betroffenen zeigt sich folgender Zusammenhang: Je mehr der Stalking-Betroffene zu sozialer Verantwortung gegenüber anderen Menschen, Hilfsbereitschaft und Mitmenschlichkeit neigt, in der Lage ist, auf die Sorgen anderer einzugehen und motiviert ist, anderen zu helfen, sie zu trösten und zu pflegen, desto später zeigt er Stalking bei der Polizei an. Hier können sich die eigentlich prosozialen Eigenschaften der Rücksichtnahme, des Mitleids und des Nachdenkens über den Stalker sogar Anzeige verzögernd ausgewirkt haben. Folgerichtig beschrieben sich mehrere befragte Stalking-Betroffene als „lieb, immer hilfsbereit", „die Liebe, die Gute", „gutmütig" oder durch ein „Helfersyndrom" ausgestattet. Einige gaben an, dass es ihnen generell schwer falle, einen Menschen fallen zu lassen. In einigen Fällen könnten die Ursachen für das extrem ausgeprägte Helferbedürfnis auch mit Gefühlen von Mitschuld oder einem sehr schwachen Selbstbewusstsein zusammen hängen, in manchen Fällen kann sogar von einer Co-Abhängigkeit ausgegangen werden: Auffällig oft gaben die Stalking-Opfer an, dass der verfolgende Expartner alkohol- oder spielsüchtig oder schwer krank und pflegebedürftig und stets auf sie als Partnerin und ihr Organisationstalent angewiesen war. Eine Stalking-Betroffene bezeichnete sich rückblickend explizit als „co-abhängig". Möglich ist, dass das Gefühl der Verantwortlichkeit für den „schwachen, hilfebedürftigen" Partner bei einigen Stalking-Opfern auch nach der Beziehung fortbesteht und somit eine Anzeige erschweren (vgl. Kap. 8.4.6).

Abschließend soll noch kurz darauf hingewiesen werden, dass die interviewten Stalking-Betroffenen mehrfach betonten, generell wenig Vertrauen in die Umwelt zu haben, generell misstrauisch zu sein und nie ein tiefes Vertrauen zu anderen Menschen aufgebaut zu haben, was einige auf Kindheitserfahrungen und frühere Erfahrungen mit Männern zurückführten. Dieses allgemeine „Urmisstrauen" wird natürlich das Erstatten einer Anzeige erschweren, bei dem man sich letztendlich einer staatlichen Institution anvertrauen muss.

In keinem (erwähnenswerten) Zusammenhang mit dem Anzeigeverhalten von Stalking-Betroffenen stehen die FPI-R-Skalen *Leistungsorientierung* und *Gesundheitssorgen* (*Gamma* = .059).

8.4.8 Problemlösestrategien und die Fähigkeit, Hilfe in Anspruch nehmen zu können

Zur Untersuchung von persönlichkeitsbezogenen Faktoren, die das Anzeigeverhalten der Stalking-Betroffenen beeinflussen können, erschien es interessant, deren Problemlösestrategien insgesamt zu analysieren. Neigt die Person beispielsweise dazu, Probleme in sich „hineinzufressen" und „herunterzuschlucken" oder geht sie die Entscheidungen und Lebenskrisen offen und aktiv an? Kann sie Hilfe von anderen in Anspruch nehmen oder fällt dies schwer?

8.4.8.1 „Herunterschlucken" von Problemen

„Also, wenn ich Sorgen hab dann klär ich das meistens für mich. Ich, äh, brauch dann irgendwie nicht, äh, irgendwie jemandem zum Aussprechen oder so. Ich bewältige meine Probleme meistens alleine" (Interview 17, Z. 1364-1367).

Tatsächlich zeigte sich in den Interviews, dass ein passives, vermeidendes Problemlöseverhalten sich negativ auf den Entschluss zur Anzeige auswirken wird. Viele der Interviewten berichten über sich, dass sie dazu neigen, Probleme „in sich reinzufressen" anstatt sich diesen zu stellen. Sie hatten nach eigener Auskunft Probleme damit, sich anderen Menschen zu öffnen und Konflikte offen anzusprechen. Dieser Versuch, alles für sich zu behalten, es allein zu verarbeiten und nichts nach außen dringen zu lassen, habe häufig auch zu nervlichen Überlastungen geführt. Die Ergebnisse von Kamphuis und Emmelskamp (2002) legen in diesem Zusammenhang sogar eine erhöhte Vulnerabilität für das Auftreten einer posttraumatischen Belastungsstörung aufgrund des Stalking nahe (vgl. Kap. 3.3.7 und 8.5.8.2).

Besonders im Bezug auf ihr Verhalten in Beziehungen gaben einige Opfer an, immer nur „geschluckt" zu haben. In vielen Beziehungen war das konstruktive Lösen von Problemen nach Aussagen der Befragten nicht möglich oder es sei teilweise bis hin zu Gewalttätigkeiten eskaliert. Derartige Erfahrungen kannte ein Teil der Interviewten bereits seit der Kindheit als durch die Eltern geprägter Problemlösestil (vgl. Abschnitt 8.4.8.3).

In Einzelfällen führte das generell vermeidende Problemlöseverhalten zur Alkoholabhängigkeit als expliziter Versuch, bestehende Probleme „hinunterzuspülen".

Als Ausweg aus dem passiven Problemlöseverhalten wurde von vielen Stalking-Opfern eine Psychotherapie angestrebt. So gaben mehrere Stalking-Betroffene, die sich aufgrund des Stalking in Therapie begeben hatten, an, dadurch gelernt zu haben, sich zu öffnen und eigene Probleme anzuerkennen sowie aktiv zu lösen. Es kann angenommen werden, dass sich die Inanspruchnahme einer Therapie im Vorfeld einer Anzeige auch ohne den expliziten Rat des Therapeuten positiv auf das Anzeigeverhalten auswirken wird, wenn ein aktiverer Umgang mit Problemen und die Akzeptanz von Hilfe erlernt sowie Scham- und Minderwertigkeitsgefühle bearbeitet und abgebaut werden.

8.4.8.2 Wunsch, alles allein zu lösen

„Wenn ich mich da selber reingeritten hab, dann komm ich da auch selber wieder raus" (Interview 1, Z. 1594-1595).

Übereinstimmend mit der Neigung vieler Stalking-Betroffener, ihre Probleme passiv hinzunehmen, beschrieben einige Befragte auch die generelle Schwierigkeit, um Hilfe zu bitten und diese akzeptieren zu können:

„Nur wo's dann gar nicht mehr ging, dann hab ich auch schon mal einfach nach Hilfe geschrieen .... wenn ich um Hilfe schrei, ist wirklich Not am Mann" (Interview 4, Z. 794-804).

Als vorherrschende Gefühle und Gedanken, die den Betroffenen dabei durch den Kopf gegangen sind, wurde oftmals genannt, niemandem zur Last fallen zu wollen und Probleme lieber allein zu lösen, ehe andere mit persönlichen Belangen belastet werden. Andere Stalking-Opfer ziehen es vor, sich nur auf sich selbst zu verlassen, um nicht enttäuscht werden zu können. Einige Personen hatten bereits die Erfahrung gemacht, dass sie letztendlich allein dagestanden hatten als sie Hilfe benötigt hätten. Hier scheinen auch vorherige Beziehung prägend gewesen zu sein. So berichtete eine Stalking-Betroffene, dass ihr das Einfordern von Hilfe nun generell schwer falle, da sie Vieles während der Ehe von ihrem Exmann zwar gewünscht, aber nie bekommen habe.

Auch das Stalking selbst betrachteten einige als ihre „persönliche Sache", die sie nicht öffentlich machen. Nicht selten wurde auch beschrieben, dass man sich selbst in diese Situation gebracht habe und nun auch von allein wieder heraus kommen müsse. Dies macht erneut deutlich, dass von Stalking-Betroffenen teilweise eine Mitschuld und Eigenverantwortlichkeit an ihrer Situation angenommen wird (vgl. Kap. 8.4.5). Ein männlicher Betroffener empfand es als Schwäche, seine Angelegenheiten nicht selbst lösen zu können, und Scham, mit einer derartigen Angelegenheit zur Polizei zu gehen und andere Leute mit etwas zu „belästigen", was man selbst nicht „hinbekomme".

Auch bezüglich der Fähigkeit, um Hilfe zu bitten und zuzugestehen, nicht alles allein lösen zu können, wurde von den „Therapie-Erfahrenen" ein positiver Effekt der Psychotherapie beschrieben. Einigen fällt es nun zunehmend leichter, sich um Hilfe zu bemühen und sich Hilfe suchend an andere zu wenden.

8.4.8.3 Sozialisation

„Weil, man musste diese starke Mensch zeigen und die Schwäche hat man nie nach außen getragen" (Interview 2, Z. 1520-1521).

Die zuvor beschriebenen Problemlösestrategien haben sich im Laufe der Biografie im Wechselspiel zwischen Kindheitserfahrungen, Erfahrungen in der Ehe oder Beziehung, Gewalterfahrungen und Persönlichkeitseigenschaften der Betroffenen herausgebildet. Eine nähere Abgrenzung ist weder möglich noch notwendig. Da das Erlernen von Problemlösefertigkeiten und der Umgang mit Konflikten zu großen Teilen sehr früh in der Ursprungsfamilie geschieht, soll im Folgenden kurz auf negative Erfahrungen in der frühen familiären Sozialisation eingegangen werden, die sich nach den Angaben der Interviewpartner hemmend auf die Erstattung einer Anzeige in ihrem Stalking-Fall ausgewirkt haben.

Verschiedene Stalking-Betroffene berichten in den Interviews, dass in ihrer Kindheit das Äußern von Gefühlen generell tabuisiert war. Grundsätzlich sei zu Hause nicht über Gefühle oder Leid gesprochen worden. Man habe „stark" sein müssen und keine Schwäche zeigen dürfen, so dass es heute noch schwer falle, über Gefühle zu reden und Schwächen zu zeigen. Eine Interviewpartnerin bezeichnete es als „Muster" seit der Kindheit, immer zu schlucken, so dass es nicht schlimm gewesen sei, im Zuge des Stalking alles zu verheimlichen und zu schauspielern und – wie in der Kindheit gelernt – „gute Miene zum bösen Spiel" zu machen.

In mehreren Fällen wurde von einem strengen, teilweise gewalttätigen Vater berichtet, der „Haustyrann" gewesen sei, dessen Regeln sich jeder unterzuordnen hatte und der hart und willkürlich strafte. In mehreren Fällen hatten die Stalking-Opfer kein Vertrauensverhältnis zu den Eltern aufbauen und mit diesen reden können. Es wurde von einem Erziehungsstil berichtet, der durch Bestrafungen gekennzeichnet war und bei dem ausschließlich Fehler und Misserfolge besprochen worden seien. Wenn den Eltern etwas nicht gepasst habe, hätten sie gedemütigt und geschlagen oder psychische Gewalt ausgeübt. Eine Stalking-Betroffene berichtet über einen Vater, der sie immer klein gemacht habe und in ihr immer ein kleines Mädchen gesehen habe, das im Kleidchen herumläuft und nichts alleine hinbekommt, was zu einem gering ausgeprägten Selbstwertgefühl geführt hat.

Auch zeigte sich in den Interviews, dass teilweise bereits durch die Eltern vermittelt worden war, dass Probleme „im Haus zu bleiben" haben. Probleme seien etwas „Schlechtes" und seien ein Anlass sich zu schämen. So berichtet eine Frau, dass sie durch ihre Eltern kritisiert worden sei, nachdem sie ein Problem mit Freundinnen besprochen hatte. Dies habe sich dann auch auf ihr Verhalten in der Stalking-Situation ausgewirkt:

„... hab dann so im Grunde genommen diese Tour gemacht, na ja, sieh mal zu, heile Welt, heile Familie, Probleme bleiben im Haus, ähm, und das ist ja auch dieses alte Erziehungsmuster, was ich noch genossen habe. Dass nichts nach draußen dringt. So und denn noch katholische Familie auch" (Interview 8, Z. 1260-1268).

In diesem Zusammenhang wird von verschiedenen Stalking-Opfern angesprochen, wie wichtig es sei, über das Widerfahrene zu sprechen und öffentlich zu berichten, da man nur dann merke, dass auch andere davon betroffen sind, was wiederum helfe, Scham und alte Denkmuster zu überwinden.

8.5 Situationsabhängige Variablen

Nachdem im vorherigen Teil mögliche biografische und persönlichkeitsbezogene Einflussfaktoren erläutert wurden, soll nachfolgend auf situative Faktoren eingegangen werden. Hierzu gehören vor allem die Vorgeschichte mit dem Stalker, das Stalking selbst oder Hilfeerwartungen an die Polizei.

8.5.1 Verhältnis zum Stalker

Stalking tritt in den unterschiedlichsten Kontexten und Beziehungskonstellationen auf. In den meisten Fällen findet Stalking durch den Expartner statt, aber auch durch Bekannte wie Arbeitskollegen oder Nachbarn sowie zu einem geringen Anteil durch einen unbekannten Stalker. Der Bekanntheitsgrad mit dem Stalker variiert stark und hat naturgemäß einen Einfluss auf die Intensität der Beziehung zwischen dem Stalker und seinem Opfer. Im Folgenden soll untersucht werden, ob sich diese Unterschiede auch in der Dauer widerspiegeln, die bis zur Erstattung einer Anzeige gewartet wird.

Bei einer ersten Betrachtung der Kontingenztabelle zwischen dem Verhältnis zum Stalker und dem Anzeigezeitpunkt (vgl. Tab. 12) zeigt sich, dass sich es einen Zusammenhang zwischen der Intensität der Beziehung und dem Anzeigezeitpunkt gibt: Es fällt auf, dass keiner, dem durch eine (entfernt) bekannte oder gänzlich unbekannte Person nachgestellt wird, sofort anzeigt, während dies 11% der durch einen Expartner und 14% der durch einen ehemaligen kurzen Intimpartner Verfolgten tun. Dieser Trend setzt sich beim kurzfristigen Anzeigezeitpunkt fort: Innerhalb der ersten drei Monate zeigt keine derjenigen Personen an, die Stalking durch einen Unbekannten erleben. Dagegen zeigen nur 13% der durch eine bekannte Person Belästigten, wiederum aber 31% der Stalking-Betroffenen, die durch einen Expartner sowie 43%, die durch einen ehemaligen kurzen Intimpartner belästigt werden, in diesem Zeitraum an. Während sich keine so deutlichen Unterschiede zwischen den Gruppen bezüglich einer mittelfristigen Anzeige innerhalb von 4 bis 12 Monaten zeigen, zeichnen sich bezüglich einer späten Anzeige nach über einem Jahr erneut deutliche Unterschiede ab: Während von den durch eine unbekannte Person Belästigten zwei Drittel erst nach über einem Jahr anzeigen sowie zwei Fünftel derjenigen mit einem im weiteren Sinne bekannten Stalker, wartet nur etwa ein Fünftel der durch einen Expartner und keiner der durch einen kurzen Intimpartner Verfolgten länger als ein Jahr mit dem Gang zur Polizei.

Tabelle 12: Kreuztabelle zwischen Anzeigezeitpunkt und Verhältnis zum Stalker

			Verhältnis zum Stalker				
			bekannt	unbekannt	Expartner	kurze Intimbeziehung	Gesamt
Stalkingdauer bis Anzeigezeitpunkt	sofort	Anzahl	0	0	4	1	5
		% von Verhältnis zum Stalker	0%	0%	11%	14%	8%
	kurzfristig	Anzahl	2	0	11	3	16
		% von Verhältnis zum Stalker	13%	0%	31%	43%	25%
	mittelfristig	Anzahl	7	2	13	3	25
		% von Verhältnis zum Stalker	47%	33%	36%	43%	39%
	langfristig	Anzahl	6	4	8	0	18
		% von Verhältnis zum Stalker	40%	67%	22%	0%	28%
Gesamt		Anzahl	15	6	36	7	64
		% von Verhältnis zum Stalker	100%	100%	100%	100%	100%

Anmerkungen: kurzfristig = innerhalb der ersten 3 Monate, mittelfristig = innerhalb von 4-12 Monaten, langfristig = ein Jahr und länger

Resümierend kann also festgehalten werden, dass am schnellsten auf das Stalking mit einer Anzeige reagiert wird, wenn es sich beim Stalker um einen ehemaligen kurzen Intimpartner oder aber einen Expartner handelt, wohingegen bei einem Stalker aus dem (weiteren) Bekanntenkreis bereits deutlich zögerlicher gehandelt und bei einer der Stalking-Zielperson unbekannten Person am längsten mit der Anzeige gewartet wird. Der statistisch signifikante Zusammenhang (*Cramer's V* = .259) muss allerdings unter dem Vorbehalt interpretiert werden, dass diese Aussagen – besonders für die Gruppen „unbekannt" (n = 6) sowie „kurze Intimbeziehung" (n = 7) – auf geringen Fallzahlen basieren.

Diese Ergebnisse scheinen mit dem Familienstand als Einflussvariable zusammen zu hängen: Verheiratete neigen eher zu einer späteren Anzeige, während Geschiedene deutlich früher anzeigen: In einer Sekundäranalyse konnte ergänzend gezeigt werden, dass das Stalking bei Geschiedenen schwerpunktmäßig von Expartnern ausgeht, während Verheiratete deutlich häufiger als Geschiedene von Personen verfolgt werden, die ihnen aus anderem Zusammenhang bekannt sind.

Möglicherweise können diese Unterschiede auf weitere Merkmale des Stalking zurückgeführt werden, in die sich das Tatgeschehen durch einen ehemaligen Intimpartner oder durch einen (entfernten) Bekannten differenzieren lässt. Sowohl in den Interviews als auch in der Literatur (z.B. Rosenfeld, 2004) zeigte sich, dass in Stalking-Fällen mit Intimbeziehung zwischen Stalker und Zielperson häufiger Gewalt angewandt wird oder aber dem Stalking bereits eine durch Gewalt belastete Beziehung vorausgegangen war. Diese Feststellung könnte auch erklären, warum bei nachstellenden Expartnern schneller angezeigt wird.

Hierzu passt auch die zuvor bereits dargestellte und diskutierte Beobachtung, dass Gewalterfahrungen tendenziell zu einer früheren Anzeige veranlassen.

Außerdem könnte bei Geschiedenen, die durch den Expartner verfolgt werden, eine Rolle spielen, dass das Sorge- und Umgangsrecht für die Kinder geregelt werden muss und eine Anzeige sich auch in dieser Hinsicht als für den anzeigenden Betroffenen günstig erweisen könnte.

8.5.2 Wissen und Wahrnehmung von Stalking

Voraussetzung dafür, dass die Betroffenen das Stalking anzeigen, ist, dass sie es als solches identifizieren oder zumindest als ein unrechtmäßiges Verhalten deuten. Ebenso wurde bereits weiter oben verdeutlicht, dass die Kenntnis darüber, dass es Stalking überhaupt gibt und dass der eigene Fall keinen Einzelfall darstellt, Schamgefühle abbauen kann. Im Folgenden soll dargestellt werden, welche Gedanken und Wahrnehmungen die Betroffenen zunächst abgehalten haben, anzuzeigen und das „Erkennen" des Stalking erschwert haben.

8.5.2.1 Vorstellung, es löse sich von allein

„Ich habe immer gedacht, das renkt sich schon ein mit der Zeit" (Interview 17, Z. 190).

Viele Betroffene schildern, dass sie anfangs gedacht haben, dass der Stalker irgendwann von sich aus aufhöre, beispielsweise wenn man die Telefonnummer wechselt oder nicht reagiert. Andere Opfer erhofften sich eine Deeskalation der Situation, indem sie mit dem Stalker sprachen. So sind sie immer wieder auf den Stalker eingegangen und haben sich auf Gespräche eingelassen und sich teilweise sogar zu Treffen überreden lassen. Zu einer Beendigung des Stalking hat dies aber nie geführt. Immer wieder von neuem gingen die Betroffenen davon aus, es sei nun das letzte Mal. Auch versuchten sich einige Betroffene in den Stalker hinein zu versetzen. Sie gingen davon aus, dass der Stalker „als normal denkender Mensch" irgendwann sein Verhalten ändern müsse. Spätestens, wenn man ihn deutlich dazu auffordere, höre er mit seinem Verhalten auf.

Immer wieder wurde der Gedanke an eine Anzeige bei der Polizei zurück gestellt mit der Erwartung, über persönliche Gespräche mit dem Stalker und durch die Bitte um Unterlassung eine Verhaltensänderung herbei führen zu können.

8.5.2.2 Nicht ernst nehmen des Stalkers

„Ich denke, ich mein, dass ist nur Gesabbel von ihm...Aber Hunde, die bellen, beißen nicht" (Interview 12, Zeile 360-362).

Viele der Befragten nahmen den Stalker und dessen Bedrohungen zunächst nicht ernst. Während einige den Stalker nur für einen „verrückten Spinner" hielten, der es nicht wert sei, ernst genommen zu werden, hielten andere das Verhalten des Stalkers anfänglich für einen Scherz und realisierten erst mit der Zeit, dass der Stalker es bitter ernst meine. Dies galt teilweise sogar bei starken verbalen Bedrohungen, beispielsweise durch SMS. Ein Grund dafür lag bei Einzelnen darin, dass der Stalker in einer anderen Stadt wohnte und die Betroffenen davon ausgingen, dass er nicht extra kommen würde, um seine Drohungen wahr zu machen oder sie sich zumindest nicht so leicht erreichbar für den Stalker fühlten. Eine durch einen Nachbarn Verfolgte vermutete, der Stalker sei einfach generell auf der Suche nach Kontakt und Anschluss, während eine andere Betroffene das Stalking mit dem zu der Zeit mit dem Stalker laufenden Scheidungsverfahren in Verbindung gebracht hat und so dessen Verhalten als Einschüchterungsstrategie und als Reaktion auf das, was ihn erwartet, interpretiert hat. Beides führte dazu, dass die Stalker zunächst nicht weiter ernst genommen wurden. Insgesamt betrachtet kann festgestellt werden, dass Stalking anfangs häufig unterschätzt und der Ernst der Lage zunächst verkannt wird, was auch auf Unkenntnis des Phänomens zurückgeführt werden kann.

8.5.2.3 Unkenntnis des Phänomens Stalking

„Ich wusste gar nix. Ich wusste wirklich nix und was sie mir zum ersten mal gesagt haben Stalking, wusste ich wirklich nicht, von welcher Seite soll ich das anfassen" (Interview 2, Z. 79-81).

In den Interviews zeichnete sich deutlich ab, dass viele Betroffene den Begriff Stalking vorher gar nicht kannten und nicht wussten, dass es für das, was ihnen widerfährt, überhaupt einen Begriff gibt. Zum Großteil war es den Betroffenen bis zur Anzeige nicht bewusst, dass sie Stalking ausgesetzt waren, viele wurden erst durch die Polizei oder den Stalking-Beauftragten darüber aufgeklärt. Einige kannten zwar den Begriff Stalking, sahen diesen aber nur im Kontext von Prominenten oder von schwärmenden Verehrern, die Blumen oder Geschenke schicken. Sie hatten sich das als gar nicht so schlimm vorgestellt. Es wurde deutlich, wie wichtig es ist, die Öffentlichkeit mehr über Stalking aufzuklären, damit Betroffene es bei sich selbst als solches identifizieren können und wissen, dass sie deshalb zur Polizei gehen und etwas dagegen unternehmen können und vor allem auch sollen.

8.4.2.4 Stalking-Verhalten als „normal" empfinden

„Ja, ich habs zuerst als normal empfunden, weil das machen ja viele, nich, also es. Ich habs zuerst als normal empfunden, aber irgendwann nach cirka einem Jahr war mir das doch zuviel" (Interview 16, Z. 240-242).

Das eingangs dargestellte Problem, Stalking zu definieren und die Grenze zu bestimmen, ab der ein Verhalten als Stalking gefasst werden kann, spiegelte sich auch bei den Betroffenen selbst wieder, die zum Teil das Verhalten zunächst als normal empfanden. Einerseits wurde teilweise das Stalking gar nicht als solches bemerkt, etwa dass der Stalker immer an bestimmten Orten war, an denen die Stalking-Betroffenen sich aufhielten oder vorbeigehen mussten oder er gehäuft unter Vorwänden an der Tür klingelte. Andererseits wurde über lange Zeit nicht realisiert, dass das Verhalten des Stalkers keineswegs „normal" ist, und dass man sein Verhalten weder entschuldigen noch durch „verletzten Stolz" erklären muss.

Dies steht in Einklang mit den Forschungsergebnissen von Simonin und Killias (2003), die für die Anzeige von physischer Gewalt und Bedrohung ergaben, dass die explizit als Delikt erkannten Taten deutlich häufiger angezeigt wurden als solche, die nicht als Delikt betrachtet wurden.

Erst mit der Zeit, als die Stalking-Handlungen sich häuften, intensiver wurden oder als eine extreme Stalking-Handlung die Toleranzschwelle überschritt, wurden einige Betroffene „wach gerüttelt". Andere wurden erst durch den neuen Partner darauf aufmerksam gemacht, dass der Stalker kein normales Verhalten oder keine normale Reaktion mehr zeigt. Dies weist darauf hin, dass auch die Reaktion und die Einschätzung des sozialen Umfelds des Opfers eine bedeutende Rolle dabei spielen kann, Stalking zu erkennen und konsequent darauf zu reagieren.

8.5.3 Beeinflussung durch das soziale Umfeld

„Ja, ich wollte erst gar nicht hingehn, weil ich auch wirklich gemischte Gefühle hatte, ob das überhaupt was bringt oder nicht. Und ist ja, mein Freund hat dann letztendlich doch gesagt irgendwo, es wird zu schlimm. Wir müssen irgendwas machen und dann hab ich dann halt doch gesagt, ich geh dann doch zur Polizei" (Interview 1, Z. 12-16).

In den Interviews mit den Stalking-Betroffenen stellte sich heraus, dass auch die Reaktionen, Ratschläge und Unterstützungen durch das soziale Umfeld der verfolgten Person beeinflussen können, ob und wann angezeigt wird.

In drei der interviewten Fälle wurde die Anzeige sogar dadurch forciert, dass der neue Partner des Stalking-Opfers dies in die Hand genommen oder zumindest die Partnerin stark dazu ermutigt und gedrängt hatte. Während sich die einen durch Eltern, Freunde oder Nachbarn unterstützt und verstanden fühlten und den Rat bekamen, zur Polizei zu gehen, wurden andere selbst von den eigenen Eltern nicht ernst genommen, von den Nachbarn mit Misstrauen bedacht oder vom Arbeitsumfeld zurechtgewiesen. Freunde und Familie seien auch teilweise hilf- und ratslos, kannten sich nicht mit Stalking aus und konnten keine Handlungsvorschläge machen. Neben dem eigenen Wissen und der eigenen Wahrnehmung des Stalking scheint auch diejenige des Umfeldes sich fördernd oder hemmend auf das Anzeigeverhalten auswirken zu können. Es scheint förderlich für das Erstatten einer zeitigen Anzeige zu sein, wenn das soziale Umfeld deutlich macht, dass das Stalking-Verhalten nicht toleriert werden muss und keinen „normalen" Zustand darstellt. Andererseits können hilflose und durch das Stalking kraftlos gewordene Menschen, die auf Unverständnis, Unwissenheit und Ratlosigkeit stoßen oder das Gefühl vermittelt bekommen zu übertreiben, eher entmutigt werden, zur Polizei zu gehen. Die sekundäre Viktimisierung des sozialen Umfeldes kann dazu führen, dass die Stalking-Betroffenen sich zunehmend mit „ihrem Problem" zurückziehen und keine aktiven Schritte unternehmen.

Dies erscheint vor allem vor dem Hintergrund plausibel, dass häufig Scham- und Schuldgefühle empfunden werden und teilweise versucht wird, das Stalking möglichst geheim zu halten und nur wenige Personen einzuweihen. Wenn bereits das engere Umfeld das Problem des Betroffenen nicht ernst nimmt, kann dadurch vermutlich die Hemmschwelle, zur Polizei zu gehen und die Angst vor dortiger sekundärer Viktimisierung noch vergrößert werden. Auch kann möglicherweise das bereits beschriebene Zweifeln an der eigenen Wahrnehmung und Glaubwürdigkeit verstärkt werden.

In Kapitel 8.3 wurde die Inanspruchnahme anderer Hilfe – teilweise auch vor dem Einbezug der Polizei – dargestellt und die Erkenntnisse aus den Interviews bezüglich dort gemachter Ratschläge referiert. In Anknüpfung daran soll auf die Ratschläge weiterer professioneller Personen, welche teilweise im Freundeskreis befragt wurden, eingegangen werden.

In nur einem Fall ging eine Stalking-Betroffene konkret auf Anraten des Anwaltes und des Jugendamtes zur Polizei. Die Befragte gab an, sie hätte den Fall sonst auf sich beruhen lassen und wollte eigentlich von selbst keine Anzeige erstatten. Die meisten anderen Befragten, die sich Rat von professioneller Seite (gemeint ist hier juristischer oder polizeilicher Rat, da auf die Reaktion von Therapeuten und Ärzten bereits unter Kapitel 8.3 eingegangen wurde) geholt hatten, nahmen dadurch eher Abstand von einer Anzeige oder wurden zumindest nicht aktiv dazu ermutigt: Einer Stalking-Betroffenen wurde von einem befreundeten Kriminalbeamten gesagt, man könne polizeilich nichts unternehmen, während einem anderen Betroffenen durch befreundete Polizeibeamte nur davon abgeraten wurde, selbst körperlich gegen den Stalker vorzugehen, nicht aber aktiv dazu geraten, diesen anzuzeigen. Mehrfach wurde von den Stalking-Opfern ein (befreundeter) Anwalt um Rat gefragt. Kein Interviewter berichtet, dass der Anwalt konkret zur Anzeige geraten habe. Ein Betroffener erwirkte auf Anraten des Anwaltes eine einstweilige Verfügung. In einem weiteren Fall wurde von der Betroffenen eine befreundete Richterin hinzugezogen, die ihr zwar Unterlagen zusandte, aber direkt dazu sagte, man könne nicht viel machen, letztendlich könne keiner sie schützen. So ließ die Betroffene die Sache auf sich beruhen und es wurde gar nichts unternommen.

Die Tatsache, dass der Anstoß zur Anzeige mehrfach durch Dritte ausgelöst wurde, in anderen Fällen wiederum aufkeimende Impulse, gegen das Stalking vorgehen zu wollen, durch demotivierende Reaktionen von außen erstickt wurden, unterstreicht erneut, welch bedeutsame Rolle Aufklärung und das richtige „Handlungswissen" im Feld Stalking spielt. Dies gilt nicht nur für die (potentiellen) Stalking-Betroffenen selbst, sondern ebenso für deren soziales Umfeld sowie Personen, die beruflich mit Stalking-Betroffenen konfrontiert werden. Diese sollten veranlasst werden, die Opfer dazu zu ermutigen und sie zu bestärken, Anzeige zu erstatten und sich ihrem „Schicksal" nicht hilflos zu ergeben.

8.5.4 Art der Stalking-Handlungen

„Das hat ganz lange gedauert. Weil er eben, er mir keine Angst gemacht hat, er hat mir nie was getan und ist nicht auf mich losgegangen, ist einfach, praktisch ein so genannter lieber Stalker. Also, er schreibt immer ich liebe dich, vermisse dich und so was. Aber eben, das ist eben reine Belästigung nur" (Interview 16, Z. 220-223).

Um in ersten Ansätzen Aussagen darüber treffen zu können, ob und welche Art der Stalking-Handlungen eine Rolle dabei spielen, ob der Stalking-Fall früher oder später vom Betroffenen bei der Polizei gemeldet wird, wurden die einzelnen Stalking-Kategorien auf die prozentuale Verteilung der Anzeigezeitpunkte hin untersucht. Dabei wurde analysiert, ob es bestimmte Stalking-Handlungen gibt, die besonders früh und solche, die besonders spät angezeigt werden. Außerdem diente als Richtwert und Vergleichsmaßstab für die Einteilung die prozentuale Gesamtverteilung aller Anzeigen über die Anzeigezeitpunktkategorien hinweg.

Bei diesem Vorgehen konnte eine Gruppe von Kategorien von Stalking-Handlungen identifiziert werden, die tendenziell früh angezeigt wurden, bei denen sich also gemessen an der Durchschnittsverteilung aller gültigen Fälle über alle Anzeigezeitpunkte die prozentuale

8.5 Situationsabhängige Variablen

Verteilung der Anzeigen dahingehend verschiebt, dass mehr sofort und kurzfristige Anzeigen und im Gegenzug dazu weniger langfristige Anzeigen bezüglich der Stalking-Kategorie vorliegen. Korrespondierend dazu ergab sich eine zweite Gruppe an Stalking-Kategorien, die gemessen am Durchschnitt eher später angezeigt werden, bei denen sich wiederum der Häufigkeitsschwerpunkt der Anzeigen in den langfristigen Zeitraum verlagert.

Es sei auch hier darauf verwiesen, dass die Stalking-Kategorien nur isoliert betrachtet werden konnten und aufgrund der Stichprobengröße keine Interaktionseffekte in die Analyse miteinbezogen werden konnten. Der zeitliche Verlauf des Stalking, also die Frage, wann welche Stalking-Handlung einsetzte und in welcher Intensität sie ausgeübt wurde, konnte in diesem Zusammenhang ebenfalls keine Berücksichtigung finden. Des Weiteren müssen auch hier die stark variierenden Fallzahlen der einzelnen Stalking-Handlungskategorien beachtet werden.

Die Stalking-Handlungen, die tendenziell eher früh angezeigt werden, sind
- *„Ausübung psychischer Gewalt",*
- *„Angriffe auf Haus oder Auto des Opfers",*
- *„Einsatz physischer Gewalt",*
- *„Einbruch ins Haus",*
- *„Auflauern und Kontrolle des Opfers"* sowie
- – etwas weniger deutlich – *„persönliche Belästigung zu Hause"* und
- *„Diebstahl"* (vgl. Tab. 13).

Am deutlichsten zeigt sich diese Verschiebung zu den frühen Anzeigezeitpunkten bei *„Ausübung psychischer Gewalt"* (n = 4), welche zu 25% sofort, zu weiteren 25% kurzfristig, zu 50% mittelfristig und gar nicht langfristig angezeigt wird. Diese Ergebnisse sollten allerdings nicht überbewertet werden, da es sich zum einen in den jeweiligen Kategorien des Anzeigezeitpunkts nur um jeweils ein bis zwei gültige Fälle handelt. Zum anderen ergaben die Interviews diesbezüglich interessanterweise eher konträre Ergebnisse, dass nämlich bei psychischer Gewalt – vor allem im Gegensatz zu physischer Gewalt – aufgrund schwierigerer „Nachweisbarkeit" tendenziell länger mit der Anzeige gezögert wird (vgl. Kap. 8.5.7.3).

Ebenso zeigen sich in der Kategorie *„Angriffe auf Haus oder Auto des Opfers"* (n = 10) deutlich mehr sofort (20%) und kurzfristig (30%) angezeigte Fälle als dies im Durchschnitt bei diesen beiden Anzeigezeitpunkten der Fall ist (sofort: 8% und kurzfristig: 25%). Die beiden Stalking-Kategorien *„Einsatz physischer Gewalt"* und *„Einbruch ins Haus"* (jeweils n = 7) weisen die gleiche prozentuale Verteilung der enthaltenen Fälle auf die Anzeigezeitpunkte auf: Auch hier zeigen die Betroffenen augenscheinlich häufiger als durchschnittlich üblich sofort an (14%), etwas häufiger kurz- und mittelfristig (29% und 43%), dafür aber nur in 14% der Fälle langfristig.

Tabelle 13: Gruppe der Stalking-Handlungskategorien „frühe Anzeige"

Kategorie der Stalking-Handlung	gültige Fälle	Anzeigezeitpunkt			
		sofort	kurzfristig	mittelfristig	langfristig
Ausübung psychischer Gewalt	4	25%	25%	50%	–
Angriffe auf Haus/Auto des Opfers	10	20%	30%	30%	20%
Einsatz physischer Gewalt	7	14%	29%	43%	14%
Einbruch ins Haus	7	14%	29%	43%	14%
Auflauern/Kontrolle des Opfers	30	10%	30%	47%	13%
persönliche Belästigung zu Hause	19	11%	26%	37%	26%
Diebstahl	4	–	50%	25%	25%
Gesamtverteilung (zum Vergleich)	**64**	**8%**	**25%**	**39%**	**28%**

Die Tendenz einer späten Anzeige zeigt sich bei Betrachtung von Tabelle 14 am deutlichsten – wenn auch anhand einer nur kleinen Anzahl der (gültigen) Fälle – bei den Stalking-Handlungen *„verbale oder Ekel erregende Spuren am Haus"* ($\underline{n}$ = 4) und *„Handlungen im Namen des Opfers ausführen"* ($\underline{n}$ = 3). Bezüglich dieser Stalking-Handlungen erfolgt weder sofort noch kurzfristig eine Anzeige, in nur 25% beziehungsweise 33% der in dieser Kategorien gültigen Fälle mittelfristig, dafür wird aber im Großteil der Fälle erst langfristig angezeigt (75% bzw. 66%). Auch eindeutig spät wird – bei etwas größeren Fallzahlen – bei *„Belästigung des sozialen Umfelds des Opfers"* ($\underline{n}$ = 9) sowie beim Erhalt von *„Liebesbotschaften und Geschenke"* durch den Stalker ($\underline{n}$ = 7) angezeigt, was sich darin äußert, dass auch hier jeweils keine sofortigen und nur selten kurzfristige (11% und 14%) Anzeigen zu verzeichnen sind, wohingegen deutlich verstärkt langfristig angezeigt wird (44% und 43%). Innerhalb der zu der Kategorie *„Belästigung des sozialen Umfelds des Opfers"* gefassten Stalking-Verhaltensweisen hat sich in den Interviews gezeigt, dass physische Übergriffe gegen den Partner oder gar das Kind der Stalking-Betroffenen – wie der Einsatz physischer Gewalt gegen das Stalking-Opfer selbst – konkrete Anzeigeauslöser darstellten, auf die sofort reagiert wurde.

Eine ähnliche Verteilung ergibt sich auch beim Vorliegen von *„Bedrohung und Drohungen"* ($\underline{n}$ = 21), mit dem Unterschied, dass hier immerhin bei 5% der Stalking-Fälle mit Bedrohung „sofort" angezeigt wird. Bei *„Verleumdung und Rufmord"* ($\underline{n}$ = 9) zeigt zwar eine relativ hohe Anzahl der Betroffenen (11%) sofort an, allerdings deutlich weniger als der Durchschnitt kurzfristig (11%) und mittelfristig (22%), wohingegen über die Hälfte erst langfristig zur Polizei geht. Hier soll der Spezialfall dieser Kategorie, nämlich eine Anzeige des Stalkers seiner Zielperson bei der Polizei, hervorgehoben werden, da diese wiederum mehrfach konkreter Auslöser für die Anzeige des Stalking-Opfers war, gewissermaßen als Reaktion auf die vorhergehende Anzeige durch den Stalker. Dies könnte auch der Grund für die relativ hohe Zahl 11% sofort angezeigter Fälle innerhalb dieser Kategorie *„Verleumdung und Rufmord"* sein, die sonst eher spät angezeigt wird. Das Anzeigen des Stalkers seines Opfers, beispielsweise wegen angeblicher Ruhestörung, dem verleumderischen Vorwurf, die Zielperson wisse etwas in einem Mordfall oder aber der Umkehrung des Stalking-Vorwurfs in Form einer angeblichen Belästigung durch das eigentliche Opfer, kann als spe-

8.5 Situationsabhängige Variablen

zifische Stalking-Handlung verstanden werden. Diese hat im Bezug auf die polizeiliche Intervention insofern besondere Relevanz, als dass die Polizei in solchen Fällen bei genauer Überprüfung und Kontaktierung beider Parteien bereits vor der Anzeige des Opfers selbst auf den Stalking-Fall stoßen kann. Außerdem hatte eine der durch den Stalker angezeigten Interviewten erst durch den dadurch entstandenen Kontakt zur Polizei und deren Fragen und Aufklärung überhaupt realisiert, dass sie Opfer von Nachstellungen war. Bezüglich der Verteilung zeigt sich bei „*Beleidigung und Beschimpfung*" ein ähnliches Bild wie im vorhergehend beschriebenen Fall, allerdings mit stärkerer Tendenz zur Gesamtverteilung.

Tabelle 14: Gruppe Stalking-Handlungskategorien „späte Anzeige"

		Anzeigezeitpunkt			
Kategorie der Stalking-Handlung	gültige Fälle	sofort	kurzfristig	mittelfristig	langfristig
verbale/Ekel erregende Spuren am Haus	4	–	–	25%	75%
Handlungen im Namen des Opfers ausführen	3	–	–	33%	67%
Belästigung des sozialen Umfelds des Opfers	9	–	11%	44%	44%
Liebesbotschaften/Geschenke	7	–	14%	43%	43%
Bedrohung/Drohungen	21	5%	14%	38%	43%
Verleumdung/Rufmord	9	11%	11%	22%	56%
Beleidigung/Beschimpfung	10	10%	10%	50%	30%
Gesamtverteilung (zum Vergleich)	**64**	**8%**	**25%**	**39%**	**28%**

Vier der Stalking-Kategorien konnten weder zur Gruppe der früh noch der spät angezeigten Stalking-Kategorien gezählt werden: In der Kategorie „*Kontaktaufnahme per Kommunikationsmedien*" spiegelt sich dadurch, dass sie von den meisten Stalking-Betroffenen genannt wurde ($n = 51$), die Durchschnittsverteilung über die Anzeigezeitpunkte wieder, während die Kategorie „*Geldforderungen*" aufgrund nur eines gültigen Falles in diesem Zusammenhang keine Aussagekraft hat. Für die Kategorie „*Hausfriedensbruch*" zeichnete sich, bei nur kleiner Fallzahl ($n = 3$), keine erkennbare Tendenz zur späten oder frühen Anzeige ab. Eine nicht zuzuordnende Verteilung ergab sich auch für „*Belästigung am Arbeitsplatz*" ($n = 12$), welche in keinem der Stalking-Fälle sofort, vergleichsweise selten „mittelfristig" (17%), dafür aber schwerpunktmäßig entweder kurzfristig oder langfristig (jeweils 42%) angezeigt wurde. Anzumerken ist hierzu, dass in den Interviews in einem Fall die Beeinträchtigung der Arbeit des Betroffenen in konkretem Zusammenhang zur Anzeige stand und diese forciert hatte: Nachdem die Stalkerin den gesamten beruflichen Anrufbeantworter „vollgequatscht" hatte, so dass dies theoretisch auch für Angestellte oder Kollegen abhörbar war, war beim Betroffenen die Grenze überschritten und nach vorherigem Zögern der Entschluss, die Polizei einzuschalten gefasst und umgesetzt.

Vergleicht man die beiden Tabellen der „frühen" und der „späten" Anzeige (vgl. Tab. 13 und 14), so zeigt sich, dass die Stalking-Verhaltensweisen der „frühen" Anzeige deutlich aggressivere sind als die der „späten Anzeige". Eine Ausnahme stellt „*Bedrohung und Drohungen*" dar, welche in der späten Anzeigegruppe zu finden ist. Dies wird im übernächsten

Abschnitt näher erläutert, denn es zeigte sich in den Interviews, dass vom Stalker häufig speziell bezüglich des Einsatzes der Polizei gedroht wurde und die Opfer sich aus Angst vor den Folgen nicht trauten, die Polizei zu benachrichtigen.

Insgesamt schien sich in den Interviews der soeben aus den statistischen Ergebnissen dargestellte unterschiedliche Einfluss von einzelnen Stalking-Handlungen auf das Anzeigeverhalten zu bestätigen. Dahinter steckten häufig die durch das Stalking wahrgenommene Bedrohung und das Gefühl, etwas Nachweisbares vorweisen zu wollen und auf einen konkreten Auslöser warten zu müssen, worauf an anderer Stelle näher eingegangen wird. Es wurde deutlich, dass in den Augen der Betroffenen erst etwas passiert sein muss (oder ihnen dies als Voraussetzung kommuniziert wurde): So argumentierte etwa eine Betroffene, sie sei ja nicht mit dem Messer bedroht worden, wie man es häufig in der Zeitung lese. Wiederholt wurde erwähnt, dass man sofort angezeigt hätte, wenn der Stalker physische Gewalt angewendet hätte. Auch bestätigte sich in den Interviews, dass die Beschädigung des Autos des Opfers, etwa in Form von zerstochenen Reifen, Vandalismus oder Durchtrennen der Bremsschläuche, immer direkt angezeigt wurde. Es kann vermutet werden, dass dies den Betroffenen hierbei vergleichsweise leicht fiel, da eine konkrete Tat vorlag, die einen ihr zuzuordnenden Strafrechtsparagraphen (Sachbeschädigung) verletzt hat.

Liebesbotschaften und Geschenke werden von den Betroffenen oft nicht weiter ernst genommen oder nicht als störend genug empfunden. Vereinzelt wird dem Stalker sogar eine gute Absicht unterstellt und angenommen, er wolle nichts Böses. Ganz konkret zeigte sich auch bei einer durch den Exmann verfolgten Betroffenen, dass zwischen den einzelnen Stalking-Verhaltensweisen differenziert wird: Sie zeigte trotz einstweiliger Verfügung ein „Geschenk" des Stalkers im Briefkasten nicht an, da sie meinte, er wolle ihr damit nur zeigen, dass er sich ihrer Wohnung nähere. Dies sei in ihren Augen schon eine andere Art der Kontaktaufnahme, die sie als nicht so gravierend empfinde wie die nächtlichen Anrufe.

Betroffene sollten diesbezüglich allerdings insofern sensibilisiert werden, dass sie wiederholten, andauernden und dem Stalker als unerwünscht signalisierten Zusendungen von Geschenken durchaus Beachtung schenken, da die Zurückweisung, wie sich mehrfach in den interviewten Fällen zeigte, in stark aggressives Verhalten des Stalkers umschlagen kann.

8.5.5 Verlauf des Stalking

„Aber dann hat er auch mal wieder Ruhe gelassen, wieder angefangen, wieder in Ruhe gelassen, wieder angefangen und es hörte einfach zum Schluss nicht mehr auf" (Interview 1, Z. 107-109).

Bezüglich der Häufigkeit beziehungsweise des Verlaufs des Stalking schien es sich hemmend auf das Anzeigeverhalten auszuwirken, wenn es nicht kontinuierlich, sondern in Intervallen erfolgte, zwischen denen unterschiedlich lange Pausen lagen. Einige Betroffene deuteten an, dass dies die Situation schwerer einschätzbar machte und sie zwischendurch wiederholt dachten, das Stalking habe aufgehört und der Stalker sich beruhigt. Während eine Betroffene beispielsweise schilderte, sie habe das Gefühl gehabt, der Stalker habe „loszulassen" begonnen, da die Abstände immer größer wurden, berichtete eine andere, dass zu Beginn das Stalking immer nach den Scheidungsverhandlungen erfolgte, so dass sie das Verhalten als eine Reaktion darauf aufgefasst habe. Ein interviewter Stalking-Betroffener erwähnte sogar, er habe sich schon Broschüren über Stalking besorgt, um sich zu informieren, was zu unternehmen sei, dann sei es aber wieder weniger geworden und er habe keinen akuten Handlungsbedarf mehr gesehen. Das „Intervall-Stalking" scheint folglich für die Betroffenen sowohl schwerer wahrnehmbar als auch weniger belastend zu sein als dies bei einer kontinuierlichen Belästigung der Fall ist. Eine Anzeige wird in diesem Fall eher hinausgezögert. Hier spielt vermutlich die Interpretation der Betroffenen ebenso eine große Rolle wie die Unsicherheit darüber, ob es sich wirklich „lohne" deswegen zur Polizei zu gehen.

8.5.6 Gefühle von Angst und Hilflosigkeit

„Weil er mir ganz klar gedroht hat, dass er mich umbringt, dass er, äh, mir keine Polizei helfen kann, dass ich mir eine Polizeiwache neben's Haus bauen kann und die werden mir nicht helfen" (Interview 14, Z. 39-41).

Wie bereits im vorhergehenden Kapitel angedeutet, können durch massive Bedrohungen so starke Angstgefühle bei den Stalking-Betroffenen verursacht und diese derart eingeschüchtert werden, dass sie sich nicht mehr trauen, den Stalker anzuzeigen. Es wurde mehrfach von den weiblichen Stalking-Betroffenen berichtet, dass sie Angst hatten, von ihrem Verfolger für die Anzeige bestraft zu werden. Während einigen konkret vom Stalker gedroht wurde, dass er sie umbringe, wenn sie die Polizei einschalten, wagten andere gar nicht erst den Gang zur Polizei, da sie zu viel mit ihrem Verfolger erlebt hatten und wussten, dass er zu allen Taten fähig sei. Bei einigen war diese Angst so groß, dass sie sogar die Stalking-Anzeige zurückziehen wollten oder zunächst unwillig reagierten, als die Beamten erklärten, aus den Informationen nicht nur eine, sondern sieben Anzeigen registriert zu haben. Aber auch ohne konkrete Drohungen wurde von einzelnen die Angst geäußert, dass man nicht wisse, wie der Stalker auf eine Anzeige reagiere, ob er dann beispielsweise vor der Haustür stehe und die Betroffene erschieße. Es wurde mehrfach die Sorge formuliert, der Stalker könnte völlig „durchdrehen". Hinter der Angst steckten meist tiefe Gefühle von Hilflosigkeit und massiver Bedrohung und das Gefühl, dass die Polizei sie – auch nach einer Anzeige – nicht ausreichend schützen könne. Hier spielte auch bei einigen Betroffenen eine Rolle, dass die Kinder zur Schule müssten und große Angst vorherrschte, der Stalker könnte ein Kind entführen oder ihm etwas antun. Dass diese Angst generell nicht unbegründet ist, zeigte sich tatsächlich, da in einigen Fällen der Stalker die Kinder auf dem Schulweg „abfing" oder auf dem Spielplatz aufsuchte und sogar in einzelnen Fällen das Kind angriff (vgl. Stadler, Heubrock & Rusch, 2005).

In manchen Fällen betonte der Stalker immer wieder, dass seine Zielperson sich vor ihm sowieso nicht schützen könne, und so kamen die Betroffenen zu dem Schluss, dass niemand ihn letztendlich an seinen Absichten hindern kann und man ihn nicht (unnötig) provozieren sollte, etwa durch die Anzeige bei der Polizei. Die Interviewten äußerten mehrfach, dass sie sich durch eine Anzeige keine ausreichende Hilfe erhofften und sich ihre Situation eventuell nur noch verschlimmert hätte. Mit der Angst seien sie ja letzten Endes doch allein und im Zweifelsfall könne sie keine Institution oder einstweilige Verfügung schützen. Sie wünschten sich eine eindeutige Rückendeckung durch die Polizei und mehr Handlungsvollmacht für diese. Als Beispiel nannte eine Interviewte, eine Anzeige wäre ihr leichter gefallen, wenn sie gewusst hätte, die Polizei könnte den Stalker direkt einsperren oder gar ausfliegen lassen (es handelte sich um einen ausländischen Mitbürger), so dass sie sich wirklich hätte sicher fühlen können.

Eine Stalking-Betroffene macht es ganz anschaulich, wie die Angst in der Stalking-Phase den Verstand überwiegt, indem sie sagt, dass sie jetzt, in der Interviewsituation, davon ausgeht, dass sie sofort anzeigen würde, falls ihr das noch mal passieren sollte, *„weil der Verstand voll da ist und ganz klar sagt das kannst du nicht durchgehn lassen"* (Interview 15, Z. 1311-1312), dass aber in der Situation selbst wahrscheinlich wieder eine *„tierische Angst"* vorherrschen und sie letztendlich daran hindern würde.

Konträr zu dem soeben Geschilderten haben ausdrückliche Drohungen, besonders Morddrohungen, bei einigen wiederum aufgrund der erzeugten Angst als Auslöser für eine Anzeige fungiert und ihnen den Ernst der Lage klar gemacht (zum Beispiel Schmierereien in der Garage mit Todeskreuzen). Hier könnte wiederum eine Rolle spielen, in welcher Form die Drohungen vermittelt werden, ob das Stalking-Opfer also vermutet, bei der Polizei ernst genommen zu werden, da es „Nachweise" präsentieren kann: Während verbale Drohungen am Telefon oder beim „abgefangen werden" bei der Polizei nicht belegt werden können, ist es etwa bei Karten mit Todesanzeigen des Stalking-Opfers wiederum möglich, diese bei der Polizei vorzuzeigen. Teilweise hatten die Stalking-Betroffenen beispielsweise Drohungen auf dem Auto extra für die Polizei fotografiert, was die Befürchtung verdeutlicht, anderenfalls nicht ernst genommen zu werden sowie welche Bedeutsamkeit die Hilfeerwartungen haben.

Des Weiteren schilderten einzelne Opfer ein Wechselspiel zwischen Angst und Vertrauen beziehungsweise Verlass auf die eigene Stärke. Es habe Tage gegeben, an denen sie gedacht hätten, es allein bewältigen und sich wehren zu können und sie sich stark dem Stalker gegenüber gefühlt hätten, während sie dann wieder von der Angst eingeholt worden seien und sich wieder in sich zurückgezogen hätten. Eine Betroffene beschreibt, dass sie nicht mehr darüber nachgedacht und nichts mehr an sich herankommen habe lassen und damit versucht habe, die schreckliche Angst, die sie teilweise empfunden habe, abzuwehren. Mittlerweile meine sie, sich wehren zu können, wenn der Stalker vor ihr stehe. Es zeichnete sich ab, dass diese Gefühle von Angst und Hilflosigkeit dazu führen können, dass die Betroffene die Sache lieber selbst in die Hand nimmt:

„...dann sag ich oh Gott, komm, nich, ich mach das selber für mich. Weil da weiß ich ja, woran ich bin, nich. So ist das bei dem Thema nun halt auch." (Interview 12, Z. 716-718).

8.5.7 Faktoren im Zusammenhang mit der Polizei

8.5.7.1 Unsicherheit und Angst vor sekundärer Viktimisierung

„Weil, man selber kommt sich ja immer so doof vor, als wenn man übertreiben würde etc. und na ja wer weiß, was die sich so alles ausdenkt" (Interview 14, Z. 30-32).

Mehrfach wird von den Interviewten berichtet, dass sie eine Hemmschwelle empfunden hatten, zur Polizei zu gehen und dass es eine große Überwindung gekostet habe, den Schritt zu tun. Dies lag auf der einen Seite darin begründet, dass es für viele der erste direkte Kontakt zur Polizei gewesen sei (abgesehen von Verkehrskontrollen) und man nicht gewusst habe, was einen erwartet, es wurde als „Sprung ins kalte Wasser" betrachtet. Auf der anderen Seite spielte der Respekt vor der Institution Polizei eine Rolle, die man ungern mit den „persönlichen Problemen" belästigen wollte. Teilweise steckte hinter der Unsicherheit auch die Angst, von der Polizei nicht ernst genommen zu werden. Einige waren sich unsicher, ob sie die Sache überbewerten oder befürchteten, es könnte nach Übertreibung aussehen. Eine Betroffene hatte sich sogar einen Zettel neben das Telefon gelegt, auf dem steht, sie sei ein Stalking-Opfer und habe eine einstweilige Verfügung und bitte darum, dass die Polizei kommt. Diesen Zettel wollte sie im Notfall, falls der Stalker vor der Tür steht, am Telefon der Polizei vorlesen. Das Vorliegen einer einstweiligen Verfügung hatte sie erfunden, weil sie vermutete, dass die Polizei das sonst nicht ernst nehmen und gar nicht erst kommen würde.

Diese Zögerlichkeit kann vermutlich mit vermehrter Aufklärung über Stalking und der Ermutigung auch mit klein erscheinenden Fällen zur Polizei zu gehen, abgebaut werden.

Auch von Stalking-Betroffenen, die sich bei der Polizei ernst genommen gefühlt haben, wird von der Angst gesprochen, an einen Beamten zu geraten, der den Fall nicht so ernst genommen hätte, wie es schließlich der Fall war. Wenn man schon diese Probleme habe und sich sogar dazu durchringe, zur Polizei zu gehen, würde die mangelnde Ernstnahme dazu führen, dass man in ein noch tieferes Loch falle.

8.5.7.2 Negativ erlebte Vorerfahrungen mit der Polizei

„Und, äh, gut, ich hatte mit der Polizei vorher noch nie so viel zu tun gehabt und, äh, pff. Gut, eine Anzeige hab ich selber geschaltet, weil irgendwelche Jugendliche auf mein Auto rumgekraxelt sind, da bin ich zur Polizei gefahren (lacht) und musste da feststellen, dass einige Polizisten nicht so nett sind. Und, äh, ja" (Interview 12, Z. 618-622).

Im Gegensatz zu denjenigen, die unsicher waren, weil sie noch nie mit der Polizei zu tun gehabt hatten, erwähnten andere schlechte Erfahrungen mit der Polizei aus anderen Zusammenhängen, die sie unter anderem (zunächst) an einer Anzeige gehindert haben. Auch fühlten sie sich in anderen Gewaltkontexten von der Polizei „sitzen gelassen" oder ärgerten sich darüber, dass anderweitige Anzeigen im Sande verlaufen seien oder der Täter letztendlich nur ein geringes Ordnungsgeld auferlegt bekommen habe. Außerdem wurde angegeben, dass man in anderen Situationen bereits erlebt habe, dass Polizeibeamte unfreundlich oder auf nächtliche Notrufe hin nicht gekommen seien oder mit der Bemerkung, man solle sich an einen Anwalt wenden, abgefertigt hätten. Andere berichteten, bereits bei Anzeigen während der Ehe gegen den nun stalkenden Expartner enttäuscht darüber gewesen zu sein, dass die Polizei nicht helfe, sondern höchstens anböte, die Betroffene ins Frauenhaus oder zu Verwandten zu fahren. Gegenüber dem Ehemann sei nichts unternommen worden. Besonders verärgert und gedemütigt fühlten sich einzelne Betroffene, weil teilweise der Ehemann selbst die Polizei gerufen hatte, um glaubwürdiger zu erscheinen oder bis die Polizei kam, rasch alle Scherben oder sonstige Überreste der Auseinandersetzung beseitigt hatte, so dass die Polizei einen ruhigen Ehemann und eine schreiende, in Tränen aufgelöste Frau vorfand. So kamen sich die Betroffenen bereits im Vorfeld des Stalking dem späteren Verfolger der Polizei gegenüber hilflos, lächerlich gemacht und nicht ausreichend ernst genommen vor.

Insgesamt betrachtet hatten die als negativ erlebten Vorerfahrungen mit der Polizei dazu geführt, dass das Vertrauen in diese gesunken war und kein allzu großer Sinn in einer Anzeige im Stalking-Fall gesehen wurde sowie die Motivation dazu fehlte.

8.5.7.3 Keine „Beweise" in der Hand haben

„...die Polizei, denk ich mal, kann genau so wenig machen. Da, es war nicht viel vorhanden, dass man hätte sagen können, Frau X, Sie haben Recht. Also er hat ja auch wirklich alles so was von geschickt gemacht, dass ich auch keine Beweise mehr hatte" (Interview 1, Z. 182-185).

Es wurde bereits beschrieben, dass im Vorfeld der Anzeige bei vielen Stalking-Betroffenen die Angst eine Rolle spielte, nicht ernst genommen zu werden. Als eine Ursache kristallisierte sich heraus, dass viele annahmen, sie müssten das Stalking irgendwie beweisen können und fühlten sich „mangels Beweisen" vor der Polizei nicht glaubwürdig genug gegenüber dem Stalker. Sie fühlten sich machtlos und wollten nicht mit „leeren Händen" bei der Polizei erscheinen, da es in ihren Augen keine Anhaltspunkte gab, dass die Polizei ihnen Recht geben konnte. Hier machten auch einige einen deutlichen Unterschied zwischen psychischer und physischer Gewalt, da man für letztere Beweise habe, während psychische Gewalt und Bedrohung nicht nachweisbar seien. Dies ging soweit, dass eine Betroffene sagte, sie sei insofern froh gewesen, das Stalking angezeigt zu haben, da sie nun endlich *„gegen diese psychische Gewalt"* eine *„Schriftunterlage"* (Interview 14, Z. 224-225) in der Hand habe. Eine andere Betroffene fühlte sich gestärkt, da sie beim Gang zur Polizei eine einstweilige Verfügung in den Händen halten konnte und sie nicht „einfach so" zur Polizei gehen musste. Einige Opfer wiesen auch darauf hin, dass der Stalker es absichtlich so geschickt angestellt habe, dass die Betroffene ihm nichts nachweisen könne.

Auf der einen Seite steckte wohl die Angst vor einer Beurteilung als unglaubwürdig dahinter, auf der anderen Seite schien aber im Kopf der Betroffenen ein bestimmtes Skript vorzuherrschen, wie die Justiz funktioniert, nämlich dass diese erst tätig werden kann, wenn konkrete Beweise vorliegen. Teilweise schien dies auch durch die Polizei suggeriert worden zu sein. Einzelne Opfer berichteten, dass sie beim Versuch, die Polizei einzuschalten, von dieser zu hören bekommen hatten, dass etwas „Direktes" vorliegen müsse, so dass nachweisbar ist, dass bestimmte Handlungen auch tatsächlich auf den Stalker zurückgeführt werden können.

8.5.7.4 Handlungsunfähigkeit der Polizei

„Und das ist ja nun bekannt mit der Polizei, dass die da nun also auch in anderen Fällen, ja immer pausenlos sagen, sie können nix machen, wir können nix machen. Und wenn man dann sagt, also, wenn ich ein Messer im Bauch hab, dann können sie was machen" (Interview 3, Z. 451-454).

Sehr häufig wurde von den Stalking-Betroffenen erwähnt, dass die Polizei immer wieder betone, sie könne nichts machen oder es müsse erst etwas passiert sein, damit sie etwas unternehmen könne. Während einzelne privat befreundete Polizeibeamte gefragt hatten und zur Antwort bekamen, dass man in so einem Fall polizeilich nicht einschreiten könne, wurden andere direkt von der Polizei abgewiesen mit der Begründung, dass sie bei „nur" verbalen Bedrohungen nichts tun können und die Betroffenen gezwungen seien abzuwarten. Wiederum andere Opfer vertraten die Auffassung, dass es allgemein bekannt sei, dass die Polizei nicht tun kann und dass man dies sowohl bei der Behandlung anderer Fälle als auch über die Medien so mitbekomme. Daraufhin haben einige Stalking-Betroffene es nach ersten Erkundigungen aufgegeben, sich an die Polizei zu wenden, während andere im Vorfeld dachten, es sei noch nicht genug vorgefallen. Die Aussage einer Betroffenen illustriert dies deutlich:

„Ich dachte wirklich, dass reicht nicht aus, weil er hat mich ja nicht verprügelt" (Interview 5, Z. 515-516).

Auch waren einige in dem Glauben, dass eine Anzeige sowieso nichts bewirke, da es den Stalker gar nicht interessiere, weil er wisse, dass ihm die Polizei nichts anhaben könne.

Viele berichteten, sie hätten auf einen Auslöser gewartet, aufgrund dessen sie zur Polizei gehen können. Dies ging sogar soweit, dass eine Betroffene, deren Verfolger einer Arbeitskollegin angekündigt hatte, er habe sich eine Schrotflinte gekauft, um seine Stalking-Zielperson demnächst zu erschießen, ihr unterlassenes Informieren der Polizei mit den Worten kommentierte:

„Aber wie gesagt, wenn die Polizei sagt, es passiert erst was, wenn was passiert ist. Ja, was willst du denn machen" (Interview 12, Z. 102-104).

Diese Ergebnisse zeigen die Notwenigkeit an, bessere Information über Stalking und die Arbeit der Polizei zu verbreiten, da die interviewten Stalking-Betroffenen mehrfach signalisierten, kein großes Vertrauen in die Handlungsbereitschaft der Polizei zu haben und viele sich einfach fragen, was diese schon Bedeutendes machen soll und keinen Sinn darin sehen, das Stalking dort überhaupt zu melden. Es erscheint zum einen notwendig, dass sich die Auffassung in den Köpfen der Betroffenen, dass es „immer so ist", dass die Polizei sowieso erst handelt, wenn etwas passiert ist, durch Aufklärung und Belehrung eines Besseren verändert. Zum anderen ist es als Grundvoraussetzung anzusehen, dass Polizeibeamte, sowohl, wenn sie privat, als auch, wenn sie im Dienst mit Betroffenen von Stalking-Handlungen konfrontiert werden, für Stalking sensibilisiert sind und den Betroffenen Mut machen, dass sie unterstützt werden können und dem Vorfall nachgegangen wird.

8.5.8 Zeitlicher Aufwand und psychische Belastung in Verbindung mit einer Anzeige

In den Interviews zeichnete sich ab, dass es für die Betroffenen auch Anzeige hemmende Faktoren gibt, welche im direkten Zusammenhang mit der Anzeigesituation selbst stehen. Auf diese soll im Folgenden abschließend eingegangen werden.

8.5.8.1 Zeitaufwand und „Rennerei"

„Weil ich genau wusste, was eben, ich für Rennereien hinter mir hatte und was noch auf mich zu kommt eventuell. Und was ich nicht wusste, was noch auf mich zukommt. Dieses Fragezeichen" (Interview 4, Z. 168-170).

Einzelnen erschien der Aufwand, den sie auf sich nehmen müssten, um zur Polizei zu gehen und eine Anzeige zu erstatten schon zu viel Zeit und Aufmerksamkeit zu sein, die sie ihrem Verfolger „widmen" müssten. Sie sagten, sie wollten mit diesem einfach nichts zu tun haben und nicht noch zusätzlich Zeit investieren müssen. Auf der einen Seite war die Zeit gemeint, die die Anzeigesituation selbst in Anspruch nimmt, den ganzen Fall schildern zu müssen und Formulare auszufüllen, auf der anderen Seite fürchteten andere das, was eine Anzeige an Aufwand nach sich zieht. Dies schien vor allem im Zusammenhang mit der antizipierten Aussichtslosigkeit und dem mangelnden Erfolg einer Anzeige in Verbindung zu stehen, die in keinem Verhältnis zum Aufwand stünden. Dies begründete sich zum Teil auch aus bisherigen Erfahrungen, dass die Beamten die Betroffenen Anzeigen selbst schreiben ließen, was sowohl eine zeitliche als auch psychische Belastung darstellte und schließlich seien die Anzeigen doch nur „in der Schublade verschwunden".

Mehrfach wurde von den Interviewten kritisiert, dass das Opfer in ständiger Bringschuld stehe und viele Wege auf sich nehmen müsse, bevor wirklich etwas passiere. Beispielsweise erlebten es einige als Hindernis, sich ein ärztliches Attest für die erlittenen Körperverletzungen oder die psychische Belastung holen zu müssen, um es der Polizei vorzulegen. In einem Fall habe die Ärztin sogar verweigert, ein Attest auszustellen, obwohl aufgrund des Stalking Psychopharmaka verschrieben wurden. Auch wurde der Wunsch geäußert, unkomplizierte und weniger zeitraubende Abläufe zu gewährleisten. Beispielsweise hätten sich einzelne Betroffene gewünscht, dass aufgrund der Anzeige automatisch ein Prozess in Gang gesetzt wird, an dem für sie selbst keine Handlungsnotwendigkeit mehr besteht, wie dass sie nicht mehr zusätzlich über das Gericht aus eigener Kraft eine einstweilige Verfügung erwirken müssen.

„Wie gesagt, ich hab hätte mir zum Beispiel erhofft, dass die Polizei von sich aus zum Beispiel gleich, ähm, eine einstweilige Verfügung erlässt indem sie sagt hier hast du es schriftlich und die nächsten 100 Tage nicht auf 40 Meter. Alles klar?" (Interview 15, Z. 1546-1549).

Es werde einem so schwer gemacht, tatsächlich etwas zu erreichen. Als seien die Stalking-Opfer durch das Stalking nicht bereits genug belastet, wird ihnen zusätzlich abverlangt, die Akten hin und her zu tragen, Anzeigen oder Anträge zu schreiben sowie Beweisstücke zu sammeln und über die Geschehnisse Buch zu führen. Von den komplizierten Abläufen und Anforderungen, die an sie gestellt werden, waren viele Opfer abgeschreckt und entmutigt.

8.5.8.4 Bedürfnis nach Ruhe

„Ich hab nicht die Kraft gehabt da jetzt hinzugehen, die komplette Geschichte zu erzählen und auch so die Sachen, die ich verdrängt hatte und das war dann auch so, so ein Argument, was auch sehr entscheidend war damals" (Interview 17, Z. 360-363).

Neben dem im vorherigen Abschnitt aufgeführten „äußeren" Aufwand, wurden viele Betroffene auch lange durch die mit einer Anzeige verbundenen psychischen Belastung von einer Meldung bei der Polizei abgehalten. Es wurde mehrfach von den interviewten Betroffenen betont, sie hätten einfach nur versuchen wollen, mit der Sache abzuschließen und keinen Gedanken an den Stalker zu verschwenden. Sie hatten sich davon erhofft, das Geschehen dadurch besser verdrängen oder vergessen zu können. Sie wollten nur ihre Ruhe haben anstatt durch eine Anzeige und das damit verbundene Aufrollen der Geschichte „alles wieder aufzuwühlen" und nochmals zu durchleben. Dies galt vor allem auch im Hinblick auf mit betroffene Kinder, die „zur Ruhe kommen" sollten. Einige Opfer fühlten sich teilweise zu kraftlos, sich psychisch mit dem Stalking zu befassen und außer Stande, der Polizei alle Vorfälle zu schildern, auf Nachfragen einzugehen und eventuelle Konsequenzen einer Anzeige zu tragen. Einzelne sahen deswegen sogar von einer Therapie ab, obwohl ihnen bewusst war, dass eine aktive Auseinandersetzung auch entlastend wirken könne.
Zum Verständnis dieser Gründe sei erneut an die Ergebnisse verschiedener Studien (z.B. Pathé & Mullen, 1997; Kamphuis & Emmelkamp, 2002) erinnert, dass Stalking-Opfer häufig deutliche Anzeichen und Symptome einer posttraumatischen Belastungsstörung (PTBS) aufweisen. Kamphuis und Emmelskamp (2002) erklärten die Unterschiede in Ausmaß und Betroffenheit einer PTBS im Stalking-Kontext durch das Zusammenwirken von Stressvariablen wie einer langen Stalking-Vorgeschichte und der Aussetzung einer Bandbreite an Stalking-Verhaltensweisen und von Persönlichkeitseigenschaften wie einem passiven Coping-Verhalten. Setzt man hierzu die Ergebnisse der vorliegenden Arbeit in Beziehung, wird die Bedeutung der Interaktion von Situationsspezifika des Stalking-Falls und personenbezogenen Eigenschaften des Stalking-Opfers verständlich. Es kann leicht nachvollzogen werden, dass eine PTBS sich verzögernd auf die Anzeigeerstattung auswirken kann, da sich das Stalking-Opfer aufgrund der psychischen Belastung nicht dazu in der Lage fühlt. Damit wird auch das Ergebnis, dass körperliche Beschwerden und Beanspruchung zu einer späteren Anzeige führen, plausibel. Auch könnten diese Zusammenhänge erklären, warum viele Stalking-Betroffene zunächst Hilfe beim Arzt oder Therapeuten suchen, bevor sie zur Polizei gehen.
In Anlehnung an den vorhergehenden Abschnitt legt das soeben Ausgeführte nahe, wie wichtig es ist, die Anzeigesituation für die teilweise völlig erschöpften Stalking-Opfer so wenig belastend wie möglich zu gestalten und ihnen so viel „Arbeit" bezüglich des weiteren Vorgehens wie möglich abzunehmen. Dies stellt einen Anknüpfungspunkt in der abschließenden Diskussion dar, in der die Implikationen einzelner Ergebnisse vertieft und konkretisiert werden sollen.

9. Diskussion und Implikationen für die Zukunft

Die Ergebnisse dieser Untersuchung legen nahe, dass der Zeitpunkt, zu dem ein Stalking-Opfer sich zur Anzeige entschließt, sowohl durch Faktoren, die mit der Persönlichkeit des Stalking-Betroffenen und Merkmalen seiner persönlichen Lebensgeschichte in Zusammenhang stehen, als auch durch situationale Faktoren bestimmt wird.

Die ermittelten Faktoren können – unabhängig von den Ergebnissen weiterer Untersuchungen – bereits jetzt erste Hinweise für Ansätze zur Prävention sein, sie können gleichzeitig aber auch einen Ausgangspunkt für die weiterführende Forschung darstellen.

9.1 Aufklärung der Öffentlichkeit und zielgruppenspezifische Ansprache

Bereits bei der Darstellung der Ergebnisse wurde mehrfach darauf hingewiesen und auch bei Rupp (2005) resümiert, dass eine intensivere Öffentlichkeitsarbeit als bedeutsame Voraussetzung für die Verbesserung des Anzeigeverhaltens, für eine frühere Anzeigebereitschaft und für einen verbesserten Stalking-Opferschutz anzusehen ist. Aufklärung bedeutet zum einen, über Stalking und dessen Erscheinungsformen und -häufigkeit zu informieren und zum anderen, auch auf die Notwendigkeit polizeilicher Kenntnis der Fälle sowie die aktuellen rechtlichen Möglichkeiten hinzuweisen. Es ist wichtig, über die Entstehung und Dynamik von Stalking aufzuklären, damit Stalking-Opfer erste Anzeichen möglichst früh erkennen. So legen die Ergebnisse dieser Arbeit nahe, gezielt unterschiedliche Stalking-Verläufe zu beschreiben und deutlich zu machen, dass Stalking häufig in Phasen verläuft und teilweise auch nach einer Pause wieder fortgesetzt wird. Es zeigte sich nämlich, dass ein Stalking in Intervallen für die Betroffenen schwerer wahrnehmbar war und diese wiederholt dachten, es habe aufgehört, was zu Unsicherheiten bezüglich des Einschaltens der Polizei führte.

Die Öffentlichkeitsarbeit im Feld Stalking sollte zum einen, wie es in letzter Zeit auch schon verstärkt in Deutschland der Fall ist, über Funk, Presse, Internet und Fernsehen geschehen, aber auch über Plakate oder Vorträge und Informationsveranstaltungen erfolgen. Zum anderen weisen die Ergebnisse der vorliegenden Arbeit darauf hin, dass ergänzend hierzu immer auch zielgruppenspezifisch informiert werden sollte.

Bei den personenbezogenen Einflussvariablen kristallisierten sich Geschlechtsunterschiede heraus, da Männer tendenziell später anzeigen als Frauen. Ähnlich wie in den Schlussfolgerungen der Studie „Gewalt gegen Männer" (Forschungsverbund „Gewalt gegen Männer", 2004), kann auch für die spezifische Gewaltform des Stalking festgehalten werden, dass zu diesem Thema das öffentliche Bewusstsein geschärft werden muss. Es muss im öffentlichen Bewusstsein stärker verankert sein, dass Männer nicht nur „Täter" oder „Stalker", sondern auch Opfer von physischer und psychischer Gewalt sowie von Stalking sein können. Männer sollten bei der Aufklärung und Prävention gezielt angesprochen werden (zum Beispiel über Flyer, Broschüren oder Plakate an Orten, an denen sich typischerweise viele Männer aufhalten wie Fußballstadien, Sportstudios). Speziell bei Männern erscheint es notwendig, Schamgefühle zu überwinden und zu vermitteln, dass Männer ebenso Stalking-Opfer sein können und dies nicht als „unmännlich" anzusehen ist. Nur auf diese Weise kann letztlich auch bei ihnen eine höhere Anzeigebereitschaft erreicht werden. Daraus ergeben sich vermutlich Konsequenzen für die Prävalenzzahlen von Stalking sowie das Geschlechtsverhältnis der (registrierten) Stalking-Opfer, die bisher zum überwiegenden Teil weiblich sind (vgl. Kap. 3).

Frauen, die besonders häufig Stalking durch *Expartner* erfahren und damit einem besonders hohen Gefahrenpotential ausgesetzt sind (Mechanic, Uhlmansiek, Weaver & Resick, 2002), sollten ebenfalls auf spezifische Weise angesprochen und informiert werden. Hierzu könnten Broschüren an öffentlichen Orten wie bei Gynäkologen, Friseuren oder Kindergärten in Frage kommen. Auch sollten speziell von häuslicher Gewalt betroffene Frauen von der Polizei, von Frauenhäusern oder von Beratungsstellen über Stalking und erste Anzeichen für Stalking informiert und auf die Dringlichkeit früher Intervention und rechtliche Rahmenbedingungen hingewiesen werden. Eine gezielte Intervention für diesen Personenkreis ist auch deswegen vordringlich, weil Stalking, zum Teil in seinen gewalttätigsten Formen, häufig nach gewalttätigen Beziehungen auftritt (vgl. Greuel & Petermann, 2005).

Aufgrund der erkennbaren kulturellen Unterschiede zwischen deutschen und türkischen Frauen mit dem Trend, dass bei ihnen Gewaltausübung und –viktimisierung eher eine „Gewöhnung" als eine Sensibilisierung erzeugt, erscheint es sinnvoll, bei Präventions- und Aufklärungsversuchen speziell muslimische Frauen zu erreichen. Da sich bei diesem Personenkreis Gewalterfahrungen hemmend auf eine Stalking-Anzeige auswirken können, sollten diese ersten Anhaltspunkte kultureller Unterschiede in Zukunft intensiver erforscht werden. Diese Notwendigkeit ergibt sich auch aus den Ergebnissen der aktuellen rechtstatsächlichen Untersuchung zum Gewaltschutzgesetz (Rupp, 2005), in der befragte Experten feststellen, dass Migrantinnen zwar über deutlich schwerere Gewaltformen berichten, aber insgesamt deutlich seltener eine Strafanzeige erstatten oder einen Strafantrag stellen.

Aufgrund der besonderen Bedeutung der Reaktionen des sozialen Umfeldes eines Stalking-Opfers, sollte ein Teil der Aufklärung in Form von Broschüren, Flyern oder Kurzsendungen in Radio oder Fernsehen sich gezielt an das soziale Umfeld potentieller Stalking-Opfer richten. Um die Wahrnehmung von Stalking-Betroffenheit auch bei Freunden oder Arbeitskollegen und in der Familie zu schärfen, sollte durch Formulierungen wie „kennen Sie jemanden, der …" oder „wurde Ihnen häufiger von der gleichen Person berichtet, dass…" eine erhöhte Sensibilität gegenüber Stalking im sozialen Umfeld und ein verstärktes Verantwortungsgefühl gegenüber Dritten, die eventuell von Stalking betroffen sind, erreicht werden.

9.2 Weiterbildung der mit Stalking konfrontierten Berufsgruppen und bessere Vernetzung staatlicher Institutionen

Der hohe Aufklärungsbedarf im Stalking-Kontext bezieht sich nicht nur auf die Öffentlichkeit insgesamt, sondern in spezieller Weise auf diejenigen Professionen, die mit Stalking-Opfern und deren Schutz und rechtlicher Vertretung befasst sind. Wird Stalking auch von Berufsgruppen nicht ernst genommen, denen eine betreuende, beratende oder beschützende Funktion zugeschrieben wird, werden die Ängste der Stalking-Opfer ungewollt zum Teil bestätigt, was schnell zu einer sekundären Viktimisierung führen kann. Damit ist immer die Gefahr einer Eskalation verbunden. In Bremen hat der Stalking-Fall, der im Maritim-Hotel tödlich endete, eindrücklich gezeigt, dass am Ende eines Stalking-Falles – durch mangelnde Vernetzung und Informationsweiterleitung von Institutionen untereinander, eine insuffiziente Intervention und ein Unterschätzen der Situation – ein Tötungsdelikt entstehen kann (vgl. hierzu auch Greuel & Petermann, 2005).

So erscheint es in diesem Zusammenhang ebenfalls wichtig, mit der Aufklärung auch bei Ärzten, Therapeuten und Rechtsanwälten anzusetzen, da diese, wie in dieser Studie, aber auch in der Mannheimer Studie (Dreßing, Kühner & Gass, 2004), gezeigt wurde, teilweise bereits vor einer Anzeige zu Rate gezogen werden. Da (auch) bei diesen meist die Vorstellung vorlag, dass man eindeutige Beweise haben müsse, wurde dies so an die Opfer weiter gegeben und diese bezüglich der Anzeige eher demotiviert. Den professionellen Helfern sollte vermittelt werden, dass sie eine von Stalking betroffene Person immer zu einer Anzeige ermutigen sollen. Rechtsanwälte, Ärzte und Therapeuten sollten auf Stalking-Fälle vorbereitet und sensibilisiert werden und den Betroffenen im konkreten Fall den richtigen Ansprechpartner bei Polizei und Gericht nennen können.

Bei der Opferbefragung zeigte sich eine große Unzufriedenheit der Betroffenen mit der Behandlung der Stalking-Fälle durch Richter, die diese nicht ausreichend ernst nähmen, in einigen Fällen keine einstweilige Anordnung erließen oder einer Ausweitung der Anordnung nicht statt gaben. Einige Opfer hatten den Eindruck, dass die gute Vorarbeit der Polizei durch den Richter unbrauchbar gemacht worden sei. Außerdem werde in einer Verhandlung der Anhörung der Täter zu viel Raum eingeräumt. In einem Fall wurde sogar von einer starken Diskriminierung berichtet, in dem der Richter der durch den Expartner Verfolgten vorwarf, sie habe sich ja nun so lange schlagen lassen, wieso es denn nun so dränge mit der einstweiligen Verfügung. Auch fühlte sich ein männlicher Stalking-Betroffener, der durch eine weibliche Stalkerin belästigt wurde, vom Richter nicht ernst genommen und bekam erst beim zweiten Versuch eine einstweilige Anordnung. Der Betroffene der vorliegenden Studie äußerte dazu explizit, er habe das Gefühl, dass viele dächten, dass Stalking einem Mann nicht passiere. Während sein Rechtsanwalt gesagt habe, auch er hätte in seinem Fall keine einstweilige Verfügung erlassen, habe seine Therapeutin darauf hingewiesen, dass es für eine Frau in seinem Fall einfacher gewesen wäre. Auf den notwendigen geschlechtsspezifischen Aufklärungsbedarf wurde bereits hingewiesen. Hierzu ist eine Grundvoraussetzung, dass die Stalking-Problematik bei Männern auch bei (staatlichen) Institutionen ernster genommen und nicht bagatellisiert wird. Geschlechtssensibilität stellt einen wichtigen Punkt für die Aufklärung der professionell Beteiligten am Stalking-Opferschutz dar.

Wichtig sind insgesamt Weiterbildungen und Schulungen über Stalking und den Umgang mit Stalking-Opfern für die (staatlichen) Akteure wie Polizeibeamte, Anwälte und Richter, aber auch das Personal psychiatrischer Einrichtungen, in denen Stalker teilweise, zumindest vorübergehend, behandelt werden. Diese Weiterbildung sollte zum einen aus inhaltlicher Sicht zur Wissensvermittlung über Stalking beitragen. Zum anderen ist es sinnvoll, diese Schulungen interdisziplinär für alle beteiligten Berufsgruppen durchzuführen, damit eine Vernetzung und Vereinheitlichung der Abläufe besser gewährleistet werden kann sowie ein Austausch über die jeweilige Praxis ermöglicht wird, so dass keine falschen Erwartungen entstehen, wie die andere Institution arbeitet und was diese zu leisten oder nicht zu leisten vermag. So kann vielleicht verhindert werden, dass ein Stalking-Opfer an andere Stellen weiter verwiesen wird, indem die Handlungspflicht herumgereicht wird. Das Gesamtgeschehen wird dadurch nur unnötig in die Länge gezogen oder es passiert schlimmstenfalls gar nichts – außer dass das Stalking-Opfer unnötig entmutigt wird.

9.2 Weiterbildung und bessere Vernetzung

Es ist von äußerster Wichtigkeit, dass sowohl innerhalb und zwischen den Institutionen, aber auch den (potentiellen) Stalking-Opfern eine genaue Kenntnis darüber vermittelt wird, wer die richtigen Ansprechpartner sind oder wie eine direkte Vermittlung erfolgt. In den Interviews wurde von Opferseite kritisiert, dass einige selbst bei der Polizei hin und her telefonieren mussten und keiner etwas mit Stalking anzufangen gewusst habe oder aufgrund des geschilderten Verhaltens keine Zuständigkeit habe nennen können. Die Erreichbarkeit der „richtigen" Personen muss gesichert sein, damit die Betroffenen nicht vorher aufgeben oder abgeschreckt werden, wenn sie bereits telefonisch unwirsch behandelt werden. Hierdurch wird Stalking-Betroffenen suggeriert, mit ihrem „Problem" einen Einzelfall darzustellen, für den es keine Hilfe gibt.

In diesem Zusammenhang zeigte sich, dass diejenigen Stalking-Betroffenen, die Kontakt mit den auf Stalking-Fälle spezialisierten Stalking-Beauftragten der Polizei hatten, mit deren Arbeit sehr zufrieden waren. Die Kenntnis und Erfahrung in der Behandlung von Stalking-Fällen sowie dass sie sich für die Stalking-Betroffenen Zeit nahmen und ihnen Gehör und Verständnis entgegenbrachten, wurde als sehr positiv erlebt. Dies verdeutlicht, dass durch die Weiterbildung und Aufklärung von mit Stalking-Fällen konfrontierten Berufsgruppen sowie der Benennung konkreter Ansprechpartner, wie dies in Bremen beispielhaft bereits geschehen ist, ein wichtiger Beitrag zum Opferschutz geleistet werden kann. Durch diese Maßnahme wurde auch ein Gefühl der Unterstützung beim Stalking-Opfer gefördert.

Wie zuvor an anderer Stelle angesprochen, wünschten sich die Stalking-Betroffenen, dass mehr „unter einem Dach" geschieht und ihnen mehr an *einer* Stelle weitergeholfen werden sollte. Sie wünschten sich, „an die Hand genommen" zu werden, Entscheidungen abgenommen zu bekommen sowie dass beispielsweise automatisch Verfahren in Gang gesetzt werden, ohne dass sie selbst immer erneut tätig werden müssen. In ihren Augen sei es sinnvoll, wenn direkt bei der Anzeige bei der Polizei, wenn sie es wünschen, von dieser weitere Schritte eingeleitet werden. Dies könnte etwa die Beantragung der einstweiligen Verfügung beim Gericht sein sowie die Veranlassung der Weiterleitung der Unterlagen. So bliebe es den Opfern auch erspart, immer wieder über die Geschehnisse berichten zu müssen, was einige Opfer lange davon abhielt, überhaupt Anzeige zu erstatten.

Eine Erleichterung, die den Stalking-Opfern zumindest gewährleistet werden sollte, ist, dass bei jeder Institution der konkrete Ansprechpartner der anderen Institutionen bekannt ist und direkt Termine für sie vereinbart werden, so dass die Stalking-Betroffenen nicht immer wieder vor dem „nichts" stehen und das Gefühl haben, von vorn beginnen zu müssen. Dieser Aufwand wird von vielen gefürchtet und vermutlich spielt dabei auch eine Rolle, dass die meisten Opfer sich nicht mit dem juristischen Procedere auskennen und einige sich nicht zutrauen, selbst einen Antrag zu stellen. Hier wäre es hilfreich, wenn man ihnen direkt bei der Polizei mit dem Antrag helfen oder wenn zumindest auf die Rechtsantragsstellen der Gerichte hingewiesen würde, die dabei unterstützen können und kostenlos zur Verfügung stehen.

9.3 Zur Person des Stalking-Opfers „passende" Handlungsempfehlungen und Unterstützung

Um den individuellen Persönlichkeitsmerkmalen der Stalking-Betroffenen und ihren verschiedenen Vorgeschichten gerecht zu werden, erscheint es notwendig, Problemlösestrategien zu empfehlen und Handlungshinweise zu geben, die zu dem Opfer „passen". Es reicht nicht aus, ein allgemeines Merkblatt für Stalking-Betroffene mit Handlungshinweisen einzusetzen, denn dies unterliegt der Prämisse, alle Opfer und Fälle seien gleich und könnten in gleicher Weise behandelt werden. Folgerichtig hatten sich viele Stalking-Opfer ein derartiges Merkblatt – gewissermaßen aus stummem Protest – gar nicht erst (vollständig) durch gelesen, da es in ihren Augen in keiner Weise ihre Bedürfnisse traf.

Beispielsweise erwies es sich als schwierig, den Stalker völlig zu ignorieren, wenn es sich um einen Expartner handelt, mit dem gerade ein Scheidungsverfahren abgewickelt wird oder mit dem der oder die Betroffene gemeinsame Kinder hat (siehe dazu auch Stadler, Heubrock & Rusch, 2005; Balloff, 2005). Ein Ignorieren des Stalkers ist dagegen viel leichter möglich, wenn es sich um jemanden handelt, den das Stalking-Opfer „nur" aus dem Sportverein kennt. Auch wurde gezeigt, dass teilweise noch Gefühle oder ein Verantwortungsgefühl für den Partner über die Beziehung hinaus bestehen. Hier muss mit dem Stalking-Betroffenen gemeinsam erarbeitet werden, wie in seiner Situation am besten weiter vorgegangen werden sollte. Dabei sollte miteinbezogen und berücksichtigt werden, was für die betroffene Person überhaupt durchführbar ist und inwiefern sie dabei Unterstützung von außen benötigt. So ist es vermutlich für wenig selbstbewusste, wenig offene und eher introvertierte Personen schwieriger, dem Stalker unmissverständlich klar zu machen, dass kein Kontakt gewünscht wird. Dies gilt vor allem, wenn es sich um den Expartner handelt, der seine Frau bereits in der Beziehung unterdrückt hat. Auch könnte es für eine sehr schüchterne Person unter Umständen unmöglich erscheinen, den Stalker direkt auf seine Handlungen anzusprechen und deutlich Unerwünschtheit zu signalisieren. Genau so kann ein Stalking-Betroffener, dem es immer schwer gefallen ist, Grenzen zu setzen, „nein" zu sagen und aktiv Probleme anzugehen und anzusprechen, mit dem Rat, sich dem Stalker gegenüber konsequent zu verhalten und aktiv sein Umfeld mit einzubeziehen, vollkommen überfordert sein. Vermutlich brauchen einige Betroffene mehr Beratung, Unterstützung und Gespräche als andere, die grundsätzlich eine abgrenzende, selbstbewusste und direkte Problemlösestrategie haben.

Von einzelnen befragten Stalking-Betroffenen, die zum Zeitpunkt der Anzeigesituation unter starker Angst standen, wurde betont, wie wichtig persönliche Gespräche sind, da zuerst einmal die Angst vom Stalking-Opfer abgebaut werden müsse, um sich überhaupt öffnen zu können. Die Erfahrung, derartige Gespräche mit den Stalking-Beauftragten der Polizei führen zu können, wurde von vielen Opfern als sehr zufrieden stellend und unterstützend empfunden. Dadurch konnten zum Teil auch die Anzeigenaufnahme selbst und die Reaktion der zuerst angesprochenen Beamten, die häufig als sehr belastend, diskriminierend und wenig weiterhelfend empfunden wurde, nachträglich günstig korrigiert werden. So bekamen einige Stalking-Opfer von Polizeibeamten zunächst „Ratschläge" wie jene, die Stadt zu wechseln oder einfach nicht mehr aus dem Fenster zu sehen, dann sähen sie den Stalker ja nicht. Oder aber sie sollten einfach den Stecker herausziehen, die Klingel abstellen, nicht mehr in die Disco gehen oder überhaupt das Haus verlassen. Solche Ratschläge bringen die Stalking-Opfer keinen Schritt weiter und sie sind in keiner Weise angemessen, da sie Schuldgefühle, Hilflosigkeit und Wut verstärken.

Vermutlich müssen einige Stalking-Betroffene bei der Einleitung der rechtlichen Schritte wesentlich intensiver unterstützt werden als andere. Ein höherer Betreuungsbedarf wird zum einen auch mit der Persönlichkeitsstruktur und der Fähigkeit, Probleme in Angriff zu nehmen zusammenhängen, aber auch damit, welcher Vorgeschichte das Opfer ausgesetzt war und wie belastet es ist. Während die meisten Stalking-Betroffenen von vielen psychosomatischen Beschwerden geplagt werden und sich kraft- und hilflos fühlen, gibt es andere, die keine körperlichen Symptome aufweisen und insgesamt weniger belastet sind. Es konnte gezeigt werden, dass körperliche Beschwerden und Belastetheit sowohl eine Anzeige herauszögern als auch von der Einleitung weiterer rechtlicher Schritte abhalten. In diesem Kontext spielt auch die Art des Stalking und die empfundene Angst und Bedrohung eine Rolle: So sagte eine Stalking-Betroffene, die von zwei Stalkern belästigt wurde, dass sie bei dem bedrohenden „gefährlichen" Stalker ganz anders, nämlich unter starker Anspannung und Angst, zur Polizei gegangen sei, als bei dem verehrenden, „nur" belästigenden Stalker, von dem sie „genervt" sei.

Hier sollte bei der Anzeigenaufnahme behutsam geprüft und abgeschätzt werden, in welchem psychischen Zustand sich das Stalking-Opfer befindet und was ihm zugemutet werden kann. Sinnvoll wäre hier das „Abfragen" einer Liste mit gängigen Symptomen wie Schlaflosigkeit, Albträumen, Schreckhaftigkeit, Unruhe und einer Reihe körperlicher Symptome sowie das Erfragen von Beeinträchtigungen des Alltags wie das Meiden bestimmter Orte. So kann unter anderem vermieden werden, dass eine völlig erschöpfte oder verängstigte Stalking-Betroffene zuerst an einen Arzt verwiesen wird, um als „Nachweis" ein Attest bei der Polizei vorzulegen zu können. Außerdem kann so abgeschätzt werden, welche Ratschläge für die betroffene Person überhaupt umsetzbar sind und wobei Unterstützung benötigt wird: Wenn das Opfer sich aus Angst überhaupt nicht mehr allein aus dem Haus traut, sondern nur noch abends in Begleitung von Freunden, die tagsüber arbeiten, das Haus verlässt, kann es auch möglicherweise Gänge zum Gericht oder Arzt nicht mehr ohne Weiteres selbständig ausführen.

9.4 Verhalten der Polizei

Insgesamt betrachtet ist das Verhalten der Polizeibeamten in der Anzeigesituation sehr wichtig für die Bildung von Vertrauen in die Polizei und für deren weitere Konsultation durch die Opfer. Während einige Opfer in ihren Ängsten vor sekundärer Viktimisierung bestätigt wurden, waren andere wiederum sehr positiv überrascht. Dies führte dazu, dass sie sich weiterhin an die Polizei wandten und bezüglich des weiteren Vorgehens um Rat fragten. Einige Stalking-Betroffene berichteten, sogar durch den aufnehmenden Polizeibeamten zur Anzeige ermuntert worden zu sein, während anderen auf Polizeirevieren zunächst die Anzeigenaufnahme verweigert worden sei. In Zukunft darf es nicht mehr dem Zufall überlassen sein und vom jeweiligen Beamten abhängen, ob das Stalking-Opfer ernst genommen und unterstützt oder mit den Worten, man könne ihm nicht helfen, abgewiesen wird. Es sollten Polizeibeamten eindeutige Regeln und Kompetenzen im Umgang mit Stalking-Opfern vermittelt werden, wie etwa die Gesprächsführung und die Art, ihnen Fragen zu stellen. Die Stalking-Opfer befinden sich meist in einem Zustand größter Angst und Labilität und müssen zunächst zur Ruhe kommen und behutsam „aufgefangen" werden. Dies darf nicht erst im späteren Kontakt mit dem Stalking-Beauftragten geschehen, mit dem der Großteil der Opfer sehr zufrieden war, sondern bereits der Kontakt zu den aufnehmenden Beamten in der Anzeigesituation sollte für das Opfer so angenehm wie möglich gestaltet werden. Wichtig ist, dass Geduld aufgebracht wird und dem Stalking-Opfer Zeit und Raum gegeben wird, sich zu öffnen. Dies könnte schon bei den Räumlichkeiten anfangen, da dem eigentlichen

Bedürfnis nach Ruhe und Verständnis des Opfers häufig die unruhigen Vernehmungsbedingungen bei der Polizei entgegenstehen. Oft befinden sich zum Anzeigezeitpunkt mehrere Menschen in dem Raum, möglicherweise wird die Anzeigeaufnahme auch durch Telefonklingeln unterbrochen oder es besteht eine ständige Fluktuation Anwesender im Raum. Bei negativen Erlebnissen in der Anzeigesituation kam es vor, dass die Betroffenen sich gar nicht erst an den Stalking-Beauftragten gewendet haben. Auch gaben einige Befragte in den Interviews an, dass sie, wenn sie in der Anzeigesituation nicht ernst genommen worden wären, wahrscheinlich lange gar nichts mehr unternommen hätten und sich auch nicht mehr an die Polizei gewandt hätten.

Die Opfer deuteten den Wunsch an, dass sich automatisch nach der Anzeige regelmäßig jemand von der Polizei bei ihnen meldet und fragt, ob alles in Ordnung sei, sozusagen „nach dem Rechten" schaut. Dies vermittelt den Stalking-Opfern, dass sie ernst genommen wurden und man sie nicht vergessen hat beziehungsweise dass die Anzeige etwas bewirkt hat. Bei einigen wurde dies durch die Stalking-Beauftragten gewährleistet, bei anderen wiederum geschah gar nichts. Hier sollte die Kommunikation zwischen den aufnehmenden Beamten und den Stalking-Beauftragten optimiert werden. Auch wünschten sich einige Opfer insgesamt mehr Unterstützung nach der Anzeige, wie etwa Schutz und Begleitung bei Gerichtsverhandlungen. Es wurde als sehr unangenehm empfunden, dem Stalker dort erneut zu begegnen. Teilweise hatten sich Opfer sogar Bodyguards organisiert, die ihnen bei Gericht oder aber zu Hause Schutz boten. Insgesamt betrachtet wurde in diesem Zusammenhang wieder das Bedürfnis nach einer strafrechtlichen Sanktionierung und zeitweisen Inhaftierung von Stalkern laut, da die Opfer einräumten, dass ihnen die Polizei keinen Rundumschutz geben könne, obwohl sie sich stark bedroht fühlten.

Hier wäre zumindest eine regelmäßige Kontrolle der Schutzanordnungen durch die Behörden sinnvoll, so dass Stalkern das Signal gegeben wird, dass sie unter Beobachtung stehen und den Opfern Interesse an ihrer Situation und ihrer Sicherheit vermittelt wird.

Dies erscheint vor allem insofern sinnvoll, da einige Opfer angaben, es lange nicht gewagt zu haben anzuzeigen, da man nicht wisse, wie der Stalker reagiere. Auch auf die Frage, ob sie anderen Stalking-Betroffenen zu einer Anzeige raten würden, erwiderten einige Opfer, dass dies vom Fall abhängig sei, da eine Anzeige bei einigen Stalkern eventuell erst zu einer endgültigen Eskalation führen könnten. Außerdem waren sich verschiedene Befragte sicher, dass dem Stalker sowieso alles egal sei, er habe nichts mehr zu verlieren und sei zu allem fähig. Diese Befürchtungen der Opfer sind sehr ernst zu nehmen und eine individuelle Gefahrenabschätzung ist immer sorgsam zu prüfen. In der Literatur (z.B. Greuel & Petermann, 2005; Hoffmann, 2002) wurde die Berechtigung dieser Befürchtungen der Opfer für einzelne Fälle dargelegt und eine Anzeige oder juristische Maßnahmen gegen den Stalker als potentieller Risikofaktor für aggressive Übergriffe gegen das Opfer bis hin zum Homizid identifiziert. Auch wurde angemerkt, dass mangelndes Engagement und unentschlossenes Vorgehen der Polizei in Stalking-Fällen sogar zu einer Verstärkung des Stalking-Verhaltens führen kann (Hoffmann, 2002).

Weiterhin wichtig in diesem Zusammenhang ist, dass sich die Stalking-Betroffenen, die sich meistens nicht nur einmal, sondern nach der ersten Anzeige mehrfach an die Polizei wenden, im Zuge des Stalking-Verlaufs in akuten Bedrohungssituationen ernst genommen fühlen und ihnen Schutz gewährt wird: Die meisten Stalking-Opfer berichteten, dass sie sich unwohl damit fühlten, sich wiederholt an die Polizei wenden zu müssen, etwa um regelmäßig neue „Beweise" wie Briefe, Karten oder Geschenke abzuliefern. Teilweise wurde ihnen

9.4 Verhalten der Polizei

dann von der Polizei geraten, zunächst ein paar Dinge zu sammeln, andere kamen sich lächerlich vor, wegen jeder „Kleinigkeit" zur Polizei zu gehen. Außerdem beklagten die Opfer den immer wieder neuen Zeitaufwand. In einigen Fällen erfuhren die Stalking-Betroffenen diesbezüglich allerdings auch kontinuierliche Unterstützung und Aufmerksamkeit. In anderen Fällen berichteten Befragte, dass beispielsweise in Notsituationen, wenn sie die Polizei riefen, als der Stalker vor der Tür stand und ins Haus einzubrechen drohte, diese zu spät kam und der Stalker bereits weg war. Dies hatte zur Konsequenz, dass sich die Opfer unglaubwürdig und lächerlich fühlten. Auch wurde in diesem Zusammenhang von Opferseite kritisiert, dass der Stalker vorgewarnt sei und Zeit habe, zu fliehen und sich zu verstecken, wenn die Polizei zu derartigen Einsätzen mit Blaulicht und Sirene eintreffe. Es erscheint folglich sinnvoller, diese in ausreichender Entfernung abzustellen. In anderen Situationen schilderten sie, der Polizei das Autokennzeichen durchgegeben zu haben und als sie, nachdem keine Reaktion seitens der Polizei kam, wieder angerufen hätten, habe man nur gesagt, den Stalker nirgendwo gesehen zu haben. In einer weiteren Situation, in der eine Stalking Betroffene die Polizei rief, da der Stalker nachts im gleichen Bus saß und sie Angst hatte auszusteigen, habe die Polizei nur angegeben, nichts tun zu können, da es ein öffentlicher Bus sei. Solche Situationen führten dazu, dass die Stalking-Opfer sich noch hilfloser fühlten und teilweise das Vertrauen in die Polizei verloren, so dass sie wegen nachfolgender Gegebenheiten im Zuge des Stalking sich nicht mehr an diese wandten und den Sinn einer Anzeige erneut in Frage stellten. Auch hatten einige das Gefühl, bei der Polizei stelle sich ein „Gewöhnungseffekt" ein, der dazu führe, dass sie immer länger brauchten, bis sie kämen oder reagierten. Hier ist es wichtig, das primäre Ziel, Stalking-Opfer besser zu schützen und eine gesellschaftliche Ächtung des Stalking zu erreichen, optimaler umzusetzen. Auf akute Gefahrensituationen muss schneller und eindeutiger reagiert werden, damit auch für den Stalker ein Zeichen gesetzt wird.

Das Gefühl von Angst, Hilflosigkeit und mangelnder Unterstützung durch das deutsche Recht und dessen Institutionen führte auch zu dem Problem, dass sich einige Stalking-Opfer selbst gegen den Stalker bewaffneten und Schusswaffen, Messer oder Elektroschocker zu Hause aufbewahrten. Teilweise staute sich eine solche Wut und Aggression gegen den Stalker an, die sich durch die mangelnde Unterstützung noch potenzierte, dass eine Bewaffnung ein erhebliches Gefahrenpotential birgt: Zum einen für den Stalker, zum anderen aber auch für das Stalking-Opfer selbst, wenn im Ernstfall die Waffe gegen sie selbst eingesetzt wird. Im Zweifelsfall kann dadurch, eine Eskalationssituation entstehen, auch wenn der Stalker selbst nicht bewaffnet war. Es müssen also nicht nur die Ursachen einer solchen Bewaffnung – der unzureichende Schutz der Stalking-Opfer – bekämpft werden, sondern es ist zusätzlich notwendig, die Opfer spätestens beim ersten Kontakt mit der Polizei, bestenfalls präventiv und öffentlichkeitswirksam im Vorfeld, über die Gefahren einer präventiven Bewaffnung aufzuklären. Dies muss auf eine Weise geschehen, bei der die Opfer nicht das Gefühl haben, man wolle sie wegen Waffenbesitzes „ertappen" oder bestrafen, sondern es muss ihnen vermittelt werden, dass es zu ihrem eigenen Schutz ist, so dass sie sich überhaupt trauen, eine Bewaffnung „zuzugeben". In den Interviews zeigte sich bei einzelnen Betroffenen, dass die Bewaffnung ein sensibles Thema darstellte und sie zuerst verunsichert waren, ob sie offen darüber sprechen können.

Bezüglich der Rücknahme von Stalking-Anzeigen, die teilweise durch den Stalker erzwungen wurde, wurde von Opferseite vorgeschlagen, dass die Polizei dem Stalker unmittelbar deutlich machen sollte, dass das Stalking-Opfer von dem Zeitpunkt der Anzeige an für das weitere Procedere nicht mehr verantwortlich sei und das Verfahren auch nicht „abstellen" könne. So könnte versucht werden, der Schuldzuweisung des Täters gegenüber dem Opfer (zum Beispiel für Gefährderansprachen, Briefe von der Staatsanwaltschaft, Vorladungen) und dem Versuch des Stalkers, seine Zielperson so lange zu bedrohen oder zu erpressen, bis es die Anzeige zurücknimmt, entgegen zu wirken. Es wurde an einigen Stellen deutlich, dass Stalking-Opfer teilweise nach der Anzeige oder einstweiligen Verfügung noch mehr Angst hatten als vorher, da der Stalker sie von da an erst recht stark unter Druck setzte.

9.5 Vereinfachungen im Procedere für Stalking-Opfer und eindeutigere Außendarstellung

Eine weitere entmutigende Erfahrung war für viele Stalking-Opfer die Dauer des Verfahrens nach der Anzeigeerstattung. Es wurde kritisiert, dass man anschließend lange nichts mehr höre und nicht wisse, wie es weitergehe, so dass ein Zustand von Unsicherheit bestehen bleibe. Außerdem wurde es als problematisch angesehen, dass der Stalker erst ein paar Monate später mit der Anzeige konfrontiert werde und diese gar nicht mehr mit konkreten Handlungen in Verbindung bringen könne. Wenn die Information über die Anzeige etwa in einer „ruhigen" Phase an den Stalker gelange, werde damit „Staub aufgewirbelt" und er sei sich in dem Moment keiner Schuld bewusst. Gegebenenfalls nimmt der Stalker sogar anlässlich der Anzeige wieder Kontakt zu seiner Zielperson auf. Hier wünschten sich die Stalking-Opfer mehrheitlich eine schnellere Bearbeitung der Anzeigen. Auch ist es in diesem Zusammenhang wichtig, dass die Betroffenen fortlaufend über alle Schritte, den Stand der Ermittlungen sowie polizeiliche Kontakte zum Stalker informiert werden, wie es im Bremer Stalking-Projekt zwar bereits beabsichtigt ist (Drawe & Oetken, 2005), aber noch nicht in allen Fällen realisiert worden zu sein scheint.

Ebenso wichtig ist es, dass die Betroffenen zuverlässiger über den Aufenthaltsort des Stalkers informiert werden. So sollten ihnen beispielsweise das Ende einer Haft, die Entlassung aus einer psychiatrischen Klinik oder Freigänge beziehungsweise Urlaubstage mitgeteilt werden.

In öffentlichen Stellungnahmen sollte die Polizei vermitteln, dass Stalking-Opfer sich auch ohne Beweise an die Polizei wenden können. Dies ist deswegen besonders wichtig, weil es einige Stalking-Betroffene unter anderem als schwierig erachteten, Telefonate aufzuzeichnen oder sich eine Fangschaltung zu besorgen, zumal dies mit einer finanziellen Belastung und Aufwand assoziiert wurde. Auch ohne Zeugen geäußerte verbale Drohungen konnten naturgemäß nicht bewiesen werden. Einige Betroffene versuchten, Tonaufzeichnungen von Äußerungen des Stalkers zu machen und erfuhren dann, dass dies kein zulässiges Beweismittel sei, da die Aufzeichnungen ohne Wissen des Belästigers entstanden seien. Auch bei Rupp (2005) wird von Experten spezialisierter Stellen kritisiert, dass von manchen Polizeirevieren Anzeigen wegen Stalking nicht aufgenommen würden, „weil die Beeinträchtigungen nicht sichtbar bzw. schwer nachweisbar seien, oder als nicht gravierend genug erachtet würden" (S. 95).

Die Expertenbefragung (unter anderem bei Richtern, Rechtsanwälten, Polizeibeamten, Frauenhäusern und Beratungsstellen) bei Rupp (2005) förderte zu Tage, dass mehrheitlich die Beweiserleichterung bei Stalking-Fällen als für einen optimierten Opferschutz notwen-

9.5 Vereinfachungen im Procedere für Opfer und eindeutigere Außendarstellung 95

dig angesehen wird. Es wurde vermutet, dass Opfer aufgrund der schwierigen Beweislage in vielen Fällen von einer Anzeige abgehalten werden. Das Gewaltschutzgesetz in seiner jetzigen Form, das sowohl von den Opfern selbst (wie etwa in den Interviews der vorliegenden Studie) als auch von Experten (Rupp, 2005) zumindest als ein Schritt in die richtige Richtung angesehen wird, impliziert bisher eine Beweislast des Opfers (vgl. von Pechstaedt, 2004). Die Stalking-Opfer müssen ihrem Verfolger *nachweislich* klar gemacht haben, dass sie den Kontakt nicht wollten. Nach Einschätzung vieler Richter dürfte diese Erfüllung der gesetzlichen Voraussetzung, sich in die Situation zu begeben und dabei Beweise zu sichern, für die Opfer allerdings als sehr aufwendig erscheinen (Rupp, 2005).

Außerdem sollte die Verfahrensweise im Sonderfall Stalking insgesamt überdacht und überprüft werden. Hier sollte konkret gefragt werden, ob die „Bringschuld" des Opfers nicht abgewendet werden kann. Der Grundsatz, dass die Gerichte erst auf Antrag tätig werden können und dieser Antrag vom Stalking-Betroffenen selbst gestellt werden muss, wird von den Betroffenen meist als wesentliche Hürde empfunden. Auch dass erst strafrechtlich gegen den Stalker vorgegangen werden kann, wenn dieser gegen die einstweilige Verfügung verstoßen hat – was sehr häufig vorkommt (vgl. Rupp, 2005) – wird von den Betroffenen kritisiert und wurde bereits in der Literatur erörtert (z.B. von Pechstaedt, 2004).

Auch die folgende Empfehlung bezieht sich auf die Kommunikation zwischen Polizeidienststellen und Stalking-Opfern: Es sollte Stalking-Betroffenen nicht vermittelt werden, dass polizeiliche Maßnahmen erst erfolgen, wenn bereits „etwas passiert" ist. Einerseits fühlen sich die Stalking-Betroffenen mit der starken Einschränkung ihrer Lebensqualität durch das Stalking, mit ihren Symptomen und der starken Bedrohung, der sie teilweise ausgesetzt sind, nicht ernst genommen und nicht respektvoll behandelt. Andererseits ist es weder zu verantworten noch dem Opfer gegenüber zu rechtfertigen, warum es erst zu einem – gegebenenfalls schweren – Übergriff kommen muss, wenn grundsätzlich die Möglichkeit eines präventiven Einschreitens besteht. Hier sollten vor allem auch die Befunde der bisherigen Literatur beachtet werden, die unter anderem Drohungen als Risikofaktoren für physische Gewalt im Stalking-Kontext identifiziert haben (vgl. Rosenfeld, 2004). Von Opferseite wurde in den Interviews beispielsweise der Wunsch geäußert, dass dem Stalker durch die Polizei unmissverständlich vermittelt wird, dass er vorgewarnt ist und dass er für einen gewissen Zeitraum inhaftiert werden kann, wenn die Polizei Kenntnis von neuen Belästigungen erlangt.

Hier wünschten sich die meisten Betroffenen eine Verschärfung der Gesetzeslage in Deutschland, wie sie sich auch seit einiger Zeit im politischen Diskurs befindet. Es müsse deutlicher von Polizei und Justiz gezeigt werden, dass Stalking von der Gesellschaft nicht toleriert wird. Formal findet in Bremen seit Einführung des Stalking-Projektes eine „Gefährderansprache" nach der Anzeige statt, was bei einigen Stalkern eine abschreckende Wirkung hatte und Erfolg zeigte. In den Interviews zeigte sich aber auch, dass die Gefährderansprache nicht immer im Sinne des Opfers ausfiel: So etwa, wenn der Polizeibeamte hinterher sagte, dass er den Ehemann sehr nett gefunden habe. Von Opferseite wurde beklagt, dass nicht eindeutig genug mit dem Stalker umgegangen und es ihm leicht gemacht worden sei, sich heraus zu reden: Beispielsweise habe sich der Stalker bei der Polizei einsichtig gezeigt und am nächsten Tag die Belästigungen fortgesetzt. Ähnliches zeigte sich bei Rupp (2005) auch in Bezug auf Richter: Es wurde kritisiert, dass diese sich aufgrund mangelnder Kenntnis und Erfahrung von einer guten Selbstdarstellung des Täters beeinflussen ließen. Dies impliziert einen weiteren spezifischen Schulungs- und Weiterbildungsbedarf bei Polizei und Justiz. Das Gefühl, dass die Polizei nicht eindeutig (genug) das Verhalten des Täters ächtet und nicht entschlossen genug auf Seiten des Opfers agiert, wurde bereits ebenfalls im Zusammenhang mit häuslicher Gewalt beschrieben. Da Stalking häufig nach Beziehungen mit häuslicher Gewalt auftritt, können eventuell bereits hier die Weichen zur Prävention von Post-Beziehungs-Stalking und zur Verbesserung des Opferschutzes gestellt werden, wenn der Täter hier stärkere Konsequenzen spürt. Auch wird potentiellen späteren Stalking-Betroffenen bereits in dieser Notlage Unterstützung und Verständnis für ihre schwere Situation signalisiert, was sich auf die Hilfeerwartungen im Stalking-Fall positiv auswirken kann.

Auch Melton (2000) weist in ihrem Review der Stalking-Literatur darauf hin, dass es wichtig sei, der Verbindung von häuslicher Gewalt und Stalking Gewicht beizumessen. Hieraus ergeben sich Präventionsmöglichkeiten von Stalking bereits durch ein entschiedenes Vorgehen bei häuslicher Gewalt:

> The way police, prosecutors, and judges respond to domestic violence will affect the potential for stalking. Thus domestic violence must be dealt with in a serious manner. If men are released directly after a domestic violence arrest, they may be more prone to stalk their victim. (Melton, 2000, p. 259)

In den Interviews wurde mehrfach angesprochen, dass sich die Täter sowohl bei häuslicher Gewalt als auch bei Stalking zu sicher fühlten und ausnutzen, dass die Polizei ihnen nichts anhaben könne, so dass einige Opfer sich als „belächelt" erlebten.

Stalking-Opfer fühlten sich auch dadurch lächerlich gemacht, dass Stalkern oder gewalttätigen Partnern nur ein geringes Ordnungsgeld drohe. Sie sagten rückblickend, der Aufwand einer Anzeige habe sich nicht gelohnt, da nichts passiert sei. Viele waren enttäuscht darüber, dass ihre Anzeige eingestellt worden sei und fühlten sich hierdurch „bestraft". Hier wäre es in Zukunft wichtig, Stalking-Betroffene besser über die rechtliche Grundlage einer Anzeigeeinstellung aufzuklären, auch darüber, dass es mit dem Verfahrensrecht zusammenhängt, wenn ein Verfahren später eingestellt wird, sofern ein Tatbestand zweifelhaft bleibt. Es sollte ihnen erklärt werden, dass bis dahin aber bereits etwas unternommen wurde, vielleicht habe die Befragung des Beschuldigten bereits eine abschreckende Wirkung gezeigt. Hier wäre es eventuell ein zumindest geringer Trost, wenn man den Stalking-Opfern versichern könnte, dass bei einer zweiten Anzeige die erste erneut ins Gewicht fällt, so dass dem Verfolger bewusst wird, dass auch die Kumulation „kleinerer" und schlecht nachweisbarer, aber wiederholter Belästigungshandlungen für ihn Konsequenzen haben kann. So könnte erreicht werden, dass der Stalker sich nach der Einstellung des Verfahrens nicht „in Sicherheit wiegen" kann.

Als eine weitere gewünschte Verbesserung des Schutzes von Stalking-Opfern wurde angeregt, ein zentrales Register einzuführen, in dem die Täter gespeichert und als Stalker registriert werden, auch wenn sie (noch) nicht rechtlich zur Verantwortung zu ziehen sind. Damit wurde von Stalking-Opfern die Hoffnung verbunden, eine bessere Gefahrenabschätzung zu ermöglichen und auch nicht mit den einzelnen Fällen vertrauten Beamte einen schnellen Überblick über die Situation zu gewährleisten. Dies ist besonders dann sinnvoll, wenn Stalker und Zielperson nicht im selben Bundesland leben, da Informationen über Polizeieinsätze oder einstweilige Verfügungen der jeweiligen Dienststelle über die Grenze des Bundeslandes hinaus teilweise nicht vorlagen. Diesbezüglich wurden in Bremen aktuell

9.5 Vereinfachungen im Procedere für Opfer und eindeutigere Außendarstellung

Verbesserungen im Sinne der Stalking-Opfer eingeführt: Nach dem tragischen Maritim-Fall, in dem auch die Bundesland übergreifende Kommunikation der Polizeidienststellen ein Problem dargestellt hatte, wurde veranlasst, eine „Gefährder"-Datei im ISA [Informations-System Anzeige]-Web einzuführen, in der alle schlagenden Partner oder Stalker registriert werden. Auch Schutzanordnungen nach dem Gewaltschutzgesetz, die einen Bezug zum Bundesland Bremen aufweisen, sollen künftig im ISA-Web registriert werden (Weser Kurier, 26. August 2005). Diese Maßnahmen sollen einen besseren Schutz der Opfer und eine verstärkte Überwachbarkeit der Einhaltung von Schutzanordnungen gewährleisten. Auch soll dadurch öffentlich signalisiert werden, dass Stalking-Verhalten, unabhängig von der Einführung eines Straftatbestandes, nicht toleriert wird (Weser Kurier, 26. August 2005).

9.6 Verschärfung der gesetzlichen Lage

Durchweg verlangten die Stalking-Betroffen eine Verschärfung der Gesetzeslage im Bereich Stalking. Sie beklagten die mangelnden rechtlichen Möglichkeiten und die stetige Notwendigkeit eigener Aktivität als Voraussetzung dafür, dass überhaupt etwas zu ihrem Schutz geschieht. Auch verwiesen sie immer wieder darauf, dass es in anderen Ländern bereits Stalking-Gesetze gebe und dort in ihrem Fall schon längst etwas passiert wäre. Die relativ hohe Quote an Überschreitungen der erwirkten Schutzanordnungen (z.b. Löbmann & Herbers, 2005) zeigt, dass die abschreckende Wirkung des Gewaltschutzgesetzes oder die Ausnutzung seiner Möglichkeiten bei Stalking noch nicht ausreicht. In diesem Zusammenhang wird auch die Befristung der Maßnahmen kritisiert (Gropp & Pechstaedt, 2004). Allerdings resümieren Hoffmann und Özsöz (2005) bei einer Evaluation juristischer Maßnahmen bei Stalking, dass auch in Ländern, in denen Anti-Stalking-Gesetze existieren, wie England oder den USA, diesbezüglich keine deutlich erhöhte Erfolgsquote von den Stalking-Opfern wahrgenommen wurde. Auch wird von Seiten einiger Kriminologen der Versuch einer Erhöhung des Opferschutzes über einen Stalking-Straftatbestand skeptisch beurteilt.

Trotzdem kann davon ausgegangen werden, dass eine gut durchdachte strafrechtliche Regelung dazu beitragen könnte, den Schutz von Stalking-Opfern zu verbessern. Hoffmann (2005) weist in diesem Kontext auf die daraus resultierende gesellschaftliche Sensibilisierung sowie erhöhte Handlungsfähigkeit der Polizei hin. Deren Insuffizienz wurde wie bereits dargestellt auch im Rahmen der vorliegenden Studie von den befragten Stalking-Opfern kritisiert.

Die politische Diskussion betrifft bisher noch den richtigen Weg einer strafrechtlichen Kodifizierung (vgl. Kap. 4.2). So wurde kürzlich der noch vom Kabinett der früheren Bundesregierung unter Bundeskanzler Schröder beschlossene Stalking-Gesetzentwurf im Bundesrat als unzureichend verworfen, da unionsgeführte Länder ein noch entschiedeneres Vorgehen gegen Stalker fordern (Weser Kurier, 24. September 2005). Mehrheitlich möchte der Bundesrat eine „Deeskalationshaft" einführen, die es erlaubt, gefährliche Täter bei Annahme einer Eskalationsgefahr vorzeitig inhaftieren zu können. Dies wiederum ging der rot-grünen Bundesregierung zu weit. Weitere Schritte können nun erst erfolgen, nachdem die neue Regierung im Amt ist. Das bedeutet, dass das künftige Vorgehen gegen Stalker davon abhängen wird, welchen Kompromiss die Große Koalition in diesem Bereich erarbeitet; laut Koalitionsvertrag vom 11. November 2005 steht die Einführung eines Straftatbestandes jedenfalls auf der Agenda. Bei der Diskussion um den Gesetzentwurf zeigte sich ganz eindeutig die vielfach diskutierte Problematik einer eindeutig definierten rechtlichen Fassung des Begriffes beziehungsweise Tatbestandes, die durch Artikel 103 Absatz 2 GG und den Bestimmtheitsgrundsatz geboten wird. Die mangelnde Abgrenzung und Eindeutigkeit des Tatbestandes führe dazu, dass viele Verfahren mit einem Freispruch enden würden, da aufgrund der mangelnden Konkretisierung der Gesetzesformulierungen die Schwierigkeit auftreten würde, die Taten einem exakt formulierten Tatbestand zuzuordnen (Rupp, 2005). Dies wiederum könnte dazu führen, dass bei den Betroffenen der Eindruck entsteht, im Vergleich zum Stalker nicht ausreichend ernst genommen zu werden. Dies befürchtet der rheinland-pfälzische Gesetzesentwurf, der sich gegen einen separaten Straftatbestand und für eine Ausweitung der Möglichkeiten des Gewaltschutzgesetzes ausspricht, ebenfalls: Aufgrund der Weite des Tatbestandes sei der Anfangsverdacht ziemlich häufig anzunehmen. Infolge des Legalitätsprinzips müsste jedes Mal ein Ermittlungsverfahren eingeleitet werden, das in vielen Fällen eventuell eingestellt werden müsse, wenn beim Versuch, das Geschehen den unbestimmten Rechtsbegriffen der Strafvorschrift zuzuordnen, zu wenig Anhaltspunkte zur Erhebung einer öffentliche Klage vorliegen. Dies könne in der öffentlichen Meinung den Eindruck erzeugen, die Strafverfolgungsorgane verfolgten Stalking-Fälle nicht mit ausreichendem Nachdruck (Ministerium der Justiz Rheinland-Pfalz, Pressemitteilung vom 30. September 2005).

Diese Diskussion zeigt, dass die Formulierung eines strafrechtlichen Tatbestandes, der rechtsstaatlichen Anforderungen genügt, keine einfache Aufgabe ist. Eine antizipierte Wirkungslosigkeit als Argument für politisches Nichtstun zu nehmen, kann aber – vor allem aus Sicht der Betroffenen – auch nicht die Antwort sein. Grundsätzlich gibt es ja bereits Straftatbestände, die schon jetzt durch Stalking verletzt werden. Eine explizite Strafrechtsnorm dürfte es aber für Betroffene leichter machen, Einrichtungen in Anspruch zu nehmen, die ... Hierauf sollte stärker gesehen werden als auf einen möglichen Eindruck in der allgemeinen öffentlichen Meinung. Diese Diskussion zeigt, dass die Formulierung eines strafrechtlichen Tatbestandes, der rechtsstaatlichen Anforderungen genügt, keine einfache Aufgabe ist. Eine antizipierte Wirkungslosigkeit als Argument für politisches Nichtstun zu nehmen, kann aber – vor allem aus Sicht der Betroffenen – auch nicht die Antwort sein. Grundsätzlich gibt es ja bereits Straftatbestände, die schon jetzt durch Stalking verletzt werden. Eine explizite Strafrechtsnorm dürfte es aber für Betroffene leichter machen, Einrichtungen in Anspruch zu nehmen, die auf den Opfer-Schutz, die Durchsetzung der Opferrechte sowie die Bewältigung der Situation durch die Opfer spezialisiert sind. Letztendlich hängt die Güte des Opferschutzes nicht nur von den rechtlichen Rahmenbedingungen allein, sondern vor allem auch von deren Ausschöpfung und der Handlungsbereitschaft der damit befassten Institutionen, wie etwa der Polizei, ab. Diese könnte durch die Existenz eines expliziten Straftatbestands über eine erhöhte Sensibilisierung sowie Erhöhung der Handlungskompetenz erreicht werden.

Bei aller Skepsis – etwa darüber, wie die polizeilichen und juristischen Ressourcen zur Umsetzung eines Straftatbestands aufgebracht werden können – ist bisher keine Alternative, wie ein verbesserter Opferschutz und eine eindeutigere Positionierung in Richtung der Vertretung der Opferinteressen anderweitig erreicht werden könnte als durch Einführung eines besonderen Straftatbestandes, vorgelegt worden.

9.7 Resümee

Ob mit oder ohne Stalking-Gesetz ist es von äußerster Notwendigkeit, dass sowohl polizeilich als auch juristisch entschiedener gegen Stalking vorgegangen wird und den Stalking-Opfern verstärkt das Gefühl gegeben wird, nicht allein zu stehen. Erfahrungen aus Kanada, wo die Durchsetzung rechtlicher Möglichkeiten in der Praxis bei vorhandenem Straftatbestand drei Jahre nach dessen Einführung evaluiert wurde (vgl. Gill & Brockmann, 1996), zeigten, dass insuffiziente polizeiliche Ressourcen für Stalking-Fälle, ungenügendes Training und mangelnde Kompetenz der Polizeibeamten im Umgang mit solchen Fällen einer effektiven und rigiden Durchsetzung des Paragraphen im Wege standen. Auch bezüglich des Gewaltschutzgesetzes in Deutschland wurde mehr als die rechtlichen Möglichkeiten selbst deren unzureichende Ausschöpfung durch die zuständigen Organe kritisiert. Hier ist vermehrte Aufklärung und eine bessere Zusammenarbeit zwischen Polizei und Justiz unabdingbar, besonders im Zusammenhang mit dem Verstoß gegen Schutzanordnungen beziehungsweise dem Umgang mit Wiederholungstätern. Außerdem muss ein Umdenken in die Richtung stattfinden, dass auch psychische Gewalt und deren Auswirkungen ernster genommen und es den Stalking-Opfern bei Polizei und Gericht nicht so schwer gemacht wird, die Beeinträchtigung der Belästigung darzulegen.

Andererseits darf natürlich auch eine „untere" Schwelle nicht aus dem Auge verloren werden, damit nicht jeder Verehrer, der den zweiten Blumenstrauß schickt oder der nach einem Streit zur Versöhnung entschlossene (Ehe-)partner befürchten muss, als Stalker eingeordnet zu werden.

10. Ausblick

Mit der vorliegenden Arbeit wurde versucht, durch eine erste Analyse persönlichkeitsspezifischer und situationsabhängiger Faktoren beim Anzeigeverhalten von Stalking-Opfern an einer zunächst kleinen Stichprobe einen Beitrag zur Verbesserung des Schutzes der Betroffenen zu leisten. Zugleich sollten Ansätze zu Aufklärung und Prävention aufgezeigt sowie Anregungen für vertiefende Forschung gegeben werden. Diese sollten in weiteren, größer angelegten Studien spezifiziert und überprüft werden.

Interessant in diesem Zusammenhang wäre unter anderem die nähere Untersuchung kultureller Unterschiede bezüglich der Wahrnehmung, Betroffenheit und dem Umgang mit Stalking, was wiederum Implikationen für die Praxis beinhalten kann.

Auch könnte sich ein Vergleich zwischen Stalking-Betroffenen, die bei der Polizei angezeigt hatten und nicht anzeigenden Stalking-Betroffenen als gewinnbringend erweisen, da dies eventuell noch deutlichere Unterschiede in der Persönlichkeit, der Vorgeschichte und der Gegengründe einer Anzeige erbringen könnte. Die Erreichbarkeit von nicht anzeigenden Stalking-Betroffenen und deren Gewinnung zur Teilnahme an einer Studie stellt sich allerdings vermutlich als deutlich schwieriger dar.

Des weiteren wäre es zur besseren Abstimmung von Präventionsmaßnahmen und Interventionsstrategien sinnvoll, mögliche „Opfertypen" zu erforschen, das heißt unter anderem, ob es bestimmte Persönlichkeitstypen oder lebensgeschichtliche Merkmale gibt, bei denen die Wahrscheinlichkeit einer Stalking-Viktimisierung erhöht ist.

Die positive Resonanz der an dieser Studie beteiligten Stalking-Betroffenen und deren Bereitschaft an der Studie mitzuwirken – unabhängig von teilweise vorherrschender Enttäuschung mit Polizei und Justiz bezüglich der Behandlung des Stalking-Falls – weisen auf ein insgesamt hohes Mitteilungsbedürfnis und den Wunsch nach Veränderung hin. Die Zufriedenheit darüber, als Stalking-Opfer ernst genommen zu werden und Interesse für ihre Situation entgegengebracht zu bekommen sowie zu sehen, dass endlich etwas im Sinne der Opfer geschehen soll, überwog dabei sogar das Bedürfnis nach Ruhe und Abschließen mit dem Stalking. Dies unterstreicht die Notwendigkeit einer erhöhten gesellschaftlichen Aufmerksamkeit und Verpflichtung gegenüber der Wahrung der Interessen und dem Schutz von Stalking-Opfern.

Literaturverzeichnis

Australian Bureau of Statistics. (1996). *Women's safety Australia.* (ABS Catalogue No. 4128.0). Canberra: Commonwealth of Australia. Verfügbar unter: http://www.aic.gov.au/publications/rpp/34/app.pdf [23.5.2005].

Balloff, R. (2005). Stalking – eine Fallvignette. *Praxis der Rechtspsychologie, 15*, 286-294.

Beattie, S. (2003). Criminal harassment. In H. Johnson & K. Au Coin (Hrsg.), *Family violence in Canada: A statistical profile 2003.* Canadian Center for Justice Statistics.

Bettermann, J. (2002). *Evaluationsbericht – Das Stalking-Projekt der Polizei Bremen.* Unveröffentlichter Forschungsbericht der Polizei Bremen.

Bjerregaard, B. (2002). An empirical study of stalking victimization. In K.E. Davis, I. H. Frieze & R.D. Maiuro (Hrsg.), *Stalking – perspectives on victims and perpetrators* (S. 112-137). New York: Springer.

Blaauw, E., Winkel, F.W., Arensman, E., Sheridan, L. & Freeve, A. (2002). The toll of stalking. The relationship between features of stalking and psychopathology of victims. *Journal of Interpersonal Violence, 17* (1), 50-63.

Brewster, M. (2002). Stalking by former intimates: Verbal threats and other predictors of physical violence. In K.E. Davis, I. H. Frieze & R.D. Maiuro (Hrsg.), *Stalking – perspectives on victims and perpetrators* (S. 292-311). New York: Springer.

Budd, T. & Mattinson, J. (2000a). *The extent and nature of stalking: Findings from the 1998 British Crime Survey* (Home Office Research Study No. 210). London: Home Office. Verfügbar unter: http://www.harassment-law.co.uk/pdf/stalkrep.pdf [23.05.2005].

Budd, T. & Mattinson, J. (2000b). Stalking*: Findings from the 1998 British Crime Survey* (Research Findings No. 129). Home Office Research, Development and Statistics Directorate – United Kingdom. Verfügbar unter: http://www.homeoffice.gov.uk/rds/pdfs/r129.pdf [30.05.2005].

Bundesrat. (2004, 05. Juli). *Gesetzantrag des Landes Hessen. Entwurf eines ... Strafrechtsänderungsgesetzes – Gesetz zur Bekämpfung unzumutbarer Belästigungen – („Stalking-Bekämpfungsgesetz" – ... StRÄndG).* Drucksache 551/04. Verfügbar unter http://www3.bundesrat.de/coremedia/generator/Inhalt/Drucksachen/ 2004/0551_2D04,property=Dokument.pdf [09.05.2005].

Bundesrat. (2005, 18. März). *Gesetzentwurf des Bundesrates. Entwurf eines Stalking-Bekämpfungsgesetzes.* Drucksache 551/04 [Beschluss]. Verfügbar unter http://www3.bundesrat.de/coremedia/generator/Inhalt/Drucksachen/2004/0551_2D04B,property=Dokument.pdf [09.05.2005].

Burgess, A.W., Baker, T., Greening, D., Hartman, C.R., Burgess, A.G., Douglas, J.E., Halloran, R. (1997). Stalking behaviors within domestic violence. *Journal of Family Violence, 12* (4), 389-403.

Coleman, F.L. (1997). Stalking behavior and the cycle of domestic violence. *Journal of Interpersonal Violence, 12*, 420-432.

Cupach, W.R. & Spitzberg, B.H. (2002). Obsessive relational intrusion: Incidence, perceived severity and coping. In K.E. Davis, I. H. Frieze & R.D. Maiuro (Hrsg.), *Stalking – perspectives on victims and perpetrators* (S. 89-111). New York: Springer.

Davis, K.E., Ace, A. & Andra, M. (2002). Stalking perpetrators and psychological maltreatment of partners: Anger-jealousy, attachment insecurity, need for control, and break-up context. In K.E. Davis, I. H. Frieze & R.D. Maiuro (Hrsg.), *Stalking – perspectives on victims and perpetrators* (S. 237-264). New York: Springer.

Davis, K.E. & Frieze, I.H. (2002). Research on Stalking: What do we know and where do we go? In K.E. Davis, I. H. Frieze & R.D. Maiuro (Hrsg.), *Stalking – perspectives on victims and perpetrators* (S. 353-375). New York: Springer.

Drawe, P. & Oetken, H. (2005). *Stalking – eine Herausforderung für die Sozialarbeit*. Mit einem Beitrag von Stephan Rusch. Frankfurt a. M.: Peter Lang.

Dreßing, H., Kühner, C., Gass, P. (2004). *Deutsches Ärzteblatt, 101* (43), A 2862-2864.

Dreßing, H., Kühner, C., Gass, P. (2005). Ist Stalking auch ein Problem in Deutschland? In A. Weiß & H. Winterer (Hrsg.), *Stalking und häusliche Gewalt* (S. 175-181). Freiburg: Lambertus.

Fahrenberg, J., Hampel, R. & Selg, H. (2001). *Das Freiburger Persönlichkeitsinventar FPI*. (7. überarbeitete und neu normierte Aufl.). Göttingen: Hogrefe.

FAZ.NET. (2005, 18. März). *Stalking: Bundesrat will Opfer schützen*. Verfügbar unter http://www.faz.net/s/Rub28FC768942F34C5B8297CC6E16FFC8B4/Doc~E1A76C444988F4 2DEB011F0608DEAB222~ATpl~Ecommon~Scontent.html [15.06.2005].

FAZ.NET. (2005, 15. April). *Zypries präsentiert „Stalking"-Gesetzentwurf*. Verfügbar unter http://www.faz.net/s/Rub812F1B901A514F208C613F6B1B336BCC/Doc~E1034367EC5FD 4B02993295F354B92CB7~ATpl~Ecommon~Scontent.html [15.06.2005].

Forschungsverbund „Gewalt gegen Männer". (2004). *Gewalt gegen Männer in Deutschland. Personale Gewaltwiderfahrnisse von Männern in Deutschland*. Berlin: Bundesministerium für Familie, Senioren, Frauen und Jugend.

Frieze, I.H. & Davis, K. (2002). Perspectives on stalking research. In K.E. Davis, I. H. Frieze & R.D. Maiuro (Hrsg.), *Stalking – perspectives on victims and perpetrators* (S. 1-5). New York: Springer.

Galeazzi, GM., Elkins, K., Curci, P. (2005). The stalking of mental health professionals by patients. *Psychiatric Services, 56*, 137-138.

Gill, R. & Brockmann, J. (1996). *A review of section 264 (Criminal Harassment) of the Criminal Code of Canada*. Department of Justice Canada.

Greuel, L. & Petermann, A. (2005). Gewalt und Stalking. In L. Greuel & A. Petermann (Hrsg.), *Macht – Fantasie – Gewalt (?). Täterfantasien und Täterverhalten in Fällen von (sexueller) Gewalt* (S.64-93). Lengerich: Pabst.

Gropp, S. & Pechstaedt, V. von (2004). Reaktionsmöglichkeiten der Zivilgerichte auf Stalking nach dem Gewaltschutzgesetz. In J. Bettermann & M. Feenders (Hrsg.), *Stalking – Möglichkeiten und Grenzen der Intervention* (S. 169-185). Frankfurt: Verlag für Polizeiwissenschaft.

Harmon, R.B., Rosner, R. & Owens, H. (1995). Obsessional harassment and Erotomania in a criminal court population. *Journal of Forensic Sciences, 40* (2), 188-196.

Hoffmann, J. (2001). Stalking – Forschung und Krisenmanagement. *Kriminalistik, 1,* 34-37

Hoffman, J. (2002). Risiko-Analyse und das Management von Stalkingfällen. *Polizei und Wissenschaft, 4*, 35-44.

Hoffmann, J. (2004). Star-Stalker: Prominente als Objekt der Obsession. In J. Bettermann & M. Feenders (Hrsg.), *Stalking – Möglichkeiten und Grenzen der Intervention* (S. 101-120). Frankfurt: Verlag für Polizeiwissenschaft.

Hoffmann, J. (2005). *Stalking*. Heidelberg: Springer.

Hoffmann, J. & Özsöz, F. (2005). Die Effektivität juristischer Maßnahmen im Umgang mit Stalking. *Praxis der Rechtspsychologie, 15*, 269-285.

Hoffmann, J., Voß, H.-G.W. & Wondrak, I. (2005). Kann man Stalker therapieren? – Ein Blick auf den normalen Stalker. In H. Dreßing & P. Gass (Hrsg.), *Stalking! Verfolgung, Bedrohung, Belästigung* (S. 127-142). Bern: Hans Huber.

Hoffmann, J. & Wondrak, I. (2005). Stalking und häusliche Gewalt – Grundlagen und Fallmanagement. In A. Weiß & H. Winterer (Hrsg.), *Stalking und häusliche Gewalt. Interdisziplinäre Aspekte und Interventionsmöglichkeiten* (S. 49-63). Freiburg: Lambertus.

James, D. V. & Farnham, F. R. (2002). Stalking and violence. *Polizei und Wissenschaft, 4*, 26-34.

Jones, C. (1996). *Stalking (or criminal harassment)*. Verfügbar unter http://www.chass.utoronto.ca/~cjones/pub/stalking [20.5.2005].

Kamphuis, J.H. & Emmelskamp, P.M.G. (2000). Stalking – a contemporary challenge for forensic and clinical psychiatry. *British Journal of Psychiatry, 176*, 206-209.

Kamphuis, J.H. & Emmelskamp, P.M.G. (2001). Traumatic distress among support-seeking female victims of stalking. *American Journal of Psychiatry, 158*, 795-798.

Kamphuis, J.H. & Emmelskamp, P.M.G. (2002). Stalking: Psychological distress and vulnerability. *Polizei und Wissenschaft, 4*, 53-59.

Kienlen, K.K. (1998). Developmental and social antecedents of stalking . In J. R. Meloy (Hrsg.), *The psychology of stalking: Clinical and forensic perspectives* (S. 51-67). San Diego, CA: Academic press.

Kurt, J.L. (1995). Stalking as a variant of domestic violence. *Bulletin of the Academy of Psychiatry and Law, 23*, 219-223.

Langhinrichsen-Rohling, J., Palarea, R.E., Cohen, J. & Rohling, M.L. (2002). Breaking up is hard to do: Unwanted pursuit behaviors following the dissolution of a romantic relationship. In K.E. Davis, I. H. Frieze & R.D. Maiuro (Hrsg.), *Stalking – perspectives on victims and perpetrators* (S. 212-236). New York: Springer.

Langhinrichsen-Rohling, J. & Rohling, M. (2002). Negative family-of-origin experiences: Are they associated with perpetrating unwanted pursuit behaviors? In K.E. Davis, I. H. Frieze & R.D. Maiuro (Hrsg.), *Stalking – perspectives on victims and perpetrators* (S. 312-329). New York: Springer.

Lion, J.R. & Herschler, J.A. (1998). The stalking of clinicians by their patients. In J.R. Meloy (Hrsg.), *The psychology of stalking: Clinical and forensic perspectives* (S. 165-173). San Diego, CA: Academic press.

Löbmann, R. (2004). Stalking in Fällen häuslicher Gewalt. In J. Bettermann & M. Feenders (Hrsg.), *Stalking – Möglichkeiten und Grenzen der Intervention* (S. 75-100). Frankfurt: Verlag für Polizeiwissenschaft.

Löbmann, R. & Herbers, K. (2005). *Neue Wege gegen häusliche Gewalt. Pro-aktive Beratungsstellen in Niedersachsen und ihre Zusammenarbeit mit Polizei und Justiz.* Baden-Baden: Nomos.

Logan, TK, Leukefeld, C. & Walker, B. (2002). Stalking as a variant of intimate violence: Implications from a young adult sample. In K.E. Davis, I. H. Frieze & R.D. Maiuro (Hrsg.), *Stalking – perspectives on victims and perpetrators* (S. 265-291). New York: Springer.

Martini, M. (2004). Pressemitteilung vom 12.07.2004: *Ergebnisse der ersten epidemiologischen Studie zu Stalking in Deutschland.* Informationsdienst der Wissenschaft e.V. Verfügbar unter http://idw-online.de/pages/de/news83261 [10.05.2005].

McFarlane, J.M., Campbell, J.C., Wilt, S., Sachs, C.J., Ulrich, Y. & Xu, X. (1999). Stalking and intimate partner femicide. *Homicide Studies, 3* (4), 300-316.

Mechanic, M.B., Uhlmansiek, M.H., Weaver, T.L. & Resick, P.A. (2002). The Impact of severe stalking experienced by acutely battered women: An examination of violence, psychological symptoms and strategic responding. In K.E. Davis, I. H. Frieze & R.D. Maiuro (Hrsg.), *Stalking – perspectives on victims and perpetrators* (S. 89-111). New York: Springer.

Mechanic, M.B., Weaver, T.L. & Resick, P.A. (2002). Intimate partner violence and stalking behavior: Exploration of patterns and correlates in a sample of acutely battered women. In K.E. Davis, I. H. Frieze & R.D. Maiuro (Hrsg.), *Stalking – perspectives on victims and perpetrators* (S. 62-88). New York: Springer.

Meloy, J.R. (1996). Stalking (obsessional following): A Review of some preliminary studies. *Aggression and Violent Behavior, 1* (2), 147-162.

Meloy, J.R. (1998). The psychology of stalking. In J.R. Meloy (Hrsg.), *The psychology of stalking – Clinical and forensic perspectives* (S. 1-23). San Diego, CA: Academic press.

Meloy, J.R. (2001). Stalking and violence. In J. Boon & L. Sheridan (Hrsg.), *Stalking and psychosexual obsession.* London: Wiley.

Melton, H.C. (2000). Stalking: A review of the literature and direction for the future. *Criminal Justice Review, 25* (2), 246-262.

Ministerium der Justiz, Rheinland-Pfalz (2005, 30. September). Pressemeldung: *Mertin präsentiert eigenen Gesetzentwurf: Opferschutz kann nur mit verfassungsgemäßem Gesetz verbessert werden.* Verfügbar unter http://cms.justiz.rlp.de/justiz/broker?uCon=a3d7015f-663f-ddf1-80fa-2cfed9dc41d0&uTem=fff70d73-d8a9-51fc-889b-3bb63b81ce4a [30.09.2005].

Mullen, P. & MacKenzie, R. (2004). Assessing and managing risk in stalking situations. In J. Bettermann & M. Feenders (Hrsg.), *Stalking – Möglichkeiten und Grenzen der Intervention* (S. 51-74). Frankfurt: Verlag für Polizeiwissenschaft.

Mullen, P.E. & Pathé, M. (1994). The pathological extensions of love. *British Journal of Psychiatry, 165*, 614-623.

Mullen, P.E. & Pathé, M. (2001). Stalkers and their victims. *Psychiatric Times, 18* (4). Verfügbar unter http://www.psychiatrictimes.com/p010443.html [24.05.2005].

Mullen, P.E., Pathé, M. & Purcell, R. (2000). *Stalkers and their victims.* Cambridge: University press.

Mullen, P.E., Pathé, M. & Purcell, R. (2001). The management of stalkers. *Advances in Psychiatric Treatment, 7*, 335-342.

Mullen, P.E., Pathé, M., Purcell, R. & Stuart, G.W. (1999). Study of Stalkers. *American Journal of Psychiatry, 156* (8), 1244-1249.

Nicastro, A.M., Cousins, A.V. & Spitzberg, B.H. (2000). The tactical face of stalking. *Journal of Criminal Justice, 28*, 69-82.

Oehmke, R. (2004). Das Stalking-Projekt der Polizei Bremen. In J. Bettermann & M. Feenders (Hrsg.), *Stalking – Möglichkeiten und Grenzen der Intervention* (S. 201-207). Frankfurt: Verlag für Polizeiwissenschaft.

Pathé, M. & Mullen, P.E. (1997). The impact of stalkers on their victims. *British Journal of Psychiatry, 170,* 12-17.

Pathé, M., Mullen, P.E. & Purcell, R. (2001). Management of victims of stalking. *Advances in Psychiatric Treatment, 7,* 399-406.

Pechstaedt, V. von (1999). *Stalking: Strafbarkeit nach englischem und deutschem Recht.* Göttingen: Hainholz.

Pechstaedt, V. von (2002). Stalking und das deutsche Recht. *Polizei und Wissenschaft, 4*, 45 – 52.

Pechstaedt, V. von (2004). Strafrechtlicher Schutz vor Stalkern und deren Strafverfolgung in Deutschland de lege lata. In J. Bettermann & M. Feenders (Hrsg.), *Stalking – Möglichkeiten und Grenzen der Intervention* (S. 147-168). Frankfurt: Verlag für Polizeiwissenschaft.

Purcell, R., Pathé, M. & Mullen P.E. (2000). *The incidence and nature of stalking victimisation.* Paper presented at the Stalking: Criminal Justice Responses Conference convened by the Australian Institute of Criminology in Sydney, 7.-8. December 2002.Verfügbar unter: http://www.aic.gov.au/conferences/stalking/Purcell.pdf [23.05.2005].

Purcell, R., Pathé, M. & Mullen P.E. (2001). A study of women who stalk. *American Journal of Psychiatry, 158,* 2056-2060.

Purcell, R., Pathé, M. & Mullen P.E. (2002). Prevalence and nature of stalking in the Australian community. *Australian and New Zealand Journal of Psychiatry, 36,* (1), 114–120.

Rosenfeld, B. (2004). Violence risk factors in stalking and obsessional harassment. A review and preliminary meta-analysis. *Criminal Justice and Behavior, 31* (1), 9-36.

Rupp, M. (Hrsg.). (2005). *Rechtstatsächliche Untersuchung zum Gewaltschutzgesetz.* Köln: Bundesanzeiger Verlag.

Schumacher, S. (2000). *Liebeswahn – Geliebt, verfolgt, gehetzt.* Köln: VGS.

Sheridan, L., Davies, G.M. & Boon, J.C.W. (2001). Stalking – Perceptions and prevalence. *Journal of Interpersonal Violence, 16* (2), 151-167.

Simonin, M. & Killias, M. (2003, Juli). Anzeige von Gewaltdelikten: Eine Frage der Tatumstände oder der Merkmale von Täter und Opfer? *Crimiscope, 22,* 1-6.

Sinclair, H.C. & Frieze, I.H. (2002). Initial courtship behavior and stalking: How should we draw the line? In K.E. Davis, I.H. Frieze, & R.D. Maiuro, (Hrsg.), *Stalking – perspectives on victims and perpetrators* (S. 186-211). New York: Springer.

Spitzberg, B. H. (2002). The tactical topography of stalking victimization and mangement. *Trauma, Violence, & Abuse, 3* (4), 261-288.

Stadler, L., Heubrock, D. & Rusch, S. (2005). Hilfesuchverhalten von Stalking-Opfern bei staatlichen Institutionen: Erfahrungen aus dem Hellfeld. *Praxis der Rechtspsychologie, 15,* 235-252.

Tjaden, P. & Thoennes, N. (1998). *Stalking in America: Findings from the national violence against women survey* (NJ Report No. 169592). Washington, DC: U.S. Department of Justice.

Tjaden, P. & Thoennes, N. (2002). The role of stalking in domestic violence crime reports generated by the Colorado Springs police department. In K.E. Davis, I. H. Frieze & R.D. Maiuro (Hrsg.), *Stalking – perspectives on victims and perpetrators* (S. 330-350). New York: Springer.

Tjaden, P., Thoennes, N. & Allison, C. J. (2002). Comparing stalking victimization from legal and victim perspectives. In K.E. Davis, I.H. Frieze, & R.D. Maiuro, (Hrsg.), *Stalking – perspectives on victims and perpetrators* (S. 9-30). New York: Springer.

U.S. Department of Justice. (1998). *Stalking and domestic violence. The third annual report to congress under the Violence Against Women Act.* Verfügbar unter: http://www.ojp.usdoj.gov/vawo/grants/stalk98/welcome.html [30.5.2005].

Voß, H-G.W. (2002). Stalking in einer Normalpopulation. *Polizei und Wissenschaft, 4,* 60-72.

Voß, H.-G.W. (2004). Zur Psychologie des Stalking: Eine Einführung. In J. Bettermann & M. Feenders (Hrsg.), *Stalking – Möglichkeiten und Grenzen der Intervention* (S. 37-49). Frankfurt: Verlag für Polizeiwissenschaft.

Voß, H.-G.W. & Hoffmann, J. (2002). Zur Phänomenologie und Psychologie des Stalking: Eine Einführung. *Polizei und Wissenschaft, 4,* 4-14.

Voß, H.-G.W. & Hoffmann, J. (2004). Stalking aus Sicht der Opfer und der Täter. In MA 57 – Frauenförderung und Koordinierung von Frauenangelegenheiten (Hrsg.). *Du entkommst mir nicht. Psychoterror – Formen, Auswirkungen und gesetzliche Möglichkeiten.* Bericht zur Konferenz in Wien, 2003 (S. 17-24). Wien: AV-Druck.

Wagner, C. (2005, Februar). *Stalking – besserer Schutz vor unzumutbarer Belästigung.* Vortrag in der hessischen Landesvertretung, Berlin. Verfügbar unter http://www.hmdj.justiz.hessen.de/C1256F8500320C89/vwContentByName/Dateien%20f%FCr%20Seite%20Aktuell/$File/Stalking%20Berlin.pdf [10.06.2005].

Wagner, C. (2005, Juni). *Rede des Hessischen Ministers der Justiz Dr. Christean Wagner zur ersten Beratung des „Stalking-Bekämpfungsgesetzes" des Bundesrates im Deutschen Bundestag am 2. Juni 2005.* Verfügbar unter http://www.hmdj.justiz.hessen.de/C1256F8500320C89/vwContentByName/Dateien%20f%FCr%20Seite%20Aktuell/$File/StalkingRedeBT.pdf [15.06.2005].

Weisser Ring e.V. (2005). *Ergebnisse der vom Weißen Ring unterstützten Stalking-Studie.* Verfügbar unter http://www.weisser-ring.de/bundesgeschaeftsstelle/aktuell/meldungen/stalking_studie_der_tu_darmstadt/index.php [23.05.2005].

Wondrak, I. (2004). Auswirkungen von Stalking aus Sicht der Betroffenen. In J. Bettermann & M. Feenders (Hrsg.), *Stalking – Möglichkeiten und Grenzen der Intervention* (S. 21-35). Frankfurt: Verlag für Polizeiwissenschaft.

Wondrak, I. & Hoffmann, J. (2005). Psychische Belastung von Stalking-Opfern: Therapie und Beratung. In A. Weiß & H. Winterer (Hrsg.), *Stalking und häusliche Gewalt. Interdisziplinäre Aspekte und Interventionsmöglichkeiten* (S. 39-48). Freiburg: Lambertus.

Zona, M., Sharma, K. & Lane, J. (1993). A comparative Study of erotomanic and obsessional subjects in a forensic sample. *Journal of Forensic Sciences, 38,* 894-903.

Tabellenverzeichnis

Tabelle 1: Altersstruktur der Untersuchungsstichprobe und Altersdurchschnitt nach Geschlecht

Tabelle 2: Staatsangehörigkeit, Familienstand und Anzahl der Kinder der Befragten

Tabelle 3: Hintergrund an Gewalt im sozialen Nahraum der Untersuchungsstichprobe sowie Darstellung der Täter, von denen die Gewalt verübt wurde

Tabelle 4: Stalking-Dauer bis zum Anzeigezeitpunkt

Tabelle 5: Inanspruchnahme professioneller Hilfe der Stalking-Betroffenen

Tabelle 6: Zeitpunkt, zu dem Hilfesuchende sich an professionelle Helfer wandten, in Bezug zur Stalking-Anzeige

Tabelle 7: Kreuztabelle zwischen Anzeigezeitpunkt und Geschlecht

Tabelle 8: Altersverteilung zu den verschiedenen Anzeigezeitpunkten

Tabelle 10: Kreuztabelle zwischen Anzeigezeitpunkt und Familienstand

Tabelle 11: Kreuztabelle zwischen Anzeigezeitpunkt und Gewalterfahrungen im sozialen Nahraum

Tabelle 12: Kreuztabelle zwischen Anzeigezeitpunkt und Verhältnis zum Stalker

Tabelle 13: Gruppe der Stalking-Handlungskategorien „frühe Anzeige"

Tabelle 14: Gruppe Stalking-Handlungskategorien „späte Anzeige"

Abbildungsverzeichnis

Abbildung 1: Prozentuale Verteilung der Beziehung zwischen Stalker und Stalking-Opfer in der Untersuchungsstichprobe

Abbildung 2: Häufigkeitsverteilungen der Stalking-Handlungen

Anhangsverzeichnis

Anhang A: Fragebogen der Stalking-Untersuchung

Anhang B: Begleitanschreiben zur postalischen Versendung des Fragebogens

Anhang C: Leitfaden für die Tiefeninterviews

Anhang D: FPI-R-Fragebogen

Anhang E: Einverständniserklärung zur wissenschaftlichen Nutzung der Interviewdaten

Anhang F: Anschreiben an telefonisch nicht erreichbare Stalking-Betroffene

 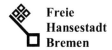

Fragebogen zur Stalking-Untersuchung

I. Angaben zu Ihrer Person:

1. **Geschlecht**
   - ☐ männlich
   - ☐ weiblich

2. **Alter:** _____ Jahre

3. **Nationalität:** _____

4. **Konfession:** _____

5. **Familienstand:**
   - ☐ ledig
   - ☐ verheiratet
   - ☐ geschieden
   - ☐ getrennt lebend
   - ☐ mit Partner in einem Haushalt lebend

6. **Kinder** (Anzahl und Alter): _____

7. **wohnhaft im Stadtteil:** _____

8. **gelernter Beruf:** _____

9. **derzeit ausgeübter Beruf:** _____

10. **Monatseinkommen**
    - ☐ bis 500 Euro
    - ☐ bis 1000 Euro
    - ☐ bis 2000 Euro
    - ☐ bis 3000 Euro
    - ☐ mehr als 3000 Euro

II Angaben zu den Stalking-Vorfällen

1. Wie lange wurden Sie bereits belästigt/gestalkt, bis Sie sich an die Polizei gewandt haben (in Tagen/Wochen/Monaten/Jahren)?

_____

_____

2. Wie oft (pro Tag/Woche/Monat/Jahr) waren Sie zu dem Zeitpunkt gestalkt worden, als Sie sich entschlossen haben, zur Polizei zu gehen?

ungefähr _____

3. Auf welche Weise hat der Stalker Sie belästigt?

_____

_____

_____

4. In welchem Verhältnis standen Sie zum Stalker?

☐ bekannt (z.B. Arbeitskollege, Student/Klient/Kunde, Nachbar, Bekannter etc.)

☐ unbekannt

☐ Expartner

☐ kurze Intimbeziehung

5. Wann bzw. wodurch endete das Stalking? (Mehrfachnennungen möglich)

☐ nach der Anzeigenerstattung

☐ nach der Kontaktaufnahme zum Stalker durch die Polizei

☐ nach Ansprache des Stalkers durch andere Personen

☐ durch Änderung Ihres Verhaltens gegenüber dem Täter

☐ durch Änderungen Ihrer Lebensführung/der Lebensumstände

☐ durch Anwesenheit eines neuen Partners

☐ nach einer Suizidandrohung von Ihrer Seite

☐ durch Wiederaufnahme der Beziehung zum stalkenden Ex-Partner

☐ das Stalking hat bis heute nicht aufgehört

☐ Sonstiges: _____

Anhang A: Fragebogen zur Stalking-Untersuchung

6. **Wie lange hat es gedauert, bis der Stalker aufgrund des unter 5. genannten Grundes seine StalkingHandlungen eingestellt hat?**

    ungefähr _____

7. **a) Wurde das Stalking vom gleichen Stalker zu einem späteren Zeitpunkt wieder aufgenommen?**

    ☐ ja

    ☐ nein

    wenn ja:

    b) Nach welchem Zeitraum setzte das Stalking wieder ein?

    nach ungefähr _____

8. **a) Waren Sie außer dem angezeigten Stalking-Vorfall auch Opfer von anderen Stalkern?**

    ☐ ja

    ☐ nein

    wenn ja:

    b) Von wie vielen anderen Stalkern?

    _____

9. **a) Waren Sie schon einmal Opfer von Gewalt im sozialen Nahraum (durch Partner, Ehepartner, Eltern, eigene Kinder)**

    ☐ ja

    ☐ nein

    wenn ja:

    b) durch wen? (Mehrfachnennungen möglich)

    ☐ Partner

    ☐ Ehepartner

    ☐ Expartner

    ☐ Eltern

    ☐ eigene Kinder

10. a) Haben Sie aufgrund der Stalking-Handlungen die Hilfe eines Psychotherapeuten, Arztes, Pfarrers oder einer Opferberatung in Anspruch genommen?

☐ ja

☐ nein

wenn ja:

b) Von wem haben Sie Hilfe in Anspruch genommen? (Mehrfachnennungen möglich)

☐ Psychotherapeut

☐ Arzt

☐ Pfarrer

☐ Opferberatung

c) Wann haben Sie diese Hilfe in Anspruch genommen?

☐ ca. 1 – 3 Monate vor der Anzeige

☐ ca. 1 – 4 Wochen vor der Anzeige

☐ zum Zeitpunkt der Anzeige

☐ ca. 1 – 4 Wochen nach der Anzeige

☐ ca. 1 – 3 Monate nach der Anzeige

11. Haben Sie die Handlungshinweise der Polizei (z.B. Merkblatt für „Stalking-Betroffene") als sinnvoll erachtet?

☐ ja

☐ nein

Warum (nicht)?

_____
_____
_____
_____

Haben Sie vielen Dank für Ihre Mitarbeit!

Polizei Bremen

 Freie Hansestadt Bremen

Polizei Bremen • Postfach 10 25 47 • 28025 Bremen

Auskunft erteilt der für Sie zuständige
Stalkingbeauftragte
Zimmer:
T (04 21) 362-0
F (04 21)
E-mail:
Datum und Zeichen
Ihres Schreibens:

Mein Zeichen:
(bitte bei Antwort angeben)

Bremen, 3. Mai 2005

Untersuchung zur Verbesserung der Situation von „Stalking-Opfern"

Sehr geehrte ,

die Polizei Bremen ist auf Ihre Mithilfe angewiesen!

Um die Situation der „Stalking-Betroffenen" verbessern zu können, möchte die Polizei Bremen in Zusammenarbeit mit dem Institut für Rechtspsychologie der Universität Bremen eine Untersuchung zum Phänomen „Stalking" durchführen.

Ziel der Untersuchung ist es, mit Ihren Erfahrungen als Stalking-Betroffene umfassendere Präventions- und Interventionsmöglichkeiten zu entwickeln, um zukünftig einen optimierteren Opferschutz zu gewährleisten.

Mit Ihren Erfahrungen können Sie ein großes Stück zu einem optimalen Schutz von Stalking-Betroffenen beitragen.
Helfen Sie anderen Betroffenen, indem Sie uns den anliegenden Fragebogen so bald wie möglich, aber spätestens bis zum **3. Juni 2005,** ausgefüllt, zurücksenden.

Mit freundlichen Grüßen

Stephan Rusch
Landeskriminalamt Bremen
Leiter der Präventionsdienststelle

Dienstgebäude Sprechzeiten Bankverbindungen
Bremer Landesbank (BLZ 290 500 00) Kto. 1070115000
Landeszentralbank (BLZ 290 000 00) Kto. 29001565
Sparkasse Bremen (BLZ 290 501 01) Kto. 1090653

Interviewleitfaden

Vielen Dank, dass Sie sich die Zeit genommen haben, den Fragebogen zu beantworten und nun sogar zusätzlich zu einem persönlichen Gespräch bereit sind. Wie wir Ihnen ja bereits im Anschreiben mitgeteilt haben, geht es darum, das polizeiliche Handeln bei Stalking-Fällen zu verbessern und den Opfern einen besseren Schutz gewährleisten zu können. Außerdem soll die Situation der Anzeigeerstattung so angenehm und wenig belastend wie möglich für die Opfer gestaltet werden.

1. Situation der Anzeigeerstattung

- Vielleicht erinnern Sie sich noch an die Situation, als Sie Ihre Anzeige erstattet haben. Wie war das für Sie, mit welchen Gefühlen und Gedanken sind Sie zur Polizei gegangen?

- War Ihnen bewusst, dass es sich in Ihrem Fall um Stalking handelte?

- Können Sie Ihre psychische Situation in der Situation der Anzeigeerstattung beschreiben? Konnten Sie sich beispielsweise konzentrieren oder hatten Sie den Eindruck, nichts mehr aufnehmen zu können?

- Haben Sie kurz vor /während der Anzeigesituation Stresssymptome bei sich festgestellt?

- Warum haben Sie erst eine gewisse Zeit *(Zeit, die im Fragebogen angegeben wurde, aufgreifen)* vergehen lassen, bis Sie Anzeige erstattet haben?

- Können Sie sich noch daran erinnern, was der Auslöser dafür war, dass Sie zur Polizei gegangen sind?

- Fand ein Abwägungsprozess statt: Was sprach für eine Anzeige, was dagegen?

- Haben Sie diesbezüglich auch Freunde, Bekannte oder ihre Familie um Rat gefragt? In welche Richtung wurden Sie von außen beeinflusst?

- Manchmal fühlen sich Stalking-Opfer von der Umwelt nicht ausreichend ernst genommen. Wie erging es Ihnen?

- Ist die Polizei Ihrer Meinung nach ausreichend geschult, um bei Stalking-Vorfällen gründlich zu ermitteln?

- Waren Sie mit der Arbeit der Polizei zufrieden?

- Haben Sie ein Merkblatt mit Verhaltenshinweisen bekommen? Wann haben Sie diese das erste Mal aufmerksam gelesen? Haben Sie danach gehandelt?

- Was würden Sie einem Stalking-Opfer heute nach Ihren Erfahrungen raten: Zur Anzeige und/oder zur Inanspruchnahme anderer Hilfsangebote?

- Haben Sie sich weitere Hilfe gesucht (z.B. Rechtsanwalt, Therapeut)? Wurde der Begriff des Stalking bei Rechtsanwalt, Arzt oder Therapeut erwähnt? Von Ihnen oder von der helfenden Person? War das Phänomen dort bekannt?

Anhang C: Leitfaden für die Tiefeninterviews

2. Hintergründe des Stalking-Falles

- Wann hat das Stalking bei Ihnen angefangen? (Monat/Jahr)? Wie lange hat die Stalking-Phase insgesamt gedauert?
- Zu Beginn einer Stalking-Episode sind sich nicht alle Opfer darüber im Klaren, dass sie gestalkt werden. Wie haben Sie bemerkt, dass Sie gestalkt werden? Wie lange wurden sie bereits gestalkt, als sie es als solches wahrgenommen haben?
- Hat das Stalking vollständig aufgehört? Gab es Phasen/Unterbrechungen?
- Falls das Stalking beendet ist, wann und wie hat es aufgehört?
- Was war der Auslöser für das Stalking? (Beendigung der Beziehung? Zurückweisung?)
- Wie häufig nimmt/nahm Ihr Stalker Kontakt mit Ihnen auf?
- Ist Ihnen bekannt, ob Ihr Stalker legale oder illegale Drogen konsumierte?
- Hatte er illegalen oder legalen Zugang zu Waffen?

3. Vorbeziehung zum Stalker

I) (Entfernt) bekannt (Nachbarn, Arbeitskollegen, Student/Klient/Kunde…)

- Wie würden Sie Ihr Verhältnis zum Stalker vor den Stalking-Handlungen beschreiben?
- Wie haben Sie sich *vor Beginn des Stalking* ihm gegenüber verhalten (distanziert, freundlich…)?
- Könnten Sie sich vorstellen, dass der Stalker irgendein Verhalten von Ihnen fehl interpretiert haben könnte und sich deshalb ermutigt gefühlt hat, Sie zu belästigen?
- Warum glauben Sie, wurden Sie von dem Stalker belästigt, was war seine Motivation?
- Haben Sie eine Vermutung, warum er gerade Sie ausgesucht hat?

II) Expartner-Stalking

- Wie würden Sie die Beziehung, die Sie mit Ihrem Expartner geführt haben, charakterisieren?
- Wie würden Sie Ihren Partner beschreiben, als Sie noch mit ihm eine Beziehung geführt haben? Wie war er so? Wie verhielt er sich Ihnen gegenüber?
- War er Ihnen gegenüber in der Partnerschaft gewalttätig? In welchen Situationen? Gab es bestimmte Auslöser, bei denen er zu Gewalt neigte?
- Wie verhielten Sie sich während der Beziehung Ihrem Partner (heute Ex-Partner) gegenüber?

- Von wem ging der Abbruch der Beziehung aus? Warum wurde die Beziehung beendet? Kam dies sehr plötzlich oder war der Expartner darauf vorbereitet?

- Hatten Sie Schwierigkeiten, Ihrem Partner klar zu machen, dass die Beziehung beendet ist? Waren Sie sich selbst unsicher?

- Hatte es schon vorher Abbrüche der Beziehung gegeben, nach denen die Beziehung wieder aufgenommen wurde?

- Hätten Sie Ihrem Partner, so wie Sie ihn vorher kannten, zugetraut, dass er sie belästigen würde, wenn die Beziehung vorbei ist? Gab es schon während der Beziehung Anhaltspunkte dafür (z.b. stark kontrollierend, eifersüchtig..)?

- Wenn ja: Wie haben Sie auf sein Verhalten reagiert?

- Was glauben Sie ist der Grund, warum Ihr Expartner Sie stalkt? Was ist seine Motivation/Intention?

- Glauben Sie oder ist Ihnen bekannt, dass Ihr Expartner schon einmal eine Expartnerin gestalkt hat? (Können Sie sich vorstellen, warum er dies nach dem Abbruch der Beziehung mit Ihnen getan hat?)

- Wir würden Sie vorherige Beziehungen von Ihnen charakterisieren? Haben Sie dort schon mal ähnliche Erfahrungen gemacht oder verliefen die Beziehungen anders?

4. Verhalten des Stalking-Betroffenen während des Stalking

- Haben Sie ein Tagebuch über die Aktionen des Stalkers geführt oder Aufzeichnungen darüber gemacht?

- Haben Sie irgendwelche Dinge aufbewahrt, die Ihr Stalker hinterlassen hat?

- Haben Sie sich einen Sicherheitsplan gemacht oder Sicherheitsvorkehrungen getroffen?

- Haben Sie sich bewaffnet zum Schutz vor dem Stalker? Womit?

- Haben Sie auf bestimmte Kommunikationstechniken zurückgegriffen (z.B. Voicebox)?

- Haben Sie generell auf den Stalker reagiert? Wie haben Sie sich dem Stalker gegenüber verhalten?

- Zu welchem Zeitpunkt reagierten Sie?

- Würden Sie Ihr Verhalten gegenüber dem Stalker als konsequent und eindeutig beschreiben?

- Glauben Sie, dass Ihr Verhalten/Ihre Reaktion hilfreich war, oder dass es die Sache verschlimmert hat?

- Haben Sie bestimmte Vermeidungsstrategien angewandt, um dem Stalker zu entkommen oder ihm nicht zu begegnen?

Anhang C: Leitfaden für die Tiefeninterviews

- Welche Bewältigungsstrategien haben Sie eingesetzt, als Sie gestalkt wurden?
- Haben Sie Ihr Verhalten dem Stalker gegenüber irgendwann geändert, eine neue Strategie angewendet?
- Wie war die Reaktion des Stalkers auf diese Verhaltensänderung? Hat sich sein Verhalten daraufhin auch verändert?

Sonderfragen für die Stalking-Opfer mit mehrfachen Stalking-Erfahrungen

- Sie haben angegeben, dass Sie schon mehrfach Opfer von Stalkern gewesen sind. Haben Sie diese Fälle bei der Polizei gemeldet?
- Warum nicht?
- In welchem Zusammenhang fanden die anderen Stalking-Fälle statt? Wer war(en) der/die Stalker?
- Wodurch hat das Stalking aufgehört?
- Wie lang hat das Stalking gedauert?
- Haben Sie das Gefühl, dass Sie wegen der vorherigen Stalking-Erfahrungen eine Sensibilität gegenüber Stalking entwickelt haben?
- Wenn vorher nicht angezeigt wurde: Hatten die vorherigen Stalking-Erfahrungen einen Einfluss darauf, dass Sie schließlich beim nachfolgenden Stalking-Fall zur Polizei gegangen sind?
- Wenn vorher auch angezeigt wurde: Wurde beim zweiten Mal früher angezeigt?
- Worin unterschieden sich die verschiedenen Stalking-Fälle, dass Sie bei einem nicht zur Polizei gingen, bei einem anderen schon? Was war der Auslöser, schließlich den Fall bei der Polizei zu melden?
- Gab es Ähnlichkeiten in der Art, der Situation zwischen den Stalking-Fällen?
- Glauben Sie, dass es Zufall war, dass Sie mehrfach Opfer von Stalkern wurden oder haben Sie eine Vermutung, warum dies passiert ist?
- Haben Sie die früheren Stalking-Vorkommnisse anders wahrgenommen als die späteren?
- Haben Sie sich in früheren Stalking-Fällen dem Stalker gegenüber anders verhalten als in Nachfolgenden?

5. Auswirkungen des Stalking

a) Körperliche und emotionale Auswirkungen:
- Haben Sie bei sich körperliche Auswirkungen durch das Stalking festgestellt?

- Haben Sie auch emotionale Auswirkungen bei sich bemerkt?
- Wurden Sie aufgrund der Stalking-Handlungen krankgeschrieben? Wie lange?
- Wurden auch Medikamente verschrieben?

b) Soziale Auswirkungen:
- Haben sich soziale Konsequenzen oder finanziellen Einbußen aufgrund des Stalking bei Ihnen ergeben?
- Haben sich Ihre Lebensumstände oder die Beziehung zu Familie oder Freunden durch die Stalking-Periode verändert (Waren Beziehungen beispielsweise früher enger als heute oder umgekehrt)?
- Haben Sie Ihren Lebensstil verändert aufgrund des Stalking? Inwiefern?
- Ist Ihr Vertrauen in die Menschen gesunken? (Wie haben Sie sich früher anderen Menschen gegenüber verhalten, wie heute?)
- Empfinden Sie heute noch Isolation? Hat das Stalking immer noch Einfluss auf Ihr Leben?
- Was für Gefühle werden bei Ihnen ausgelöst, wenn Sie an die Stalking-Zeit zurückdenken?

c) Allgemeine Auswirkungen:
- Wenn Sie an die Zeit vor dem Stalking an sich denken und mit heute, nach dem Stalking, vergleichen, würden Sie dann sagen, dass Sie (Ihre Persönlichkeit) sich verändert haben? Inwiefern? Wie würden Sie sich vor dem Stalking beschreiben, wie heute?
- Hat sich Ihre Einstellung zum Leben durch das Stalking verändert, beispielsweise Ihre Prioritäten im Leben? (Wie waren diese früher, wie heute)?
- Haben Sie durch das Stalking eine erhöhte Sensibilität oder Aufmerksamkeit bei sich bemerkt für Ereignisse, welche nichts mit dem Stalking zu tun haben oder fühlten sich dort ebenfalls als Opfer?
- Gibt bzw. gab es öfter Situationen, in denen Sie sich hilflos fühlen/fühlten, auch unabhängig vom Stalking?

6. Persönlichkeit und Problemlösestrategien des Stalking-Betroffenen

- Wie würden Sie sich selbst beschreiben, was sind Sie für ein Typ? (selbstbewusst, offen, introvertiert, misstrauisch, naiv)
- Sind Sie eher ein emotionaler/impulsiver oder eher ein ruhiger/rationaler Typ?
- Sind Sie eher ein lebhafter oder eher ein zurückgezogener Mensch?

- Haben Sie das Gefühl, dass Sie häufig Opfer irgendwelcher mehr oder minder schweren Delikte oder Missgeschicke werden (z.B. Diebstahl)?
- Gibt bzw. gab es öfter Situationen, in denen Sie sich hilflos fühlen/fühlten, auch unabhängig vom Stalking?
- Fällt es Ihnen leicht, Hilfe von anderen in Anspruch zu nehmen oder regeln Sie die Dinge lieber für sich allein?
- Wie gehen Sie ganz allgemein mit Problemen um? Was sind Ihre Bewältigungsstrategien?
- Wie ist Ihre Einstellung zum Leben (pessimistisch/optimistisch, zufrieden…)
- Was ist Ihnen wichtig im Leben?

7. Kindheit

- Wir würden Sie Ihr Elternhaus beschreiben (kühl, freundlich, unterstützend, konfliktreich…)?
- Hatten Sie das Gefühl mit Ihren Eltern über alles reden zu können? Herrschte eine offene Atmosphäre?
- Haben Sie das Gefühl vermittelt bekommen, „funktionieren" zu müssen?
- Leben Ihre Eltern zusammen oder sind sie geschieden?
- Haben Sie Geschwister?
- Wie ist Ihr Verhältnis zu Ihren Eltern?
- Gab es in Ihrer Familie Erfahrungen von Gewalt, z.B. zwischen Ihren Eltern oder von Ihren Eltern gegenüber Ihnen oder Ihren Geschwistern?
- Waren Sie in anderen Zusammenhängen schon einmal Opfer von Gewalt?
- Glauben Sie, dass diese Erfahrungen Einfluss darauf hatten, wie Sie sich in Beziehungen verhalten?

Gibt es noch irgendetwas, was Ihrer Meinung nach wichtig ist, was aber noch nicht während des Gesprächs erwähnt oder angesprochen wurde? Haben Sie noch Fragen?

Abschließend würden wir gern noch darum bitten, einen kurzen Fragebogen zu Ihren Verhaltensweisen und Einstellungen auszufüllen. Dieser soll uns dabei helfen herauszufinden, ob es bestimmte Merkmale oder Eigenschaften bei Stalking-Betroffenen gibt, die das Anzeigeverhalten beeinflussen, um gezieltere Prävention und Intervention betreiben zu können.

Haben Sie vielen Dank für das Gespräch.

FPI-R FRAGEBOGEN

Name: _____ Kenn-Nr.: _____

Sie werden auf den folgenden Seiten eine Reihe von Aussagen über bestimmte Verhaltensweisen, Einstellungen und Gewohnheiten finden. Sie können jede entweder mit „stimmt" oder mit „stimmt nicht" beantworten. Setzen Sie bitte ein Kreuz (X) in den dafür vorgesehenen Kreis. Es gibt keine richtigen oder falschen Antworten, weil jeder Mensch das Recht zu eigenen Anschauungen hat.
Antworten Sie bitte so, wie es für Sie zutrifft.

Beachten Sie bitte folgende Punkte:

- Überlegen Sie bitte nicht erst, welche Antwort vielleicht den „besten Eindruck" machen könnte, sondern antworten Sie so, wie es für Sie persönlich gilt. Manche Fragen kommen Ihnen vielleicht sehr persönlich vor. Bedenken Sie aber, daß Ihre Antworten unbedingt vertraulich behandelt werden.
- Denken Sie nicht lange über einen Satz nach, sondern geben Sie die Antwort, die Ihnen unmittelbar in den Sinn kommt. Natürlich können mit diesen kurzen Fragen nicht alle Besonderheiten berücksichtigt werden. Vielleicht passen deshalb einige nicht gut auf Sie. **Kreuzen Sie aber trotzdem immer eine Antwort an**, und zwar die, welche noch am ehesten für Sie zutrifft.

		stimmt	stimmt nicht
1.	Ich habe die Anleitung gelesen und bin bereit, jeden Satz offen zu beantworten	O	O
2.	Ich gehe abends gerne aus	O	O
3.	Ich habe (hatte) einen Beruf, der mich voll befriedigt	O	O
4.	Ich habe fast immer eine schlagfertige Antwort bereit	O	O
5.	Ich glaube, daß ich mir beim Arbeiten mehr Mühe gebe als die meisten anderen Menschen	O	O
6.	Ich scheue mich, allein in einen Raum zu gehen, in dem andere Leute bereits zusammensitzen und sich unterhalten	O	O
7.	Manchmal bin ich zu spät zu einer Verabredung oder zur Schule gekommen	O	O
8.	Ich würde mich beim Kellner oder Geschäftsführer eines Restaurants beschweren, wenn ein schlechtes Essen serviert wird	O	O
9.	Ich habe manchmal häßliche Bemerkungen über andere Menschen gemacht	O	O
10.	Im Krankheitsfall möchte ich Befund und Behandlung eigentlich von einem zweiten Arzt überprüfen lassen	O	O
11.	Ich bin ungern mit Menschen zusammen, die ich noch nicht kenne	O	O
12.	Wenn jemand meinem Freund etwas Böses tut, bin ich dabei, wenn es heimgezahlt wird	O	O
13.	Meine Bekannten halten mich für einen energischen Menschen	O	O
14.	Ich würde kaum zögern, auch alte und schwerbehinderte Menschen zu pflegen	O	O
15.	Ich kann mich erinnern, mal so zornig gewesen zu sein, daß ich das nächstbeste Ding nahm und es zerriß oder zerschlug	O	O
16.	Ich habe häufig Kopfschmerzen	O	O
17.	Ich bin unternehmungslustiger als die meisten meiner Bekannten	O	O
18.	Ich achte aus gesundheitlichen Gründen auf regelmäßige Mahlzeiten und reichlichen Schlaf	O	O
19.	Ich habe manchmal ein Gefühl der Teilnahmslosigkeit und inneren Leere	O	O
20.	Sind wir in ausgelassener Runde, so überkommt mich oft eine große Lust zu groben Streichen	O	O
21.	Ich bin leicht beim Ehrgeiz zu packen	O	O
22.	Ich bin der Ansicht, die Menschen in den Entwicklungsländern sollten sich zuerst einmal selbst helfen	O	O
23.	Ich lebe mit mir selbst in Frieden und ohne innere Konflikte	O	O
24.	Ich male mir manchmal aus, wie übel es denen eigentlich ergehen müßte, die mir Unrecht tun	O	O

© Hogrefe-Verlag GmbH & Co. KG • Nachdruck und jegliche Form der Vervielfältigung verboten • Best.-Nr 01 025 04

	stimmt	stimmt nicht
25. In einer vergnügten Gesellschaft kann ich mich meistens ungezwungen und unbeschwert auslassen	O	O
26. Ich fühle mich auch über meine Familie hinaus für andere Menschen verantwortlich	O	O
27. Ich neige dazu, bei Auseinandersetzungen lauter zu sprechen als sonst	O	O
28. Ich bin oft nervös, weil zu viel auf mich einströmt	O	O
29. Wenn ich noch einmal geboren würde, dann würde ich nicht anders leben wollen	O	O
30. Wenn mir einmal etwas schiefgeht, regt mich das nicht weiter auf	O	O
31. Ich habe mich über die häufigsten Krankheiten und ihre ersten Anzeichen informiert	O	O
32. Ich übernehme bei gemeinsamen Unternehmungen gern die Führung	O	O
33. Ich habe selbst bei warmem Wetter häufiger kalte Hände und Füße	O	O
34. Ich finde, jeder Mensch soll sehen, wie er zurecht kommt	O	O
35. Die täglichen Belastungen sind so groß, daß ich davon oft müde und erschöpft bin	O	O
36. Ich denke oft, daß ich meinen Konsum einschränken müßte, um dann an benachteiligte Menschen abzugeben	O	O
37. Als Kind habe ich manchmal ganz gerne anderen die Arme umgedreht, an Haaren gezogen, ein Bein gestellt usw.	O	O
38. Um gesund zu bleiben, achte ich auf ein ruhiges Leben	O	O
39. Ich habe gern mit Aufgaben zu tun, die schnelles Handeln verlangen	O	O
40. Es macht mir Spaß, anderen Fehler nachzuweisen	O	O
41. Wenn jemand weint, möchte ich ihn am liebsten umarmen und trösten	O	O
42. Meine Familie und meine Bekannten können mich im Grunde kaum richtig verstehen	O	O
43. Es gibt für mich noch eine Menge sinnvoller Aufgaben, die ich in der Zukunft anpacken werde	O	O
44. Ich pflege schnell und sicher zu handeln	O	O
45. Ich fühle mich oft wie ein Pulverfaß kurz vor der Explosion	O	O
46. Ich hätte gern mehr Zeit für mich ohne so viele Verpflichtungen	O	O
47. Ich habe manchmal das Gefühl, einen Kloß im Hals zu haben	O	O
48. Mit anderen zu wetteifern, macht mir Spaß	O	O
49. Termindruck und Hektik lösen bei mir körperliche Beschwerden aus	O	O
50. Wenn ich Zuflucht zu körperlicher Gewalt nehmen muß, um meine Rechte zu verteidigen, so tue ich es	O	O
51. Ich habe manchmal Hitzewallungen und Blutandrang zum Kopf	O	O
52. Auch wenn es eher viel zu tun gibt, lasse ich mich nicht hetzen	O	O
53. Ich kann in eine ziemlich langweilige Gesellschaft schnell Leben bringen	O	O
54. Bei wichtigen Dingen bin ich bereit, mit anderen energisch zu konkurrieren	O	O
55. Ich mache mir oft Sorgen um meine Gesundheit	O	O
56. Wenn mich jemand anschreit, schreie ich zurück	O	O
57. Mein Herz beginnt manchmal zu jagen oder unregelmäßig zu schlagen	O	O
58. In meinem bisherigen Leben habe ich kaum das verwirklichen können, was in mir steckt	O	O
59. Ich würde mich selbst als eher gesprächig bezeichnen	O	O
60. Auch wenn mich etwas sehr aus der Fassung bringt, beruhige ich mich meistens wieder rasch	O	O
61. Die beruflichen Aufgaben sind mir oft wichtiger als viel Freizeit oder interessante Hobbies	O	O
62. Ich vermeide es, ungewaschenes Obst zu essen	O	O
63. Es fällt mir schwer, vor einer großen Gruppe von Menschen zu sprechen oder vorzutragen	O	O
64. Auch an Wochenenden bin ich stark eingespannt	O	O
65. Ich vermeide Zugluft, weil man sich zu leicht erkälten kann	O	O
66. Manchmal schiebe ich etwas auf, was ich sofort tun sollte	O	O
67. Ich habe häufiger Verstopfung	O	O
68. Wenn jemand in meine Richtung hustet oder niest, versuche ich mich abzuwenden	O	O

	stimmt	stimmt nicht
69. Ich bin hin und wieder ein wenig schadenfroh	O	O
70. Ich hole sicherheitshalber ärztlichen Rat ein, wenn ich länger als zwei Tage erhöhte Temperatur (leichtes Fieber) habe	O	O
71. Hin und wieder gebe ich ein bißchen an	O	O
72. Ich bemerke häufiger ein unwillkürliches Zucken, z. B. um meine Augen	O	O
73. Ich bin im Grunde eher ein ängstlicher Mensch	O	O
74. Ich habe Spaß an schwierigen Aufgaben, die mich herausfordern	O	O
75. Ich habe Schwierigkeiten einzuschlafen oder durchzuschlafen	O	O
76. Ich bin ziemlich lebhaft	O	O
77. Manchmal bin ich beleidigt, wenn es nicht nach meinem Willen geht	O	O
78. Ich spreche oft Drohungen aus, die ich gar nicht ernst meine	O	O
79. Ich bin häufiger abgespannt, matt und erschöpft	O	O
80. Ich bekomme häufig ein schlechtes Gewissen, wenn ich sehe, wie schlecht es anderen Menschen geht	O	O
81. Ich schließe nur langsam Freundschaften	O	O
82. Manchmal habe ich ohne eigentlichen Grund ein Gefühl unbestimmter Gefahr oder Angst	O	O
83. Meine Tischmanieren sind zu Hause schlechter als im Restaurant	O	O
84. Weil man sich so leicht anstecken kann, wasche ich mir zu Hause gleich die Hände	O	O
85. Ich werde ziemlich leicht verlegen	O	O
86. Mein Blut kocht, wenn man mich zum Narren hält	O	O
87. Wenn mich ein Fremder um eine kleine Geldspende bittet, ist mir das ziemlich lästig	O	O
88. Ich bin immer guter Laune	O	O
89. Ich passe auf, daß ich nicht zuviel Autoabgase und Staub einatme	O	O
90. Wenn ich wirklich wütend werde, bin ich in der Lage, jemandem eine runterzuhauen	O	O
91. Ich spiele anderen Leuten gern einen harmlosen Streich	O	O
92. Ich habe einen empfindlichen Magen	O	O
93. Es gibt nur wenige Dinge, die mich leicht erregen oder ärgern	O	O
94. Oft habe ich alles gründlich satt	O	O
95. Manchmal habe ich Gedanken, über die ich mich schämen muß	O	O
96. Nur selten kann ich richtig abschalten	O	O
97. Ich erröte leicht	O	O
98. Einem Menschen, der mich schlecht behandelt oder beleidigt hat, wünsche ich eine harte Strafe	O	O
99. Meine Hände sind häufiger zittrig, z.B. beim Anzünden einer Zigarette oder Halten einer Tasse	O	O
100. Ich bin selten in bedrückter, unglücklicher Stimmung	O	O
101. Ich ziehe das Handeln dem Pläneschmieden vor	O	O
102. Im allgemeinen bin ich ruhig und nicht leicht aufzuregen	O	O
103. Vor lauter Aufgaben und Zeitdruck bin ich manchmal ganz durcheinander	O	O
104. Wenn ich irgendwo zu Gast bin, ist mein Benehmen meistens besser als zu Hause	O	O
105. Ich kann oft meinen Ärger und meine Wut nicht beherrschen	O	O
106. Es gibt Zeiten, in denen ich ganz traurig und niedergedrückt bin	O	O
107. Ab und zu erzähle ich auch mal eine Lüge	O	O
108. Ich lasse mich durch eine Vielzahl von kleinen Störungen nicht aus der Ruhe bringen	O	O
109. Bei Geselligkeiten und öffentlichen Veranstaltungen bleibe ich lieber im Hintergrund	O	O
110. Ich träume tagsüber oft von Dingen, die doch nicht verwirklicht werden können	O	O
111. Ich gebe gelegentlich Geld und Spenden für Katastrophenhilfe, Caritas, Brot für die Welt und andere Sammlungen	O	O
112. Ich grüble viel über mein bisheriges Leben nach	O	O
113. Ich neige oft zu Hast und Eile, auch wenn es überhaupt nicht notwendig ist	O	O

Anhang D: FPI-R-Fragebogen

		stimmt	stimmt nicht
114.	Ich spreche manchmal über Dinge, von denen ich nichts verstehe	○	○
115.	Oft rege ich mich zu rasch über jemanden auf	○	○
116.	Ich denke manchmal, daß ich mich mehr schonen sollte	○	○
117.	Handtücher in viel benutzten Waschräumen sind mir wegen der Ansteckungsgefahr unangenehm	○	○
118.	Ich arbeite oft unter Zeitdruck	○	○
119.	Ich bin mit meinen gegenwärtigen Lebensbedingungen oft unzufrieden	○	○
120.	Beim Reisen schaue ich lieber auf die Landschaft als mich mit den Mitreisenden zu unterhalten	○	○
121.	Da der Staat schon für Sozialhilfe sorgt, brauche ich im einzelnen nicht zu helfen	○	○
122.	Die Anforderungen, die an mich gestellt werden, sind oft zu hoch	○	○
123.	Mein Körper reagiert deutlich auf Wetteränderung	○	○
124.	Es fällt mir schwer, den richtigen Gesprächsstoff zu finden, wenn ich jemanden kennenlernen will	○	○
125.	Ich denke manchmal, daß ich zu viel arbeite	○	○
126.	Meine Laune wechselt ziemlich oft	○	○
127.	Auch ohne ernste Beschwerden gehe ich regelmäßig zum Arzt, nur zur Vorsicht	○	○
128.	Alles in allem bin ich ausgesprochen zufrieden mit meinem bisherigen Leben	○	○
129.	Bei meiner Arbeit bin ich meist schneller als andere	○	○
130.	Ich habe häufig das Gefühl, im Stress zu sein	○	○
131.	Meine Partnerbeziehung (Ehe) ist gut	○	○
132.	Lieber bis zum Äußersten gehen als feige sein	○	○
133.	Ich habe manchmal ein Gefühl erstickender Enge in der Brust	○	○
134.	Ich habe schon unbezahlt beim Roten Kreuz, in meiner Gemeinde oder in anderen sozialen Einrichtungen geholfen	○	○
135.	Ich bin leicht aus der Ruhe gebracht, wenn ich angegriffen werde	○	○
136.	Ich nehme mir viel Zeit, anderen Menschen geduldig zuzuhören, wenn sie von ihren Sorgen erzählen	○	○
137.	Es gab Leute, die mich so ärgerten, daß es zu einer handfesten Auseinandersetzung kam	○	○
138.	Meistens blicke ich voller Zuversicht in die Zukunft	○	○

Beim Beantworten dieses Fragebogens haben Sie vielleicht einige der Fragen zunächst zurückgestellt.
Bitte überprüfen Sie deshalb noch einmal, ob Sie wirklich alle Fragen beantwortet haben. ▼

Beantworten Sie bitte folgende Fragen, indem Sie das Zutreffende ankreuzen:

Geschlecht
männlich .... ○
weiblich .... ○

Alter [ ] Jahre

Schulabschluß
vor der letzten Hauptschulklasse abgeschlossen ..... ○
mit der letzten Hauptschulklasse abgeschlossen ..... ○
Real-(Mittel-) oder Handelsschule ohne Abschlußprüfung ○
Real-(Mittel-) oder Handelsschule mit Abschlußprüfung ○
Gymnasium (Höhere Schule) ohne Abitur .... ○
Abitur ohne anschließendes Studium .... ○
Abitur mit nicht abgeschlossenem Studium .... ○
Abitur mit abgeschlossenem Studium .... ○

Familienstand
verheiratet .... ○
ledig .... ○
verwitwet .... ○
geschieden/getrennt .... ○

Haushalt
allein lebend .... ○
zusammenlebend mit Ehepartner(in)/Lebenspartner(in) ○

Sind Sie berufstätig?
ja .... ○
ja, mithelfend im eigenen Betrieb .... ○
Hausfrau/Hausmann .... ○

– oder sind Sie:
Schüler(in) .... ○
Student(in) .... ○
in Berufsausbildung .... ○
Rentner(in), Ruhestand .... ○
arbeitslos .... ○
ohne Beruf .... ○

Berufsgruppe
Bitte den gegenwärtig ausgeübten Beruf ankreuzen.
(Hausfrauen bitte den Beruf des **Mannes**/ Hausmänner den Beruf der **Frau** ankreuzen, Rentner(innen) den ehemaligen Beruf, Befragte in Berufsausbildung und Nichtberufstätige den Beruf des Ernährers.)

Inhaber(in) und Geschäftsführer(in) von größeren Unternehmen .... ○
Freier Beruf .... ○
Mittlere und kleinere selbständige Geschäftsleute .... ○
Selbständige(r) Handwerker(in) ○
Leitende(r) Angestellte(r) ... ○
Nichtleitende(r) Angestellte(r) ○
Beamter(in) des höheren oder gehobenen Dienstes .... ○
Beamter(in) des mittleren oder einfachen Dienstes .... ○
Landwirt(in) .... ○
Facharbeiter(in) mit abgelegter Prüfung .. ○
Sonstige(r) Arbeiter(in) ..... ○

Anhang E: Einverständniserklärung zur Nutzung der Interviewdaten

Polizei Bremen

**Freie
Hansestadt
Bremen**

Einverständniserklärung

Hiermit erkläre ich

_____, geboren am_____

mein Einverständnis, dass die durch das mit mir geführte Interview erhobenen Daten

1. anonymisiert und
2. unter Verfremdung aller Fakten und Namen, welche einen Rückschluss auf meine Person ermöglichen könnten,

für Forschungszwecke zur Verbesserung des Schutzes von Stalking-Opfern verwendet, zitiert und veröffentlicht werden dürfen.

Ort_____Datum_____Unterschrift_____

Anhang F: Anschreiben an telefonisch nicht erreichbare Stalking-Betroffene

 Polizei Bremen

Freie Hansestadt Bremen

Polizei Bremen • Postfach 10 25 47 • 28025 Bremen

Auskunft erteilt

Zimmer:
T (04 21) 362-19391
F (04 21)
E-mail:
stephan.rusch@Polizei.Bremen.de
Datum und Zeichen
Ihres Schreibens:

Mein Zeichen:
(bitte bei Antwort angeben)

Bremen, 15.07.2005

Sehr geehrte(r)

Die Polizei Bremen ist weiterhin auf Ihre Mithilfe angewiesen!

Sie haben uns kürzlich einen Fragebogen für unsere Untersuchung zur Verbesserung der Situation von „Stalking-Opfern" zurückgesandt. Dafür möchten wir uns herzlich bei Ihnen bedanken. Sie haben damit einen wesentlichen Beitrag für die Untersuchung geleistet.

In einem weiteren Schritt möchten wir mit Ihnen gerne ein persönliches Gespräch führen. Leider konnten wir Sie bislang telefonisch nicht erreichen.

Bitte nehmen Sie telefonischen Kontakt mit mir auf oder senden Sie mir eine Email. Meine Erreichbarkeiten finden Sie oben rechts im Kopf dieses Briefes.

Mit freundlichen Grüßen,

Stephan Rusch

Dienstgebäude Sprechzeiten Bankverbindungen
Bremer Landesbank (BLZ 290 500 00) Kto. 1070115000
Landeszentralbank (BLZ 290 000 00) Kto. 29001565
Sparkasse Bremen (BLZ 290 501 01) Kto. 1090653